요르단 · 레바논 · 몰타 · 튀니지
동유럽 · 남미 · 아이슬란드 · 아일랜드

나 홀로 지구촌 오지여행

지은이 **이현철**

자유여행 길라잡이
여행마인드

요르단 · 레바논 · 몰타 · 튀니지
동유럽 · 남미 · 아이슬란드 · 아일랜드

나 홀로 지구촌 오지여행

지은이 **이현철**

자유여행 길라잡이
여행마인드

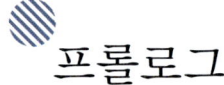
프롤로그

■   처음 여행을 시작하던 때가 생각납니다. 1982년 연세대학교 의과대학 전임강사로 임용되고 1983년에 한·일 당뇨병학회가 일본 나고야에서 개최되어 난생처음으로 해외로 나갔습니다. 학회를 마치고 지인이 거주하던 오사카 일대를 여행했던 기억이 새롭습니다. 그리고 1985년 미국 보스턴으로 연수를 떠나게 되었습니다. 1986년 여름 휴가기간 중에는 고장 난 차로 아내·용호·명하와 함께 호텔 객실료를 아끼려고 비싼 텐트를 구입해 메인 주에 있는 아카디아 국립공원은 물론 퀘벡·몬트리올·토론토·나이아가라폭포·뉴욕 등 여러 지역을 흥겹게 여행했던 기억이 생생합니다.

그 후 1988년 겨울에 스웨덴에서 열린 세계췌장이식학회 참석 후에 무작정 강행했던 자유배낭여행은 제게 여행의 참 맛과 재미를 선사해준 뜻 깊은 시간이었습니다. 환자 진료와 학생강의에 연구와 학회일 등으로 정신없던 중에도, 짬을 내 즐겼던 여행은 올해로 벌써 27년째에 접어들고 있습니다.

유럽·아프리카·중동·아시아 지역은 물론이고 남미대륙의 각종 오지들을 방문하는 여정을 소화한 결과 틈틈이 방문했던 여행지들을 모두 합하면 총 76개국에 이를 정도입니다. 혼자서 이곳저곳 다니는 것을 즐기는 역마살 성격 덕분에, 여행을 즐기면서 홀로 기다려야 하는 시간이 많았습니다. 한 자리에 오롯이 앉아 기차와 버스를 기다리는 동안, 사색을 즐기던 순간들도 물론 많았습니다. 그런데 이동 중 기다리는 시간이 길어질수록, 이 소중한 순간을 그냥 흘려보내기에는 아깝다는 생각이 들었습니다. 그렇게 무료하게 앉아 무작정 다음 비행기를 기다리기보다는 무엇인가 의미 있는 일을 해야겠다는 생각이 들었습니다. 그래서 그 자투리 시간을 선용하고자 여행했던 내용들을 기록하곤 했습니다. 내가 방문했던 곳과 내용을 나열하고 무엇을 느꼈는지에 대해 간략하게나마 기록한다면, 훗날 손자·손녀들에게 도움을 줄 수 있을지도 모른다는 생각이 들었습니다. 그 연장선상에서 이 여행에세이 책자가 나오게 되었습니다.

특히 이 책에 수록돼 있는 남미·북아프리카·중동 여행기는 남들에게 반드시 들려주고 싶은 이야기입니다. 고생스러운 여행길을 거닐다 보면 지난 인생여로에 대해 스스로 반추해 볼 수 있는 좋은 계기를 마련해줍니다. 그러한 깨달음을 제 지인들과 공유해 보고 싶은 생각이 간절했습니다. 이 여행에세이 책자를 통해 저는 진정한 저의 모습을 조금이나마 표현해 보고자 나름 노력해봤습니다.

논어에는 '學而時習之, 不亦說乎'라는 말이 있습니다. 늘 배우고 익히는 자세의 즐거움을 역설하는 문구일 것입니다. 의사로, 교수로 제 나름의 역할을 다해오는 동안, 저는 늘 이 문구의 뜻을 가슴 속에 품고 노력하는 자세를 견지해왔습니다. 더 나아가 새로운 여행지에서도 항상 배우는 자세로 새로운 세상에 다가갔습니다. 저에게 여행은 거만하기보다는 겸손한 자세로, 편협하기보다는 열린 사고방식으로 다른 문화를 대하며, 하나라도 더 느끼고 배우기 위해 노력했던 소중한 시간이었습니다.

이제 저는 그동안 여행을 통해 배우고 느꼈던 제 이야기들을 하나씩 풀어 나가 보고자 합니다. 여기에서 들려드리는 여행 이야기를 통해서, 제 마음 속 깊은 의중을 표현할 수 있는 기회가 되었으면 합니다. 마지막으로, 저를 늘 믿어주시며 물심양면으로 성원을 아끼지 않으시다가 돌아가신 부모님과, 사랑하는 아내, 아들·딸, 사위 그리고 며느리에게 감사의 인사를 전하고 싶습니다. 또한 제가 가장 빛나고 영광스러운 시간들을 보낼 수 있게 해준 연세대학교 의과대학에게도 무한한 감사의 인사를 드립니다.

CONTENTS

004 • 프롤로그

CHAPTER 01
요르단 여행지에서의 사색
사막 속에서 진정한 나를 만나다

- 012 • 증오의 바다 위에 떠 있는 섬 이스라엘 텔아비브 공항
- 015 • 어둠의 도시 암만 숙소에 가이드북 두고 나오다 요르단 암만
- 018 • 고대인의 지혜는 세월을 뛰어 넘고 탐험가 본능 만끽한 '장미의 도시' 페트라
- 030 • 사막의 별 헤는 밤, 베두인들의 환대정신 붉은 모래의 '와디럼' 사막
- 037 • 요르단의 푸른 빛 미래 요르단 유일의 바다, 아카바 항
- 040 • 순박한 마음씨 지닌 암만의 청소년들 요르단의 수도 암만
- 042 • 모세가 가나안 땅 바라보며 숨 거둔 곳 마다바, 느보산
- 045 • 스트레스 해소에 제격인 신비로운 물줄기 '함마마트 마인' 노천온천
- 048 • 아르테미스의 축복을 받은 도시 고대 로마의 흔적 '제라쉬'

CHAPTER 02
레바논 여행지에서의 사색
신이시여, 레바논을 굽어 살피소서

- 056 • '중동의 파리' 레바논 레바논의 어제와 오늘
- 059 • 소탈하고 담백한 레바논의 맛 오늘 저녁은 빵이다
- 061 • 신밧드의 모험을 해 보았는가 나의 '제이타 그로토 동굴' 체험기
- 065 • 서양 문명은 '비블로스'에서부터 역사와 문명의 교차로, 비블로스
- 072 • "베이루트를 사랑으로 감싸 주소서!" '베이루트의 어머니' 하리사 언덕의 성모
- 076 • 지난날의 영화(榮華)는 한 줌의 재 되어 티레 유적지 방문기
- 080 • 절대적 모성애 'Our Lady of Mantara~' '막두쉬 동굴 교회'의 꽃
- 082 • 그곳에 가면 바다가 있다 사이다 해변의 사이다 레스토랑
- 087 • 은둔자의 안식처, 안식·치유의 길 브샤레와 카디사 언덕에 서서
- 095 • 자네, 만수르를 아는가. 아부다비 그랜드 모스크

CHAPTER 03 — 몰타 여행지에서의 사색
신나고 즐거운 휴양의 섬

- 102 • 패션과 낭만의 도시에서 소매치기 활개 밀라노
- 108 • 그곳에 휴양지가 있었다. 몰타 공항
- 110 • 십자군과 성 요한기사단의 고향 발레타
- 112 • 오디세우스와 칼립소의 사랑 이야기 고조섬 아주르 윈도우
- 121 • 임디나에서 떠오른 '대학시절'에 대한 단상
- 126 • '발레타 국립고고학박물관'의 '잠자는 여인상'

CHAPTER 04 — 튀니지 여행지에서의 사색
여로에서 만난 사람들

- 132 • 인터넷으로 예약한 숙소 실체 파악하기란? 튀니지 시내 한 호텔 숙소
- 135 • 한니발이 어린 시절 원대한 꿈을 키우던 곳 카르타지 유적지
- 142 • 영감이 마구 샘솟는 도시 시디부사이드
- 146 • 친절한 택시기사와 쿠스쿠스 튀니지 전통시장
- 151 • 사막의 기적, 오아시스 쉐비카 오아시스
- 158 • 사막도 유쾌할 수 있다 두즈 사막
- 164 • 낙타를 타고 영화의 한 장면 속으로! 사하라 사막

CHAPTER 05 — 구 유고연방 여행지에서의 사색
비 오는 날의 동유럽에서의 사색

- 174 • 마더 테레사의 고향 마케도니아
- 178 • 아픈 총탄의 역사를 품은 곳 코소보 프리슈티나
- 180 • 길 위에서 만난 좋은 사람들 몬테네그로 가는 길목
- 184 • 세상에서 가장 아름다운 호수도시 몬테네그로 코토르
- 192 • 자유여행자의 현지음식에 대한 단상 몬테네그로 코토르
- 199 • Don't forget '93 보스니아 헤르체코비나 모스타르(Mostar)
- 204 • 세계 1차 대전 발발의 비극 보스니아 헤르체코비나 사라예보
- 207 • 빗속에서 왈츠를 세르비아 베오그라드
- 210 • 폴란드의 두 얼굴 폴란드 브로츠와프(Wroclaw)
- 213 • 오래된 시계탑의 도시 체코 프라하

CONTENTS

CHAPTER 06　불가리아 · 루마니아 여행지에서의 사색
나그네의 마음을 들었다 놨다 하던 곳

- 220 • 예술과 자전거의 나라 바르셀로나
- 224 • 길 위의 커플들 루마니아 시나이아
- 226 • 드라큘라 백작의 진실 루마니아 브라쇼브
- 231 • 동화 같은 루마니아 성 브라쇼브 검은 교회, 펠레슈 성
- 235 • "젊은 열정이 아름답다!" 시기쇼아라
- 237 • 드라큘라 백작의 고향 시기쇼아라 루마니아 식당
- 242 • 세상에서 가장 맛있는 식사 부카레스트
- 247 • 구걸도 갈취도 아닌 요상한 일이... 루세 가는 길
- 249 • 불가리아 전통음식 '스빈스카 카바르마'에 매료 불가리아 루세
- 251 • 경건함으로 가득 찬 도시 불가리아 벨리코 투르노보(Veliko Tarnovo) → 소피아
- 258 • 가장 불가리아다운 곳 재래시장, 릴라 수도원

CHAPTER 07　남미 여행지에서의 사색
누구나 집을 떠나면 개고생이다!

- 266 • 비 내리는 애잔한 콜롬비아여! 콜롬비아 보고타
- 274 • 다채로운 빛깔의 신비로운 도시 라파즈
- 278 • 신비로운 달의 계곡 라파즈
- 283 • 남미여행 중 나를 힘들게 하는 것들 우유니로 가는 길
- 302 • 그들과 나 사이에 놓인 거대한 장벽 아타카마
- 305 • 심한 감기에 걸려 고생하다! 칠레 산티아고
- 311 • 가장 남극에 가까운 도시 칠레 푼타아레나스
- 317 • 자유로운 영혼의 일본인 친구 칠레 푸에르토몬트
- 321 • 사서 고생을 하시는 군요 아르헨티나 바릴로체
- 329 • 내 맘대로 할 수 있는 건 아무 것도 없어 아르헨티나 부에노스아이레스
- 333 • 선량하고 착한 사람들이 사는 곳 파라과이 아순시온
- 336 • 다양한 문화가 혼재된 도시 브라질 상파울루

CHAPTER 08 아이슬란드 · 아일랜드 여행지에서의 사색
세상에서 가장 아름다운 곳

- 342 • 물가가 정말 비싼 영국 런던 공항
- 345 • 호텔 예약은 신중하게 하세요! 아이슬란드 레이캬빅
- 347 • 모든 것은 순리에 맡기자 아이슬란드 투어 1일차
- 356 • 간헐천의 신비로움 아이슬란드 투어 2일차
- 361 • '블루라군 온천'에서의 여유 아이슬란드 투어 3일차
- 365 • 명마는 주인을 알아본다! 아이슬란드 마지막 일정
- 368 • 공항에서는 좀 더 여유롭게 개트윅 공항
- 370 • 문학과 예술과 맥주의 도시 아일랜드 더블린
- 372 • 호프 온 호프 오프(Hop on-Hop Off) 아일랜드 투어 1일차
- 377 • 모헤어 절벽(Cliff of Moher) 아일랜드 투어 2일차
- 380 • 20유로를 다시 되찾기까지 곤욕 치러 아일랜드 투어 3일차
- 388 • '링 오브 케리 투어' 프로그램 아일랜드 투어 4일차
- 394 • 이 세상에서 할아버지가 된다는 기쁨이란 아일랜드 코르크
- 401 • 고향처럼 포근하고 아련한 그 곳이여! 아일랜드 킬케니
- 407 • 아일랜드에 평화가 깃들길 아일랜드 더블린, 벨파스트
- 415 • 세상에는 감사해야 할 일이 참 많다 아일랜드 마지막 날
- 417 • 역사와 음악의 도시 오스트리아 비엔나

- 424 • 여행후기

CHAPTER
01

요르단 여행지에서의 사색
사막 속에서
진정한 나를 만나다

증오의 바다 위에 떠 있는 섬
이스라엘 텔아비브 공항

두바이에서 개최되는 제21회 세계당뇨병학회에서 연구 논문 발표를 위해 2011년 11월 24일 대한항공 편으로 이스라엘 텔아비브를 거쳐 요르단 암만으로 갈 예정이었다.

내 나이 62세 환갑이 지난 나이이지만 오래 전부터 가보고 싶었던 곳이 바로 요르단의 와디와럼 사막과 페트라였다. 그러나 이스라엘 텔아비브 공항에서 암만으로 환승하는데 많은 난관이 있었다. 이스라엘 공항에 내리면 누구나 그러하듯이 나 역시 텔아비브 공항에서 예상외의 스트레스를 받아야 했다. 이는 사람을 피 말리게 만드는 극도의 긴장감이었다. 보안 검색을 워낙 엄중하게 수행하는 이 나라의 철칙이 내게도 예외 없이 적용되다 보니 그러했다.

공항에 들어서자마자 중무장한 채 예리한 눈초리로 주변 사람들을 경계하는 군인들이 이목을 모을 정도로 이 곳의 분위기는 살벌했다. 남자건 여자건 할 것 없이 실탄이 장전된 총을 들고 서 있는 모습을 보면서 새삼 이스라엘의 고약한 입지조건이 떠올랐다. 그 누가 "증오의 바다 위에 떠 있는 섬"이라고 했던가. 이스라엘은 아랍 국가들에 둘러싸인 채 늘 테러의 공포 속에서 존속의 기로에 놓여서 적자생존 해야 했던 국가이기도 하다. 언제 어디서 터질지 모르는, 그 가능성이 높은 테러를 향한 그들의 경계심리가 어느 정도 이해되기도 했다.

그렇다 해도 여행자의 입장에서는 그들의 철저한 보안검색 과정이

썩 유쾌하지는 않았다. 편안해야 할 여정이 온통 테러와 대테러 경계강화활동에 덕지덕지 둘러싸인 기분이 들었다. 검색대 위에서의 소지품 가방 검사는 까다로운 보안검색 축에도 끼질 못했고, 나의 여행 목적지가 '암만'이라는 사실을 확인한 검색원은 급기야 나를 어디론가 데려갔다.

나는 세 명의 보안 검색원과 함께 작은 방에 들어섰다. 당혹스럽던 기분이 사라지자 이내 불편한 감정이 밀려들어왔다. 생각해 보니, 2000년도에 텔아비브에서 개최되는 유럽 당뇨병 학회를 위해 이집트에서 이스라엘로 입국할 때에도 그와 비슷한 일을 겪었었다. 당시에도 역시 최종목적지가 문제였던 모양이었다. 그렇다고 해도 테러와는 전혀 접점이 없는 사람을 그런 식으로 몰아가다니, 불쾌한 기분이 드는 것은 어쩔 수 없었다. 여 검색원은 정중하지만 표정이 없는 사무적인 태도로 내게 몇 가지를 물었다.

"요르단 암만에 가시는 이유는 무엇입니까, 그곳에서 얼마나 머물 예정입니까?"

"선생님의 짐은 누가 꾸렸습니까, 직업이 의사인 것을 증명할 자료는 가지고 있습니까?"

이들의 질문은 생각할 여유가 없을 정도로 스피드 있게 던져졌다. 개중에는 앞서 한 질문과 비슷한 질문이 다시 나오기도 하였는데, 이것은 아마도 응답하는 여행자의 거짓말 가능성 여부를 체크해 보려는 의도인 듯 했다.

나야 순수한 의도로 요르단 여행길에 오르는 것이니, 그러한 질문에 그저 있는 그대로 대답하면 그만이었다. 하지만 무미건조한 그들의 어투에 역시 무미건조하게 대답해야 하는 이 대화가 즐거울 리가 없었다. 그들의 질문에 집중하고자 경청하는 일도 피곤하고 대답하는 입도 아팠다. 새삼 내가 '문명의 충돌' 한 가운데에 있음을 실감하는 순간이었다.

나는 하루속히 이스라엘과 아랍국가들 사이의 갈등이 해소되고 사람들의 마음속에 평안이 깃들 수 있기를 기도했다. 만일 그런 날이 오게 된다면, 텔아비브 공항의 풍경도 지금과는 사뭇 달라질 수 있으리라. 적어도 텔아비브 공항에서 '코티솔 호르몬'이 대폭 증가하는 일만은 막을 수 있을 지도 있겠지.

원고 집필을 하고 있는 이 순간에도 가자 지구에서 벌어지고 있는 참혹한 현실이 떠올라 내 마음이 편치 않다. '철저한 직업정신'으로 무장한 텔아비브 공항의 검색 요원들의 모습과 팔레스타인을 공격하고 있는 이스라엘 군의 모습이 겹쳐 보인 까닭이다. "보안이 곧 선"이라는 그들의 가시 돋친 미덕은 언제쯤 정상화 될까.

어둠의 도시 암만 숙소에
가이드북 두고 나오다
요르단 암만

텔아비브를 떠난 비행기가 요르단 암만의 '퀸 알리야(Queen Alia)' 공항에 도착한 것은 밤 10시를 한참 넘긴 시각이었다. 보안 검색에 지쳐 까무룩 잠이 들었던 나는 여전히 부스스한 몸을 이끌고 비행기에서 내렸다.

그런데 이상한 일이었다. 밖은 어두어도 너무 깜깜했다. 외로움의 공기가 마치 꺼끌꺼끌한 사막의 모래알처럼 '훅' 하고 살갗에 감겨오는 것 같은 기분이었다. 우리나라였으면 한창 사람들로 붐볐을 그 시간에 요르단 암만에서는 한없이 고요했다. 대부분의 상점은 문을 닫았고, 불빛이 꺼진 공항 안에는 사람들도 몇 보이질 않았다. 실로 오랜만에 느껴보는 정적과 고요함이었다. 이곳에서 나는 얼마만큼 스스로의 자아와 마주할 수 있을까. 나의 지나온 날들을 솔직하게 돌아볼 수 있을까. 나는 이제 이 사막의 땅을 탐험하며 나 자신을 탐구할 채비를 하고 있었다.

공항의 어두컴컴한 풍경을 계속해서 보고 있자니 불현 듯 두려운 생각이 들었다. 우선 예약해 둔 숙소까지 찾아갈 일이 걱정이었고, 인적 드문 공항에서 혼자 걷는 일도 쉬운 일은 아니었다. '가만, 여기는 치안이 안전한 나라던가.'

하지만 나는 늘 그렇듯이 용감하게 길을 찾아 나섰다. 결국 한 친절한 현지인의 도움을 받아 다행히 버스를 타고 호텔에 도착할 수 있었다.

그나마 호텔이라도 미리 예약해 두었던 게 천만다행이었다. 물론 어두컴컴한 공항의 광경도 내 상상 속에는 들어 있지 않았다. 사실 이 같은 예외성은 자유 여행에서만 누릴 수 있는 묘미이기는 하다.

하지만 처음 가보는 곳에서 맞닥뜨리게 되는 예외성은 사람의 마음을 억누르는 측면도 분명히 있다. 만약 호텔마저도 '용감무쌍' 하게 당일에 해결해야 하는 과제가 주어졌다면, 나는 또 발이 닳도록 암만 시내를 돌아다녀야 했을 거다. 그러다가 불운하게도 "방이 다 찼다"는 주인장의 말을 듣고 나서 눈물겨운 노숙을 선택하게 되었을 수도 있다.

아무리 돌이켜 봐도 여행지에서의 노숙은 나와 영 잘 어울리지 않는다. 노숙이라니, 내게는 무리다.

"마르하반(marhaban, 어서 오세요!)"

호텔에 들어서니 비로소 사람 사는 곳에 도착했다는 생각에 안도감이 들었다. 나는 먼저 주인에게 내일 '페트라'로 떠나는 버스 편에 관해 물어보기로 했다.

그런데 호텔 직원은 여기저기 전화를 해 보고 나서는 페트라까지 운행하는 버스가 없다는 말만을 되풀이할 뿐이었다. 대신 그는 "페트라로 떠나는 버스가 따로 없으니, 자기 동료가 데려다주면 어떻겠냐?"는 제안을 해 온다. 그런데 그가 요구하는 페트라까지의 왕복 요금이 무려 우리 돈 30만원이 넘었다. 역시 사람 사는 곳에서는 이처럼 돈 냄새를 맡고 덤벼드는 녀석이 있기 마련인가 보다. 나는 단칼에 그 제의를 거절하고는 직접 알아보기로 마음먹었다.

다음 날 아침, 페트라까지 향하는 버스를 알아보기 위해 세수만 대충하고 호텔을 일찍 나섰다. 아직 여독이 완전히 가시지 않아 관절 마디마디가 개운치 않았다. 하지만 나를 더욱 더 찜찜하게 만든 사건은 따로 기다리고 있었다.

호텔 앞에서 기다리던 내 앞에 택시 한 대가 섰다. 택시 기사는 페트라까지 가는 버스를 찾고 있다는 말에 정류장까지 데려다 주겠다며 나를 태웠다. 더 이상 발품을 팔지 않아도 되겠다며 안도한 것도 잠시, 나는 아까부터 줄곧 찜찜하게 만들던 녀석의 정체를 곧 알아채게 되었다.

"아 그렇지, 가이드 북!"

이것은 마치 여행 채비를 마치고 막 차에 올라탄 아내가 "아, 맞다! 가스 불!"이라고 하면서 외치는 탄식과도 같았다. 분명히 어제 밤에 잘 챙겨둔다면서 침대 맡에 올려 두었던 여행 가이드북을 오늘 아침 화장실에 들고 갔던 게 화근이었다. 짐을 꾸리고 아침 채비를 하며 서두르던 중에 그만 가이드북을 화장실에 놓고 나와 버린 것이다. 그러한 과오 탓에 나는 요르단 여행 내내 책이 없이 물어물어 목적지를 찾는 고생을 감내해야만 했다. 급하게 서두르다 보면 늘 이런 크고 작은 시행착오에 직면하게 마련이다.

그렇게 우여곡절 끝에 도착한 버스 정류장에는 흰 색 미니버스가 기다리고 있었다. 호텔 주인의 말로는 페트라까지 운행하는 버스가 없다고 하였는데, 아마도 대형버스만을 이야기했던 모양이었다. 이제 이 미니버스만 타면

페트라 행 미니버스

말로만 듣던 '페트라'를 직접 내 눈으로 볼 수가 있다. 그러나 곧 떠난다는 미니버스는 시간이 흘러도 떠나지 않고 마냥 손님을 기다리는 게 아닌가. 알고 보니 이 버스는 손님이 다 차야 출발하는 버스였다.

고대인의 지혜는 세월을 뛰어 넘고
탐험가 본능 만끽한 '장미의 도시'
페트라

페트라 입구에 들어서면 먼저 광활하게 펼쳐진 바위산들이 시선을 사로잡는다. 구불구불하게 펼쳐진 모랫길을 따라 걷고 있자니, 마치 고대 문명 속으로 시간 여행을 떠나온 것 같은 기분이다.

입장료는 내가 지금까지 다녀본 해외 유적지 중 가장 비싼, 우리 돈 8만 원 정도였다. 나는 단단하게 다져진 모랫길 위를 걸으며 얼마나 많은 사람들이 이 길을 지나갔을 지에 대해 생각했다.

페트라는 본래 고대 나바테아인의 삶의 터전이었다. 농업과 상업이 특히 발달했던 나바테아 왕국은 기원전 2세기에 번성기를 맞이하였다고 했다. 이 때를 전후하여 나바테아 왕국에는 수많은 상인들이 드나들었는데, 나무진을 굳혀 만든 '유향'과 사해에서 생산되는 '타르'는 이집트와의 주요 교역물품이었다.

아마 수 세기 전의 고대 상인들도 지금 우리가 걷고 있는 이 길을 걸어 나바테아 왕국에 도달하였으리라. 내 머릿속에는, 나귀와 낙타에 짐을 싣고서 분주하게 길을 오가는 사람들 위에 카메라를 들고서 열심히 셔터를 눌러대는 사람들이 오버랩 되면서 굉장히 흥미로운 장면이 그려졌다. 그 때나 지금이나 이곳은 다양한 국적의 사람들로 붐비는 문화의 교차로였던가 보다. 어쩌면 이와 같은 다양한 문화의 융합으로 인해 페트라가 더욱 더 빛나는 도시로 발돋움하지 않았을까.

황량한 사막 한 가운데에 세워진 페트라 곳곳에는 정교하게 다듬어진 건축물이 자리 잡고 있었다. '파라오의 보물'이라는 의미의 '알카즈네'는 그리스의 건축 양식을 많이 닮아 있었다. 이것을 만들었던 건축가들은 대개 이집트 사람들이었다고 한다. 그러니까 '알카즈네'는 나바테아인과 그리스인 그리고 이집트인의 지혜를 한데 버무려 담고 있는 건축물이기도 한 셈이다. 여기에서 비롯된 신비로움은 후대 사람들의 상상력을 자극하였는데, 페트라는 영화 '인디아나 존스'와 '트랜스포머 2'의 촬영지이기도 하다. 나는 새삼 수천 년을 뛰어넘는 고대인들의 창의력에 탄복하고 있었다.

 '알카즈네'를 보기 위해서는 거대한 절벽 사이를 통과해야 한다. 신기하게도 커다란 두 절벽 사이에 벌어진 틈이 도시로 들어서는 입구의 역할을 하고 있었다. 이 길은 '인디아나 존스'에서 '해리슨 포드'가 성배를 찾기 위해 말을 타고 달렸던 바로 그 길이기도 하다. 나는 마치 탐험가가 된 기분으로 절벽 아래로 난 길을 걸었다. 마침 화려한 색깔의

굽이진 모랫길을 따라 걷고 있는 여행자들

인디아나 존스의 무대였던　　　　　그리스 건물 양식의 영향을 받은 알카즈네 궁
알카즈네의 절벽 입구에 선 필자

담요를 몸에 얹은 채 타박타박 걷는 말이 옆으로 지나가자, 내 안에 꿈틀대고 있는 탐험가의 본능이 더욱 강하게 느껴졌다.

어쩌면 내 마음 속에 이 탐험가 본능이 자리 잡고 있었는지도 모르겠다. 환자를 치료하고, 학생들을 가르치고, 연구에 매진하는 바쁜 일상 속에서도 나는 항상 떠날 준비를 하고 있었기 때문이다. 훌쩍 여행길에 나서기 위해 가장 필요한 것 중 하나는 바로 튼튼한 체력이었다. 나는 연구를 하는 틈틈이 80년대는 테니스로, 90년대에는 등산과 골프로 체력을 길렀다. 테니스는 대학생 때부터 가끔 쳐왔지만 동문 테니스대회에서 파트너를 잘 만나 복식 우승도 한 적도 있다. 등산은 대학생 때 고등학교 친구들과 지리산 천왕봉, 설악산 대청봉, 한라산 백록담 정상을 정복한 적이 있다. 최근에는 안나푸르나 베이스캠프에 도전하기 위해 필요한 체력을 단련하기 위해 지리산과 한라산 정상을 하루 만에 주파하며 튼튼한 다리와 풍부한 폐활량을 구비했다. 이런 지속적인 훈련 덕분에 페트라에서처럼 오래 걸어야 하는 여행길에서 톡톡히 그 진가를 만끽했다. 만일 체력이 따라주지 않았더라면, 다섯 시간이 넘는 페트라 탐험은 내게 굉장히 고통스러운 여행길로 기억되었으리라. 말도 타지 않고 모랫길을 걷고, 높은 바위산을 오르는 일이 그리 녹록한 일은 아니기 때문이다. 특히 내 나이 또래의 여행자들에게 오래 걷는 여행은 많은 체력이 소모되는 일이다.

하지만 늘 산을 오르며 운동을 했던 내게는 페트라 여행이 매우 즐거운 기억으로 남을 수 있었다. 아픈 다리를 추스르느라 에너지를 소모하지 않고 '알카즈네'의 신비한 건축양식을 제대로 감상하는 데 집중할 수 있었다. 숨이 차서 헐떡이지 않고 페트라의 바위산에 올라 거대한 고대 도시를 한 눈에 감상할 수 있었다. 이처럼 탐험가 본능은 늘 나를 즐겁게 만들어 주는 삶의 활력소와도 같다.

물론 나를 잘 아는 사람들이라면 이와 같은 '탐험가 본능'을 두고서 '직업병'이라고 말할지도 모르겠다. 사실 이 운동과 당뇨병은 떼려야 뗄 수 없는 불가분의 관계가 있기 때문이다. 수많은 당뇨병 환자를 돌보며 나는 세 가지의 실천 과제를 제시하고는 한다. 첫 번째는 내가 누누이 강조했던 '운동'이다. 규칙적인 운동이야말로 혈당을 조절하는데 중요한 역할을 할 수 있다. 두 번째는 식사조절이다. 골고루 섭취하되 적절한 양을 먹는 것이야 말로 당뇨병 조절의 일등 공신이라고 할 수 있다. 세 번째는 체중관리이다. 이것은 앞의 두 가지 과제를 실천하면 그대로 따라오는 것이기도 한데, 적절한 체중 관리를 통해서 혈당 역시 조절할 수 있다.

돌무덤을 터전으로 삼아 기념품을 파는 후손들

수많은 바위 구멍은 고대 나바테아인의 무덤이다

관광객들이 돌 담에 앉아 잠깐 휴식을 취하고 있는 광경

선사시대 당시 화덕으로 추정되는 구조물

페트라 일대를 제대로 둘러보려면 강인한 체력이 필요하다

그런데 환자를 진료하는 나 자신도 이와 같은 과제에서 어떻게 자유로울 수가 있겠는가. 그들처럼 운동을 하고, 식사를 조절하고, 체중을 관리하는 것이야 말로 환자를 치료하기 위한 제1 덕목이기에 더더욱 철저하게 실행에 옮겨야 한다.

그러다 보니 나 또한 자연스럽게 가벼운 몸과 튼튼한 체력을 갖게 되었을 수도 있다. 이것을 두고 지인들, 특히 가족들은 '직업병'이라고 표현하곤 하는데, 사실 무엇이 정답인 지는 나도 잘 모르겠다. 중요한 것은 내가 지금 페트라에서 고대 나바테아인의 문명을 엿보고 있다는 사실이다. 해리슨포드가 성배를 찾아 이곳에 왔던 것처럼, 나 또한 보물을 찾아 세계 7대 불가사의 중 하나인 페트라에 왔다.

나는 '알카즈네' 앞에 서서 한참을 올려다보았다. 그렇게 오랜 세월이 지났음에도 불구하고, 정교하게 조각되어 있는, '에밀 갈레스타일'이라고도 불리는 '돋을새김(물건의 면에 형상이 도드라지게 새긴 조

페트라에서 가장 높은 곳에 있는 알데히르 수도원

각)' 문양들이 새삼 대단하게 느껴졌다. 마치 지나쳐 가는 시간의 흔적들을 돌 문양 하나하나에 잡아두고 있는 것 같은 모습이었다.

이 앞에서 얼마나 많은 국가 들이 흥망성쇠를 거듭하고, 얼마나 많은 사람들이 인생을 논하였을까.

비록 고대 그리스 신전과 같은 거대한 규모의 건물은 아니었지만, '알카즈네'는 그 이상의 이야깃거리들을 담고 있을 것이라는 생각이 들었다. 하긴, 그러하였으니 '인디아나 존스'와 같은 판타지 모험 영화의 주 무대로 재탄생 할 수도 있었으리라. 건물 주변을 둘러싼 거대 절벽들이 아득하게 높아 보였다.

'알카즈네'를 지나 절벽을 타고 걷다 보니 어느새 바위에 뚫려 있는 수많은 동굴들을 만나게 되었다. 이 동굴들은 고대인의 무덤이라고 한다. 그 단단한 바위에 어떻게 저런 구멍들을 뚫어놓았는지 모를 일이었다. 바위 동굴 내부도 꽤 튼튼하고 넓어 보였는데, 이와 같은 구멍들은 바위 산 도처에 뚫려있었다. 이와 같은 바위 구멍 근처에서 관광객을 상대로 장사를 하는 현지인들을 심심치 않게 볼 수 있다는 게 이채로웠다. 어찌 보면, 이것이야 말로 삶과

말을 타고 무덤 앞을 지나가는 한 현지인

기념품을 파는 작은 가게 앞에는 사람들로 북적인다

바위산을 위에서부터 깎아 내려와 만든 알데히르 전경

죽음이 한 곳에서 공생공존 하는 광경이었다.

염소들이 한적하게 풀을 뜯어먹고 있는 광경

고대인들의 무덤이었던 거대 돌산이 관광지가 되어 그 후손들에게 먹고 살 길을 마련해 주고 있는 셈이었기 때문이다. 동굴 한 편에서 자연스럽게 좌판을 펼쳐놓고서 소소한 기념상품들을 팔고 있는 현지인은 참으로 흥미로운 구경거리가 아닐 수 없었다. 또 다른 면에서 보자면, 이것은 현지인들이 상업에 능수능란했던 조상들의 피를 고스란히 이어받았다는 증거이기도 했다. 그 옛날 상거래로 전성기를 누리던 나바테아인 만큼은 아니더라도, 그 후손이라 할 수 있는 베두인 역시 이 곳에서 상업을 주업으로 삼고 있었으니. 돌산만큼이나 켜켜이 쌓여 있는 그들의 역사를 다시 한 번 생각해보게 되었다.

세월의 흔적은 '알데히르'에서도 확인 할 수 있었다. '알데히르'는 나바테아인의 수도원이었던 곳으로 알려져 있다.

수도원에 가까이 다가서니 고지대의 바람이 훅 하고 불어왔다. 모래가 좀 섞이기는 했지만, 나름 신선하고 시원한 바람이었다. '알데히르'는 이 높은 바위산 위에 자리하고 있었는데, 건축에 그다지 조예가 없는 나로서도 참으로 대단한 건축물이라는 생각이 들었다.

사막의 별 헤는 밤, 베두인들의 환대정신
붉은 모래의 **와디럼 사막**

가도 가도 끝없이 펼쳐진 붉은 모래사막 위로 바위산이 고적하게 올라 앉아 있다. 다음 날 새벽, 페트라를 뒤로 하고 떠나는 내 눈 앞에 펼쳐진 것은 온통 붉은 빛의 세상이었다. 먼지가 뽀얗게 낀 미니버스 창문에서도 붉은 색만은 선명하게 보였다. 와디럼은 이름부터가 사막다운 의미를 지니고 있는데, '와디'는 메마른 강을, '럼'은 높은 곳이라는 의미를 지니고 있다고 한다.

와디럼은 또 다른 영화 촬영지이기도 하다. '아라비아의 로렌스'라는 명작이 바로 이곳에서 촬영되었다. 1962년도에 제작된 영화이니, 우리 세대 사람들 중에는 알고 있는 사람들이 꽤 있으리라. 영화 속 서양 이방인인 '로렌스'가 이곳에서 느꼈던 게 아랍 문화와의 이질감이라면, 동양 이방인인 내가 이곳에서 느낀 것은 생각 외로 호의적인 아랍 사람들과 와디럼 사막 안에 빼곡하게 가득 찬 '외로움의 심연' 정서였다.

온통 돌과 모래뿐인 와디럼 일대 풍경

페트라와 와디럼 사이를 운행하는 버스   필자가 콜라 한 병을 구입한 와디럼 마을가게 주변

 아이러니하게도 이곳 와디럼 사막은 외로움과 인간애가 공존하는 곳이다. 와디럼 사막을 처음 방문한 사람은 누구든지 간에 그 황량한 풍경과 쓸쓸한 건물과 맞닥트리게 된다. 물론 이곳을 처음 방문하는 나 역시 가도 가도 끝없는 사막의 외로움을 가슴 깊이 느꼈다. 넓은 모래벌판에 이어서 내 시선을 사로잡은 것은 그 한 사막을 삶의 터전으로 삼고 있는 베두인들이었다.

 문득 나는 이들의 삶은 어떤 모습일지 궁금해졌다. 척박한 사막 한 가운데 기념품 가게를 하나 만들어 놓고 외로이 기거하는 모습을 보니, 심심하거나 무료하지는 않을지 연민의 정이 느껴졌다. 심지어 이들의 가게에 물품을 공급하는 차는 일주일에 단 한 번 들른다고 했다. 그렇다면 이들은 대부분의 시간을 그 작은 천막 안에서 혼자 지내야 하는 셈이었다. 간혹 염소를 키우거나 소를 키우며 소일거리를 하는 사람들도 있었지만, 기본적으로 이들은 뭔가를 혼자 하는 것에 익숙한 사람들로 보였다. 정말 외롭거나 심심하지는 않을까.

 물론 나는 이들에게 대놓고 심심하진 않느냐고 물어볼 수 없었다. 이것은 경우에 따라서는 굉장히 무례한 질문이 될 수 있기 때문이다.

 도시 생활에 물든 나 같은 사람에게는 사막에서의 생활이 따분해 보일 수 있겠지만, 베두인들 자신에게는 이것이 축복받은 삶 자체일 수도 있다. 한가롭게 염소를 키우고 관광객들에게 기념품을 판매하며, 조상 대대로 살아온 땅을 지키는 것 또한 이들에게는 자랑스럽고 명예로운 인생일 수 있을 터였다.

다만 나는 이방인들에게 굉장히 호의적인 이들의 태도를 보며, 그동안 우리가 아랍 문화권 사람들에게 가졌던 편견이 상당히 잘못되었다는 사실을 깨닫게 되었다. TV에서 보던 아랍 인들은 대개 총을 들고 있거나 서방세계에 굉장히 호전적인 태도를 취하는 사람들이었다. 평화나 사랑과 같은 온건한 단어들과는 거리가 멀었고, 싸움이나 투쟁과 같은 피의 단어에 가까운 사람들로 여겨왔던 것도 사실이다. 더군다나 최근에는 'IS'라는 이슬람 수니파 극단주의 무장테러단체가 등장하여 이슬람에 대한 좋지 않은 인식이 더욱 더 커져가고 있다. 매일 뉴스에 등장하는 IS의 만행은 더더욱 누구나의 마음을 안타깝게 만든다. 하루가 다르게 커져가는 IS의 세력도 우려스러운 수준이지만, 이들과 서방국가 사이의 소모적인 전투 탓에 많은 사람들이 피해를 입고 있다는 사실도 안타깝기 그지없다. 다수의 선량한 아랍 사람들은 IS의 왜곡된 종교관 때문에 고통을 받고 있으리라. 이런 것에 대해 알 길이 없는 바깥세

황량한 와디럼 일대 풍광

와디럼 사막에 남아 있는 선사시대 그림문자의 흔적

상 사람들은, 이슬람이라면 무조건 색안경을 끼고서 볼 가능성이 높다고 생각한다.

그런데 요르단 여행을 하며 만난 사람들은 그와 같은 '호전적'인 민족과는 한참 거리가 멀었다. 기본적으로 이들은 손님을 극진하게 대접하고, 외지인에게 친절히 길을 안내해 주는 문화를 가진 민족이었다. 이것이 오랜 기간 외로움에 시달린 탓에 사람만 보면 마냥 반갑고 좋은 것인지, 아니면 원래 그런 문화를 가진 사람들이어서 그런지는 알 수 없지만, 적어도 여행자들의 마음을 편안하고 즐겁게 만들어 준다는 사실만은 확실했다.

아랍 속담에 "손님이 찾아오지 않는 집에는 천사도 찾아오지 않는다"는 말이 있다고 한다. 손님에 대한 극진한 대접 문화가 살아있는 이들의 민족성을 짐작할 수 있는 말이다. 사실 알고 보면 이들은 예의바르고 온화한 사람들이었다. 더러 급진적인 민족주의자들 때문에 좋지 않은 이미지를 얻게 되긴 하였지만, 대다수의 아랍인들은 알면 알수록 따뜻하고 선량한 마음을 지녔다.

한 무리의 관광객들이 낙타를 타고서 내 앞을 지나가고 있었다. 낙타는 상상했던 것보다 훨씬 더 능청스러운 표정을 가지고 있는 동물이다. 큰 눈을 연신 껌뻑껌뻑 대는 낙타의 얼굴에는 어딘지 모를 권태로움이 묻어있었다. 하지만 손님을 태우고 걷는 제 본분에는 성실히 임하는 것으로 보였는데, 한 걸음 한 걸음 내딛는 발걸음이 느릿하면서도 진중했다.

'나도 저 낙타를 타봐, 말아?'

사실, 사막에 왔으니 낙타를 타 보는 것도 나름대로 의미 있는 일이기는 했다. 승마하고는 또 다른 재미가 있을 것 같았다. 1년 전부터 아

낙타가 손님을 태우고서 제 밥벌이를 하고 있는 광경

필자가 잠시 쉬어간 사막 위 찻집

픈 무릎 때문에 시작한 승마는 확실히 재미있는 취미이기는 했다. 게다가 일전에 인도여행에서 낙타를 한 번 타보았던 경험이 있었으니, 이번에도 도전해 볼까 싶은 마음이 들었다. 하지만 한편으로는 조금 두려운 생각도 들었다. 낙타의 등이 말의 등 보다 높아 보이기도 했고, 어쩐지 내가 탔을 때 낙타가 막 달려 나갈 것 같은 기분이 들었던 탓이었다. 아무래도 낙타는 눈으로만 감상하는 게 더 좋을 것이라는 결론이 섰다.

내가 이렇게 한참을 고민에 빠져있을 때, 누군가 옆에서 내 팔을 툭 건드렸다.

"저는 사막 체험을 하루 더 할 건데, 선생님은 어쩌실 거예요?"

아까 와디럼 입구에서 만났던 인도 청년이었다. 컴퓨터 공학을 전공한다던 그는 사막에서 하룻밤을 더 묵은 후 내일 암만으로 갈 것이라고 했다. 역시 젊은 사람들은 사막 여행에도 거침이 없었다. 나는 도저히 이곳에서 1박을 할 용기를 내지 못했는데 말이다. 이곳 숙박시설이라고 해봐야, 바위 절벽 한 구석을 차지하고 있는 텐트촌들이 전부였는데 사

사막 위 한 가운데서 사진을 찍는 인도 청년

사막 한가운데서 중심을 잡고 있는 필자

사막에서 하룻밤을 묵을 수 있는 천막 호텔

막의 건조한 바람을 제대로 막아 줄 수 있을지 알 수가 없었다. 화려한 빨간 꽃무늬의 비주얼은 뭐 그렇다 쳐도, 화장실은 어떻게 해결해야 할지도 모를 일이었다. 물론 사막의 밤을 있는 그대로 체험하고 싶은 사람들에게 최적의 장소일 수도 있다. 이곳에서 하룻밤을 보낸 여행객에게는 아침식사도 제공된다고 하니 젊은 사람들에게는 꽤 괜찮은 추억거리가 되겠다는 생각은 들었다.

　돌이켜 생각해 보면, 사막의 밤은 늘 거칠고 투박한 것만은 아니었다. 사막의 밤하늘은 도회지의 밤하늘과는 차원이 다른 아름다움을 제공하기 때문이다. 사막의 황량함만을 상상하는 사람들에게, 사막의 밤은 전혀 다른 아름다운 추억을 선사해 준다. 사방에는 인공조명 하나 없이 캄캄하고, 끝없이 촘촘하게 박힌 별들이 쏟아질 것과 같은 기세로 반짝이는 사막의 밤. 그리고 제각기 다른 속도로 깜빡이는 별들에게서, 마치 모래 위를 밟는 것처럼 '사박사박' 하는 소리가 들리는 것만 같은 그곳.

　나는 아쉬운 대로 사막에서의 1박을 다음 기회로 미루기로 했다. 다만, 다음에 이곳을 찾을 때에는 반드시 가족과 함께 오겠다는 마음을 먹었다. 사랑하는 가족과 함께 나란히 누워 밤하늘의 별 무리가 반짝거리는 모습을 보는 것은 그 자체로 축복받은 일임에 틀림이 없으리라.

요르단의 푸른 빛 미래
요르단 유일의 바다,
아카바 항

　　　　　　　　요르단에는 사막과 바위만 있는 것이 아니다. 오전 투어를 마친 후 택시를 타고 '아카바'에 들어서자 아까와는 확연히 다른 풍경이 내 눈 앞에 펼쳐졌다. 확실히 푸른색이다. 황토색도, 붉은 색도 아닌 푸른색의 바다가 내 눈 앞에서 넘실거리고 있었다. 더운 여름날, 얼음이 가득 담긴 청량음료를 한 모금 들이킨 것 같은 기분이 들었다. 가슴 속의 찌꺼기가 씻겨 내려가는 것처럼 시원했다.

　이 아름다운 아카바 해안은 요르단의 염원을 담고 있는 곳이기도 하다. 본래 아카바는 사우디아라비아의 영토였다. 이스라엘과 사우디아라비아로 둘러싸인 내륙 국가였던 요르단은 석유 한 방울 나지 않는 척박한 국가였다고 한다. 고심하던 요르단 정부는, 마침내 1965년에 이르러 중대한 결정을 내렸다. 광활한 요르단 남부의 사막 일부를 사우디아라비아에 양도하는 대신에 아카바 항을 가져오도록 하는 '영토 교환 협정'을 맺기로 한 것이다. 요르단 정부는 아카바 항을 키워 이곳을 관광과 무역의 중심지로 만들고자 하는 생각을 가지고 있었다. 이를테면 아랍에미리트의 '두바이'와 같은 관광지로 성장시켜, 요르단 전체의 GDP를 증대할 심산이었던 모양이다. 참으로 고대 나바테아인의 후손다운 발상이었다.

　아마도 내가 좀 전에 바다를 보며 느꼈던 청량감은 이와 같은 역사적 사실에서 기인했을 지도 모르겠다. 오랜 기간 내륙 국가로만 지내야만 했던 요르단 사람들의 답답함에 공감할 수 있었기 때문이다.

 바로 옆 사우디아라비아처럼 기름이 펑펑 나오는 것도 아니고, 그렇다고 이스라엘처럼 서방세계와의 교류가 활발한 것도 아니다. 과거 조상들의 영광을 기억하는 요르단 사람들에게 퍽퍽한 현실은 참으로 고약한 일이었을 것이다. 그래서 이들에게 아카바 항은 더욱 더 소중하게 다가왔을 지도 모른다. 요르단의 국왕은 아카바 항을 두고 '요르단의 미래' 라는 수식어를 붙여주었다고 했다.

 나는 아카바 항이 매우 마음에 들었다. 히잡을 쓴 여인들은 이곳이 아랍 국가라는 사실을 상기시켜 주었지만, 그들이 스마트 폰을 귀에 대고서 연신 늘어놓는 수다는 여느 20대 아가씨들과 같은 젊음과 발랄함을 보여주고 있었기 때문이다. 한없이 청량하고 활기찬 이곳의 분위기는, 정말로 요르단의 밝은 미래를 시사하고 있는 듯 했다.

 오늘은 여기에서 하룻밤을 머문 후에 내일 암만으로 이동할 예정이다. 호텔에 들어 온 후, 낮에 찍었던 사진들을 다시 살펴보고 있는데 아카바 항에서 찍힌 한 소년이 유독 눈에 띄었다. 아까 노란색 튜브 뭉치

와디럼에서 아카바항까지 타고 간 현대자동차 차량

아름다운 아카바 항 주변 풍경

를 들고서 열심히 뛰어 다니던 녀석이었다. 이 소년은 얼마나 열심히 뛰어다녔던지, 내가 바다를 배경으로 찍었던 사진에는 어김없이 등장하고 있었다. 순간 그가 오늘 하루 벌어드린 수입이 얼마나 됐는지 궁금했다. 낮에 해변을 둘러보았을 때에는 해수욕을 하는 관광객들이 그다지 많지 않았기 때문이다. 멀지 않은 미래에, 아카바 항이 더욱 더 번성하게 되고, 아랍 세계의 갈등도 해소 되어 더 많은 관광객들이 이곳을 찾게 된다면 아마 그 소년의 주머니도 더욱 더 두둑해지지 않을까 싶다.

순박한 마음씨 지닌 암만의 청소년들
요르단의 수도 **암만**

    다음 날, 직행버스를 타고서 요르단 암만으로 향했다. 오늘은 요르단의 중심지인 암만 시내를 구경 해볼 생각이었다. 버스가 시내 변두리에 선 바람에 호텔을 찾느라 애먹었던 나는, 결국 택시 기사의 도움을 받아 근처 호텔에 묵을 수 있었다. 친절한 택시 기사의 호의에 감사했던지라, 이 택시를 이틀 간 전세 내어 암만주변도시를 관광하기로 했다.
    암만 시내는 또 다른 눈요깃거리를 선사하는 곳이었다. 한 국가의 중심지답게, 암만에는 언덕 언덕마다 크고 작은 건물들이 빼곡하게 들어차있었다. 도시 한 가운데에는 반쯤 허물어진 원형 극장도 있었는데,

요르단 수도 암만의 시가지 전경

이곳이 과거 로마제국의 영향을 받았다는 사실을 상기시켰다. 모양새는 우리나라 대학가에 있는 노천극장들과 비슷해 보였다.

원형 극장 근처에는 전통 박물관도 있었다. 물론 원형 극장에 딸린 작은 박물관이었

전통 박물관에서 만난 소년들에게 둘러싸인 필자

던 지라 규모는 크지 않고 소박하였다. 주로 과거 요르단 사람들의 생활양식과 전통의상을 전시해 놓아 아늑하고 정겨운 느낌이 드는 곳이었다. 특히 여기에 전시된 모자이크 작품들은 서양의 그것과는 달리 화려하지 않고 단정했다. 사막 국가답게 작품의 색감 역시 은은함이 도는 황토 빛이었는데, 매우 색다른 분위기의 모자이크라는 생각이 들었다.

박물관에서는 재미있는 일도 있었다. 한참 전시물들을 살펴보고 있던 중에, 나는 누군가 내 뒤를 따라 오고 있다는 사실을 눈치 챘다. 힐끔 옆 눈으로 보니, 10대 중반에서 후반으로 보이는 앳된 얼굴의 소년들이 내 뒤를 졸졸 따라 오고 있었다. 이쪽을 계속 쳐다보면서 자기네들끼리 뭐라 뭐라 떠드는데, 아마도 나한테 지대한 관심이 있는 것임에 틀림이 없었다.

마침내 그들 중에서 가장 나이가 많을 법한 아이가 내게 말을 걸어왔다. 강렬한 갈매기 눈썹과 깔끔하게 정리된 턱수염이 인상적인 소년이었다. 아이는 사진을 함께 찍어달라고 했다. 동양 사람을 좋아해서 사진을 함께 찍고 싶다는 것이다. 아마도 외국인을 신기하게 생각하는 것은 만국 공통인 것 같았다.

모세가 가나안 땅 바라보며 숨 거둔 곳
마다바, 느보산

　　　　　　　마다바(Ma'daba)에 있는 작은 교회도 들렀다. 이 곳은 성 조지 교회(St. George Church)로 다양한 형태의 모자이크 작품들을 찾아 볼 수 있는 장소이다. 특히 이 교회의 모자이크 지도들은 옛 비잔틴 시대의 모습들을 그대로 담고 있는 것으로 유명하다고 했다.
　교회 안은 길고 좁았다. 모자이크 그림이 군데군데 걸려 있어 경건한 분위기를 자아내고 있었고, 옅은 붉은빛의 돌기둥에는 새까만 때가 덕지덕지 붙어 세월의 흔적을 보여주고 있었다. 교회 안에는 관광객들도 있었다. 그런데 커플인 것으로 보이는 관광객들은 땅을 바라보며 한 참을 숙연하게 묵념을 하고 있는 것처럼 보였다. 기도를 하는 그들의 모습을 보며 새삼 이 곳이 이슬람 국가라는 사실을 떠올렸다.

성 조지 교회 바닥의 신비한 문양의 모자이크

교회 바닥의 모자이크 지도로 유명한 성 조지 교회 입구   옛 이스라엘의 모습을 담은 모자이크 지도(성 조지 교회)

    이슬람의 도시 한 복판에 이런 교회가 있다는 것은 참 재미있는 일인 동시에 애석한 일이기도 했다. 문화 간 갈등으로 시끄러운 저 밖의 세계와 한없이 평화로운 이 곳의 모습이 대비되면서, 뭔지 모를 소회를 불러왔기 때문이었다. 저들은 이 교회에서 어떤 생각들을 하고 있을까. 좀 더 그들을 가까이 보기 위에 건물 앞으로 향했다.

    하지만 곧 내가 지나치게 심각하게 생각하고 있다는 사실이 드러났다. 뒤로 슬쩍 가서 보았더니, 이들은 바닥에 새겨진 모자이크 지도를 보며 사진을 찍고 있던 중이었다. 지도 둘레에 쳐진 안전선 위에서 사진을 찍기 위해 몸을 깊게 구부렸던 것인데, 내가 이 모습을 뒤에서 얼핏 보고서는 경건한 모습이라고 착각했던 것이다. 나는 어쩐지 좀 민망해졌다. 평소 진지한 캐릭터였던 면은 다소 있었지만, 이렇게 착각을 하고 혼자 사념에 빠져드는 엉뚱함이라니.

    커플이 열심히 사진기에 담았던 그 지도를 나도 역시 열심히 사진기로 찍었다. 지도는 비교적 보존상태가 좋은 편이었다. 칠이 벗겨졌는지 사막을 표현했던 것인지 모를 회색 얼룩이 곳곳에 있었지만, 그 외에는 옛날에 새겨 넣은 흔적이 그대로 남아 있었다. 주택과 나무 모양을 간

아스라이 보이는 이스라엘과의 국경지대 전경

소화 시켜 그려 놓은 모습도 재미있었고, 물고기와 배의 표현도 생각보다 사실적이었다. 이 지도가 그 옛날 비잔틴 시대에 제작되었다니, 참으로 신기한 일이었다.

기독교의 흔적은 '느보산'에서도 찾아볼 수 있었다. 느보산은 성서에 등장하는 모세가 가나안땅을 바라보며 죽음을 맞이한 것으로 알려지는 산이다. 산 정상에 올라서면 예루살렘을 비롯해 다른 국가들이 위치한 방향과 거리가 표시되어 있는 안내판을 만나볼 수 있다.

느보산에 세워진 모세를 기념하는 비석

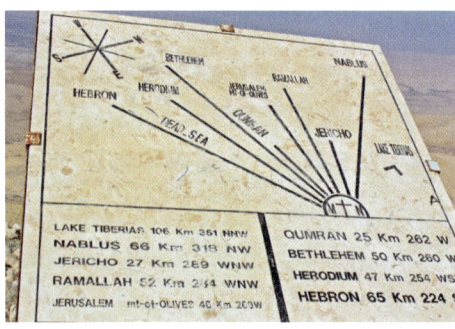

모세의 시선을 따라 표기돼 있는 이스라엘의 방향과 거리 표지판

스트레스 해소에 제격인 신비로운 물줄기
함마마트 마인 노천온천

　　　　　　　　느보산을 뒤로하고 사해 리조트를 거쳐 나는 함마마트 마인으로 향했다. 함마마트 마인은 노천온천으로 유명한 관광지이다.

　온천욕은 나와 아내가 가장 좋아하는 취미중 하나다. 그 동안 일본에서 유명하다는 온천을 수없이 찾아 다녔다. 구사츠 노보리베츠 유후인 벳푸, 고마츠, 도야마, 아타미 등등.

　온천욕은 심신을 평화롭게 해주고 모든 스트레스를 해소시켜주는 가장 효과적인 방안 중 하나다. 아베의 망언이 있기 전까지만 해도 1년에 몇 번씩 아내와 일본 온천을 다녀왔으나 요즘은 아베가 미워 거의 가지

수영을 할 수 있는 사해의 한 리조트 앞에 선 필자

않지만 일본 온천과 료칸에서의 식사는 스트레스를 확 풀어주는 가장 효과적인 방법이다.

김이 모락모락 나는 물줄기가 절벽을 타고서 떨어져 내리고 있는 모습을 보고 있자니 탕 속에 몸을 담그고 싶은 마음이 간절해졌다. 나는 조심조심 탕 속에 몸을 담갔다. 따뜻한 물이 피부에 닿으니 여독으로 피곤했던 몸이 한 순간에 나른해졌다. 눈을 감자, 바쁘게 달려왔던 요르단 여정이 하나하나 떠오르기 시작했다. 이스라엘 텔아비브 공항에서의 불쾌한 검문, 사방이 캄캄해서 당황했던 요르단 암만 공항의 광경, 무리하게 바가지를 씌우려던 호텔 직원의 모습도 떠올랐다.

수천 년의 역사를 간직한 페트라의 모습은 지금 생각해도 다시 못 볼 장관이었다. 하지만 그 옛날 와디럼 사막을 오가며 천하를 호령하던 옛 주인들은 시대를 넘어선 창작물을 우리에게 안겨주고는 역사의 뒤안길로 사라져 갔다. 주인을 잃어버린 사막은 얼마나 황량하고 쓸쓸해 보였던지 모르겠다.

어찌 보면 역사란 화려한 것이기도 하지만, 그만큼 덧없는 것이기도 하다. 그렇다면 나 자신은 스스로의 역사를 어떻게 꾸려 나가고 있는가.

나를 둘러싸고 있는 것들에 대해 가만히 생각해 보았다. 생각하면 할수록 참 잘 꾸려온 인생이지 싶다. 사실 어렸을 때만 해도 나는 내가 의

바다보다 220미터 아래에 위치해 있는 온천 폭포수 온도표지판

피로를 씻기에 좋은 함마마트 마인 온천수의 물줄기

사가 될 것이라는 생각은 별반 하지 않았었다. 전북 순창의 시골에서 태어나고 자란 나는 공부에는 그다지 관심이 없던 아이였다. 틈만 나면 친구들과 산으로 들로 강으로 놀러 다니느라 정신이 없었고, 부모님이 시켜주신 과외도 빼먹기 일쑤였다. 시쳇말로 하면, "땡땡이"는 내 주 특기였다. 당연히 학교 성적도 형편없었는데, 아버지의 교육열 덕분에 어렵게 들어간 중학교에서도 나의 성적은 최하위였다.

다행히 중2때부터 공부를 해야겠다는 마음을 먹었고 그래서 광주고등학교에도 진학할 수 있었고, 연세대학교 의과대학에도 진학할 수 있게 되었다. 아마 아버지의 노력이 아니었다면 내가 어떤 길 위에 있었을지 모르겠다. 의과대학 진학은 굉장히 순수한 동기에서 시작되었던 것 같다. 누님과 나이 차가 9살이었기에, 나는 매형을 빨리 보게 되었다. 당시 매형의 형님은 일본에서 의대를 나와 산부인과를 운영하던 개업의였다. 그분은 개업하면서도 항상 임상연구를 하시던 분으로 옆에서 보고 듣는 의사의 생활상은 내 가슴을 설레게 만들었다. 그래서 자연스레 나는 의사가 되어 아픈 사람들을 치료해주리라 다짐하였다. 또한 함께 하숙하던 고등학교 선배가 한국에서 가장 오래되고 훌륭한 의과대학은 세브란스의대라고 항상 이야기했기에 나는 일편단심 연세대학교 의과대학을 목표로 공부하였다.

여독을 풀기에 좋은 함마마트 마인 온천 일대 풍경

온천지대 휴게소

아르테미스의 축복을 받은 도시
고대 로마의 흔적 제라쉬

해가 뉘엿뉘엿 넘어가는 시각 졸린 눈꺼풀을 주체하지 못하고, 건물 그림자를 길게 드리우고 있는 제라쉬에 당도했다. 그 곳에는 스러져 간 로마 제국과 제라쉬의 역사가 한 눈에 보이는 것만 같았다.

로마 제국은 기원 전 27년부터 1453년 동로마제국인 비잔티움이 몰락할 때까지 존속하며 찬란한 역사를 꽃피웠던 제국이었다. 제라쉬는 기원전 63년, 로마 폼페이의 점령을 받은 후, 데카폴리스 국가로 변모해 갔다. 데카폴리스는 요르단·시리아 등 도시 국가들로 이루어진 연합도시인데, 로마의 통치를 받으면서도 어느 정도의 자치권을 인정받았다. 통치 국가였던 로마 제국은 자신의 식민지역 곳곳에 지배의 업적을 남기고 싶었던 모양이다.

데카폴리스 중 한 곳이었던 제라쉬에는 로마가 세워 놓은 고대 건물들이 마치 크로노스와 같은 거대한 위용을 자랑하며 들어서 있다. 물론 지금은 대부분의 건물이 파괴되고, 다만 거대한 기둥들과 석조 건물 일부만 남아 그 규모를 짐작할 수 있을 뿐이다. 나는 인적 드문 황량한 유적 터를 거닐며 아련함

자연스레 포즈를 취하고 있는
길에서 만난 커플

아르테미스를 기리는 신전 유적지

제라쉬에서 만난 절대 웃지 않은 한 로마 병사와 함께 한 필자

황량한 제라쉬 유적지 일대 풍광 1

황량한 제라쉬 유적지 일대 풍광 2

땅거미가 진 이후의 제라쉬 유적지 일대

을 느꼈다. 고대 원형 경기장 안에는 체험 프로그램 비슷한 것도 있었다. 아마 붉은 갑옷을 차려입고 방패를 손에 든 로마 병사와 사진을 찍는 체험인 것 같았다. 그 옆으로는 말 타기 체험을 위해 동원된 것으로 추정되는 말 한 마리와 기수가 있었는데, 기수는 영어가 쓰인 후드 티와 청바지를 입은 채 말 고삐를 쥐고 있었다. 뭔가 안 어울리는 것 같으면서도 그런대로 들어맞는 기묘한 조합이었다.

그런데 이 로마 병사는 자신의 임무를 충실히 수행하고 있는 듯 보였다. 도무지 웃지를 않았다.

"아니, 좀 웃어 봐요."

옆에 있던 청바지의 기수가 자신이 보기에도 좀 그러하였는지 슬쩍 운을 떼었다. 로마 병사는 여전히 묵묵부답이다. 그는 마치 전사라도 된 것처럼 두 발을 멋지게 벌려 선 채, 양 주먹에 힘을 주고 있었다. 눈에 힘을 주니 검고 진한 눈썹이 더욱 도드라져 보였는데, 그는 마치 45도 각도로 먼 산을 바라보며 자신의 용감함을 세상에 알릴 기세였다.

나는 하는 수 없이 매우 어정쩡한 자세로 그와 사진을 찍어야 했다. 아마도 이것이 그들의 콘셉트이었던 것 같다. 용맹하고도 위풍당당한 고대 로마인의 모습을 사람들에게 보여주는 일 말이다. 이것은 역사를 기억하는 그들의 자존심이자 자부심이라는 생각이 들었다.

저 멀리 아르테미스 신전의 자태가 보였다. 아르테미스는 고대 제라쉬의 수호신이었다고 한다. 나는 예전에 미술관에서 보았던 작품들을 떠올려 보았다. '디아나'라고도 불리는 아르테미스는, 여러 화가들의 그림에서 건강미가 넘쳐흐르는 젊은 여성의 모습을 하고 있었다. 그림에서는 주로 사냥을 하거나 목욕을 하는 모습으로 표현되어 있는데, 아르테미스는 적극적이며 건강한 여성미를 지닌 신이라고 할 수 있다. 이러한 고대 신의 가호를 받았던 제라쉬는 아마도 수호신의 건강함과 아름다움을 온전히 갖춘 도시 국가는 아니었을까 싶다. 나는 옛 아르테미스 신전을 바라보며, 과거 아름다운 도시국가였을 제라쉬의 모습을 상상해 보았다. 어느 새 고대 신전의 기둥 위에도 어둠이 내려앉고 있었다. 이제 제라쉬의 영광스러웠던 과거도 서서히 어둠 속으로 빨려들어가고 있었다.

이제 제라쉬 여행을 끝으로 내 요르단 여행도 마무리 된다. 이스라엘 공항에서부터 시작되었던 요르단 여행은 이슬람의 오랜 역사를 들여다 볼 수 있어 좋은 기회가 되었다. 또한 나는 페트라의 오래된 길을 터벅터벅 걷는 동안, 페르시아의 역사와 함께 내 지난날까지도 함께 떠올려 볼 수 있었다.

요르단이라는 곳은 여러 모로 사람을 상념에 젖어들게 만드는 나라였는데 아마도 그것은 이곳에 자리 잡은 유물들의 묵직함 때문은 아니었을까 싶다. 오랜 세월을 견뎌낸 것들만이 풍겨내는 농익은 아름다움은 한 개인의 지나온 인생여로마저도 반추해보도록 도와주는 마력을 지니고 있었다.

내일은 레바논으로 떠날 계획이다. 레바논에서는 또 어떤 것들이 나를 맞이하여 줄지 자못 기대가 된다.

CHAPTER
02

레바논 여행지에서의 사색
신이시여,
레바논을 굽어 살피소서

중동의 파리 **레바논**
레바논의 어제와 오늘

　　　　　그곳은 '중동의 파리'라고 했다. 티 없이 맑아 수정 구슬을 닮은 바다와 울창한 침엽수림을 가지고 있어, 한없이 싱그러운 치유의 고장. 이것이 바로 이방인들이 레바논에게 붙여준 수식어였다.

　하지만 이처럼 아름다운 레바논은 사실 아픈 역사를 간직하고 있는 곳이다. 오랜 내전으로 인해 레바논의 국토는 난도질당했다. 국민들의 마음마저 너덜너덜해졌다. 그러니까 마치 조개가 오랜 기간 고통을 감내하면서 진주알을 만들어 내듯, 레바논은 그와 같은 시련 속에서도 아름다운 터전을 일구어 왔던 셈이다.

　나는 레바논 공항에서 호텔로 가는 택시 안에서 밖을 내다보며 그들의 역사를 새삼 되새겨보고 있었다. 길가의 건물들에는 아직도 총탄의 흔적들이 남아 있는 게 보였다. 이러한 광경은 새파랗게 푸르른 레바논의 하늘과 대비되어 더욱 흉한 느낌이었다. 게다가 시내에는 대포동 미사일처럼 보이는 무기들도 배치되어 있어 이들이 처한 처참함 현실을 적나라하게 보여주고 있었다.

　"그래도, 레바논이 옛날의 레바논은 아니죠."

　"그게 무슨 말씀이신지…?"

　"손님들이 많이 물어보시거든요. 이제는 종교 갈등에서도 많이 벗어나서 평화를 가장 우선시하고 있는 중이랍니다."

　내가 창밖을 유심히 보고 있는 것을 눈치 챈 택시 운전사가 영어로 말을 걸어왔다. 아마도 그는 관광객들로부터 수도 없이 전쟁과 관련된 질문들을 받아왔으리라.

'이스라엘과 팔레스타인.' 이것보다 오늘날 세계정세를 논할 수 있는 뜨거운 감자가 또 있을까. 택시 기사는 우리보다 훨씬 더 많은 세월을 전쟁과 싸움을 몸 가까이에서 겪으며 살아왔을 터다. 하지만 정작 그는 여느 아랍권의 사람들처럼 온화하고 평온한 표정을 하고 있었다. 예전보다는 평화로운 삶을 살 수 있을 터이고, 살림살이 또한 나아지지

레바논 베이루트 여행자 거리 풍경

않겠냐는 긍정적인 기대를 하고 있는 것 같았다.

 택시 안의 라디오에서 흥겨운 그들의 음악이 흘러나왔다. 마냥 익살스러운 그들의 음악을 들으며 창밖을 다시 바라보니, 거리의 풍경도 새삼 경쾌하게 느껴졌다. 총탄이 박힌 건물과 길가에 놓인 무기들은 그대로였지만, 아무렇지 않게 그 사이를 오가는 레바논 사람들의 모습에서 희망을 엿볼 수 있었다. 이들의 세련된 옷차림과 현대식 구조물들은 서양 국가들의 그것과 별 반 차이가 없었고, 거리에서 길거리 음식을 파는 상인들의 모습 역시 한없이 평화롭게만 보였다. 참 그저 그렇게 지나가는 평온한 오후의 풍경이었다.

 '가만 있어보자, 오늘은 어디서 저녁을 해결해야 할까.'

 나는 레바논 안내책자를 꺼내들고 어디서 저녁밥을 먹을 지를 고민해 보았다. 이미 전쟁이니 세계 평화니 하는 복잡한 문제들은 마음 밖으로 사라져 버렸고, 분주한 여행자의 모습으로 돌아가 밥 먹을 걱정을 하고 있는 중이었다.

 어찌 보면 레바논은 이런 국가인 모양이다. 자신의 마음속은 곪고 썩어 고통스러우면서도, 정작 자신을 찾은 방문객들에게는 한없이 편안한 쉼터를 마련해 주는 그런 국가 말이다.

소탈하고 담백한 **레바논**의 맛
오늘 저녁은 빵이다

　　　　　　미리 예약한 브리스톨 호텔에 도착한 후, 나는 여장을 풀고 다음 여행지를 준비하였다. 이제 저녁을 해결할 시간이었다. 아까 전에 봐 두었던 고급 식당들이 눈에 아른거렸지만, 눈을 딱 감고 간단한 빵과 음료로 저녁을 대신하기로 굳게 마음먹었다. 사실 경비 절감이야말로 여행자의 뇌리와 마음 한구석을 강하게 짓누르는 과외선생 같은 존재이리라. 더 맛난 것을 먹기 위해 저축해 두는 철저한 계획 소비야 말로 모범 여행자가 갖추어야 할 덕목 비슷한 것이다.

　시장에서 인도의 '난'과 비슷한 빵 한 봉지를 사서 호텔로 가져와 쨈과 함께 먹으며 저녁을 간단하게 대신할 요량이었다.

　사실 요르단 음식은 내 취향이 아니었던 터라, 나는 레바논의 음식에 그다지 큰 기대를 걸지 않고 있었다. 맛이 없더라도 그냥 저냥 넘길 요량이었고, 혹여나 먹을 만한 맛이라고 한다면 그 자체를 행운으로 여기면 그만이었다.

　외지에서 새로운 음식을 선택한다는 것은 그야말로 복불복과도 같은 일이다. 젊은 사람들이야 블로그를 보면서 맛있는 음식을 미리 선택해 놓고 간다고는 하지만, 내가 그런 수고로움을 감수하기에는 무척 분주하고 익숙하지도 않다. 우선은 계획 소비에 대한 내용이 내 머릿속의 한 80% 정도를 채우고 있었고, 귀찮음이 한 20% 정도를 차지하고 있었다.

　나중에야 알게 된 사실인데, 현지에서는 이 빵을 '피타(Pita)'라고 부른다고 했다. 피타는 브레드(빵)이라는 의미의 아랍어라고 한다. 빵을 그대로 빵이라고 부르고 있다니, 굉장히 정직한 이름이라는 생각이 들었다.

먹어보았더니, 이 피타의 맛 역시 이름 그대로 정직한 것이었다. 맛은 마치 인도의 난을 먹는 것처럼 담백하고 고소했는데, 간이 안 된 빈대떡을 먹는 것처럼 찰진 식감도 느껴졌다. 이 맛이 다소 심심하다고 여겨질 때에는 함께 사온 딸기잼을 발라 먹으면 되었다. 달달한 맛이 고소한 맛과 어우러져 입 안이 상당히 즐거워졌다.

확실히 레바논의 음식은 요르단 음식보다 훨씬 고소한 감칠맛을 지니고 있었다. 진한 향신료도 없었고, 자극적인 맛도 느껴지질 않았다. 무엇보다 마음에 들었던 것은, 저렴한 값에 피타를 한 가득 안겨주던 그 풍성한 인심이었다. 양도 많고, 맛도 있고, 정말 여러 모로 만족스러웠던 저녁식사였다.

신밧드의 모험을 해 보았는가
나의 **제이타 그로토 동굴** 체험기

다음 날, 나는 본격적으로 레바논을 여행하기 위해 아침 일찍 길을 나섰다. 오늘은 '제이타 그로토(Grotto) 동굴'을 먼저 구경해 볼 요량이다.

그로토 동굴은 아랍 최대의 석회 동굴이라고 한다. 위 동굴(Upper cave)과 아래 동굴(Lower cave)로 나뉘어져 있는데, 그 최대 길이가 각각 2,200m와 6,200m 에 달한다.

위 동굴의 경우 콘크리트 터널을 타고 가면서 관광하는 프로그램이 짜여 있고, 아래 동굴의 경우에는 배를 타고 동굴 내부를 관광하는 프로그램으로 구성되어 있는 모양이었다. 이 그로토 동굴은 베이루트 시내에서 버스로 약 20분 정도 되는 거리에 있다.

동굴까지 걸어가는 길은 아기자기한 맛이 있었다. 입구 양 옆에는 기념품점으로 보이는 작은 상점들이 있었고, 군데군데 크리스마스트리 같은 조형물이 세워져 있었다. 이것은 아마도 세계 각지에서 이곳을 방문하는 관광객들을 위한 배려 같았다. 그러면서도 건물 위에는 레바논의 국기를 몇 개씩 꽂아 놓은 모습이 특히 인상적이었는데, 마치 이곳이 레바논 땅이라는 것을 관광객들에게 자랑스럽게 이야기하고 있는 것 같았다. 제이타의 산세가 좋아 보여 사진을 몇 장 찍던 나는, 사진마다 선명하게 나와 있는 국기를 보며 이 세 글자를 머릿속 깊이 새길 수 있었다. '레, 바, 논!'

제이타 그로토 동굴 입구 1

    그러고 보니, 이 레바논 국기는 참 독특한 모습을 하고 있는 깃발이었다. 국기 안에 나무 하나가 통째로 들어서 있다. 이 가운데의 나무는 '백향목'으로, 불멸을 의미하는 나라의 상징이라고 알려져 있다. 본래 프랑스의 통치를 받기도 했던 레바논의 국기는 지금의 색에 파란색이 더해진 모습이었다고 한다. 그러나 1943년에 독립을 맞이한 레바논 사람들은 이 파랑색을 제외하여 지금과 같은 흰색과 빨간 색만을 남겨 놓았다. 우리와도 참 비슷한 역사를 가지고 있는 레바논이었다.

    생각해 보면 백향목은 여러 가지 이야기들을 품고 있는 나무였다. 우선 백향목은 사철 푸르른 상록수로 소나무 과에 해당하는 종이다. 레바논 사람들은 핍박받는 현실 속에서도 백향목을 바라보며 마음을 다잡았으리라. 이들에게도 백향목은 의로운 기개를 상징하는 나무로 여겨졌던가 보다.

제이타 그로토 동굴 입구 2

    그 옛날 우리 조상들이 소나무를 보며 굽히지 않는 절개를 다짐했던 것처럼, 백향목 또한 레바논 사람들에게 각별한 상징물과도 같았던 셈이다. 레바논 사람들에게 종교란 역사의 한 부분과도 같았으므로, 백향목의 그 상징성 또한 자연스럽게 이들 문화에 스며들었을 지도 모를 일이고 말이다. 이런저런 일을 떠올리다 보니 레바논이 처한 현실이 참 안쓰럽기만 했다.

    위 동굴로 올라가기 위해서는 곤돌라를 타고 가야 했다. 걸어서 가기에는 높은 위치에 자리 잡고 있기 때문인데, 남산 케이블카를 타러 가는 것 같은 기분이 들게 했다. 긴장된 순간에도 곤돌라가 레바논 국기 색깔인 붉은색, 흰 색 그리고 초록색을 띠고 있는 것이 눈에 들어온다. 참 치밀하게도 구성해 놓았다.

    예전에 보았던 정보에 의하면, 이 제이타 동굴은 15년간에 걸친 내전

2부 - 레바논 ■ 63

탓에 크게 훼손되었던 적이 있다고 한다. 주차장이고 식당이고 할 것 없이 모두 사라져 버렸는데, 내전 종료 후 정부의 적극적인 지원으로 지금과 같은 모습으로 재탄생하게 되었다는 것이다. 당시 레바논 관광부 장관은 이 곳을 운영하는 'Mapas'사와 함께 대대적인 제이타 동굴 재건 사업을 진행하여 보다 친환경적이며 레바논의 고유문화를 잘 드러낼 수 있도록 설계 하였고, 수백만 달러를 들여 아래 동굴을 안전하게 복원해 놓았다고 전해진다. 결국 제이타 동굴은 레바논을 사랑하는 사람들의 노력 집합체와도 같은 공간이라고 할 수 있다.

그런데 곤돌라를 겨우 타고 올라갔던 내 의지가 무색할 정도로, 위 동굴의 모습은 평범한 종유석 동굴과 같았다. 우리가 익히 아는 종유석이 눈앞에 펼쳐져 있을 뿐이었다. 다만 그 크기와 규모는 방대하였는데, 아랍 최대의 석회 동굴이라는 칭호를 받을 만한 것이라는 생각은 들었다.(언젠가 아내와 비엔나에서 학회를 마치고 크로아티아와 슬로베니아를 여행하던 중 슬로베니아 동굴을 가본 적이 있었다.)

내 취향에는 아래 동굴이 좀 더 마음에 와닿았다. 아래 동굴로 가기 위해서는 다시 꼬마 기차를 타고 밑으로 내려간 다음 배를 타고 동굴 안으로 들어가야 했는데, 물 위로 보이는 빛나는 돌들은 위의 모습과는 또 다른 볼거리를 제공하였다. 거대한 종유석들이 제각기의 빛깔을 내며 커튼처럼 드리워져 있고, 물에 비친 석회 동굴 내부가 훤하게 보이고 있었다. 배를 타고서 이 물길을 지나가자니, 뭔가 다른 차원의 세상으로 탐험을 떠나고 있는 것 같은 기분이 들었다.

서양 문명은 '비블로스'에서부터
역사와 문명의 교차로
비블로스

파피루스!

파피루스라는 단어 뒤에는 왠지 모르게 느낌표를 붙여줘야만 할 것 같다. 쓸 것의 발견은 인류 역사에서 가장 중대한 사건 중 하나가 아니었나 싶다. 지금이야 종이에 글 쓰는 일이 뭐 그리 어려운 것이냐고 반문할 지도 모르겠으나, 당시의 패러다임 속에서 기록의 새로운 방법을 알아냈다는 것은 그 자체로 굉장한 일이었으리라. 고대 이집트에서 발명된 파피루스는 종이가 발견되기 전까지 기록지로서의 역할을 톡톡히 해냈다. 종이를 일컫는 영어의 'paper'도 파피루스가 어원이듯 말이다.

왜 뜬금없이 파피루스 이야기를 꺼내는가 하면, 레바논 '비블로스'의 유래가 바로 파피루스로부터 온 까닭에서다. 당시 페니키아 상인들은 파피루스에 글을 적어 전 세계로 전파시켰다. 고대 이집트의 파피루스는 이곳 비블로스에서 세계 각지로 수출되었고, 그리스 문화권 또한 이 파피루스의 문서를 받았다.

그리스에서 책을 의미하는 단어는 'Biblia'이었는데, 그들은 이 책을 전달해 온 페니키아의 항구도시에 비블로스(Biblos)라는 이름을 붙여주었다. 덕분에 이 항구도시가 독특한 이름을 얻게 된 셈이다. 이 비블로스는 또한 책을 의미하는 영어인 바이블(Bible)의 어원이기도 하다. 비블로스 뒤에도 느낌표를 하나 붙여줘야 할 것 같다.

페니키아, 페르시아 등 다양한 문화의 흔적이 남아있는
비블로스 시가지 해안 주변 전경

그런가 하면 비블로스는 굉장히 오래된 도시로도 알려져 있는 곳이다. 기원전 5000년, 그러니까 신석기 시대 무렵부터 이 항구도시는 사람들로 북적이고 있었다는 이야기다.

그래서 그런지 비블로스에는 신석기 시대의 유적뿐만 아니라, 로마 제국 시대의 유적까지 인류 문명의 발자취가 고루 새겨져 있다. 이곳에서 특히 번성했던 것은 페니키아문명이었다. 페니키아는 알파벳의 기원이라고 알려지는 페니키아 문자를 만들었다. 페니키아인들은 바로 이 비블로스 항에서 기거하며 고대 레바논의 백향목을 수출하는 한편, 이집트로부터 파피루스를 수입하는 교역 활동을 벌였다고 한다. 지금은 그 흔적을 거의 찾아보기 힘든 페니키아 문명이지만, 그들은 분명 이 너른 지중해를 무대 삼아 신명나는 인생을 살다갔음에 틀림이 없다.

비블로스에 도착하니 시원한 바다가 먼저 눈에 들어왔다. 끝도 없는 수평선 위에는 섬 하나 보이지가 않았다. 이곳을 거쳐 갔던 사람들은 아마도 저 넓은 바다를 바라보면서 상상의 나래를 키워왔을 거다. 섬 곳곳에 남아 있는 유적지들도 여행자의 상상력을 자극하는 것들 일색이었다. 그냥 황폐한 돌무더기로 보이는 것들에도 수천 년의 역사가 새겨져 있을 터였다. 이 돌무더기들을 보면서 어떤 시대의 유물이었을 지를 혼자 생각해 보는 것도 그런 대로 쏠쏠한 재미가 있었다. 이곳을 거쳐 갔던 문명들은 어림잡아 5개 이상은 될 것 같았고, 나는 일부러 나중에 안내원의 설명을 듣기로 마음먹고 우선 정답을 유추해 보기로 했다.

'그러니까 여기에는 페니키아 문명도 지나갔고, 아시리아도 있었겠고, 페르시아 왕조도 지배를 했다고 했으니 포함시켜야겠지. 그 다음에는 지중해에 인접해 있으니까 그리스 문명도 남아있을 수 있을까? 로마 제국의 강성함이야 뭐 당연히 여기에 미쳤을 테고, 이슬람 문명도 마찬가지로 남아 있을 테고…….'

유적지 초입에 있는 거대 석조 건물을 보자니 생각보다는 쉽게 정답을 맞힐 수 있을 것 같았다. 비교적 손실되지 않은 건물 하나가 온전하게 남아 있었는데, 돌을 쌓은 모양이나 통로가 구성되어 있는 구조를 보아하니 대략 짐작이 갔다. 이건 아마도 십자군 성일 것이다.

십자군 전쟁은 1096에 시작된 종교전쟁이었다. 당시 그리스도 교도들은 자신들의 성지인 팔레스티나와 예루살렘을 되찾는다는 명분하에 기나긴 싸움을 시작하였다. 그것은 그 당시 팔레스타인 지역을 다스리던 셀주크 투르크의 만행 때문이기도 했다. 기독교 순례자를 학대하고 내쫓았던 셀주크 투르크의 강경 노선은 많은 서유럽 사람들의 공분을 사게 되었다. 때마침 그에게 공격을 받은 동로마 제국이 셀주크에게 응징을 가해야 한다는 내용의 탄원을 로마 교황에게 요청하니, 교황 우르반 2세가 나서서 성지 탈환의 전쟁을 군사들에게 주문하였던 것이다. 그리하여 구름떼같이 일어선 십자군들은 무려 200년에 걸친 기나긴 싸움을 시작하였고, 이것이 바로 우리가 알고 있는 십자군 전쟁의 서막이었다.

레바논은 그 때나 지금이나 종교 전쟁에서 자유로워질 수 없는 운명을 타고난 지역이었던 모양이다. 이것은 레바논의 지정학적인 위치에서 기인한 것일 수도 있고, 이 땅에서 살아가고 있는 사람들의 성향에서 시작된 일일 수도 있다.

어쨌거나 그 덕분에 중세 시대의 건축물을 감상하게 되었으니 관광객의 입장에서는 감사한 일이기는 한데, 인간에게 평안과 안식을 주어야 할 종교가 전쟁의 매개물로 사용되었다는 역사적 사실에는 참 뭐라고 할 말이 없다. 더군다나 그 옛날 피 튀기는 싸움을 지속하였던 기독교와 이슬람교는 아직까지도 친해질 기미가 보이질 않으니 이것은 정말 우리가 깊이 생각해 보아야 할 일인 것 같다. 세월이 흐르는 동안에 양 문화권의 문명은 더욱 발전하였으나 이것은 사용되는 무기의 발전

문 저편으로 펼쳐지는 레바논 재래시장 광경

만을 불러일으켰을 뿐이었다. 창과 방패가 총탄과 핵무기로 진화하는 동안, 사람들의 마음 속 앙금과 증오심도 더욱 깊어졌던 것은 아니었을까. 본래 종교의 목적이 무엇이었는가를 생각해 보아야 하리라.

십자군 성을 지나니, 조금 색다른 모양의 돌무더기가 보였다. 비석 모양 같기도 하고, 고인돌의 서양버전 비슷한 모양 같아 보이기도 했다. 그래도 이것들이 오래 전에 만들어졌다는 것에는 반론의 여지가 없었다. 이를테면, 나는 지금 시간여행을 하고 있는 중인 셈이다. 이 돌무더기의 역사에 대해 추측할 만한 배경지식이 별달리 없었던 나는, 옆에서 열심히 설명을 하고 있던 안내원의 말에 귀를 기울여 보기로 했다.

"이것은 오벨리스크입니다. 오벨리스크는 이집트 문명의 영향을 받은 것으로 태양신을 찬양하기 위한 목적에서 만들어진 기념비라고 할 수 있지요."

역시 이 비블로스에는 이집트의 손길도 닿았던가 보다. 안내원에 따르면, 당시 이집트의 영향을 많이 받았던 페니키아 인들은 비블로스에 그 문화의 상징물인 오벨리스크를 지어놓았다고 한다. 이곳에서 이집트 문명의 절대 신이라고 할 수 있는 태양신에게 감사의 기도를 올리고는 했던 모양이었다. 멀리에서 본 것인지라 정확한 크기는 가늠할 수 없었지만, 비블로스에 있는 오벨리스크는 그리 거대해 보이지는 않았다.

이집트 하면 거대한 피라미드만을 상상하고 있는 사람들에게 오벨리스크의 모습은 다소 소박하게 다가갈 수도 있겠다는 생각이 들었다. 그나저나 여기에는 몇 가지의 신들이 자리를 잡고 있는 것인지 모르겠다. 비블로스는 태양신도 거쳐 갔고, 그리스의 신들도 다녀갔으며, 여호와는 물론이고 이슬람의 신까지도 머물다 간 장소이다. 그 이색적인 문화만큼이나 수호하고 있는 신들 마저도 참 풍성하고 다채로운 동네였다.

로마 시대의 구조물은 생각보다 수월하게 추측해 낼 수 있었다. 비록 기둥밖에 남아있지 않은 정도이기는 하지만, 원형 기둥은 고대 그리스 로마 문화를 가장 잘 대변해 주고 있는 건축 양식이기 때문이다. 온통 푸르른 바다를 배경으로 그 시대의 신전으로 보이는 건물 터가 남아 있고, 역시 바다를 바라보는 자리에 원형 극장 터가 남아 있었다. 사실 보존 상태가 썩 좋아보이지는 않는 모습들이었다. 하지만 이전 로마 전성기 시절을 상상해 보면 부러워지는 점도 분명히 있기는 했다. 생각해 보면 이곳은 최적의 입지조건이라고 볼 수 있는 장소였다. 뒤로는 켜켜이 산이 있고 앞으로는 너른 바다를 바라보고 있으니, 우리 식으로 말하면 배산임수(背山臨水: 뒤로 산을 등지고 앞으로 물을 내려다보는 지세(地勢)를 갖춘 터로서, 풍수에서 여기는 마을이나 건축 조영물이 들어설 이상적인 터를 의미) 지형이다.

페니키아 문명은 문자와 떼려야 뗄 수 없는 관계일 것이다. 나는 고대 페니키아 사람들의 터전이었던 것으로 보이는 돌무더기를 지나 작은 박물관 안으로 들어섰다. 사실 박물관이라고 하기에는 좀 부족한 것 같았고, 출토된 페니키아 문자 판을 전시해 놓고 있는 방에 가까워보였다. 아히람(Ahiram)왕은 11세기 말 비블로스를 통치했던 페니키아의 왕으로, 그의 석회암 석관이 비블로스에서 출토되었다고 한다. 여기에서는 페니키아 문명 출토 현장과 그 사진을 전시해 놓고 있었다.

우리가 페니키아 문명에 대해 알고 있는 것은 얼마나 될까. 이들이 알파벳의 원형이 될 만한 문자를 발명해 내었고, 한 때는 지중해와 에게해 일대를 주름잡는 문화 강국이라는 역사적 사실은 대부분의 사람들이 한 번 쯤은 들어보았던 말일 것이다. 하지만 남아 있는 역사 유물들이 거의 전무하다시피 하니, 페니키아는 그저 알파벳의 문명 정도로만 알고 있는 사람들도 꽤 많을 것으로 생각된다. 즉, 페니키아는 학교 역사 교과서나 교양서적에서만 간간히 들어볼 수 있는 그런 고대 국가였던 셈이다.

하지만 문자란 모든 발명품들의 우수함을 앞서는 것이라는 생각도 조심스럽게 해본다. 문자의 발명이란 지식의 공유와 전수를 의미하는 것이기도 할 테니 말이다. 구전과 그림만으로는 표현할 수 없었던, 보다 정교하고 자세한 지식들이 문자에 저장되어 오늘날까지 이를 수 있었다고 본다.

문자는 사람들의 생각을 담아내는 그릇과 같은 역할을 하였고, 기발한 발명품 또한 이 문자를 기반으로 하여 완성되었을 수도 있었을 것이기 때문이다. 그러니 이 페니키아 사람들은 후손들에게 잘 기억되지 못한다고 할지라도 너무 서운해 하지 않았으면 좋겠다. 이미 우리는 문자를 통해 알게 모르게 그들의 영향을 받고 있으니까. 물론 우리나라야 한글이라는 또 다른 우수한 문자가 있으니 이를 논외로 치더라도, 서양 문화권에서 표음문자의 발명은 그 자체로 유의미한 사건임에 틀림이 없다.

"베이루트를 사랑으로 감싸 주소서!"
베이루트의 어머니
하리사 언덕의 성모

마냥 평화로운 베이루트의 바다를 바라보다 보면 갖가지 상념들이 떠오르게 된다.

여행을 하다 보니 잊고 있었다. 레바논이 아직까지도 전쟁의 상흔을 가지고 있는 국가라는 사실 말이다. 비블로스 관광 후 굉장히 만족스러운 식사로 포만감에 젖어있던 나는, 베이루트로 오는 길목에서 문득 레바논과 관련된 기억 하나를 떠올리게 됐다.

이는 아마도 다음 목적지가 하리사 언덕인 것과 무관하지 않을 것이

베이루트만을 내려다보는 하리사 언덕의 성모상

물고기 한 마리가 담겨있는 낚시꾼의 바구니

다. 하리사 언덕에는 성모상이 있다. '레바논의 성모 마리아'라고 불리는 이 흰 조각상은 마치 베이루트를 끌어안고 있는 것 마냥 두 팔을 넓게 벌리고 서 있었다. 가톨릭교도가 아닌 사람이 보기에도 경건한 모양새였다. 이전에 방문했던 비블로스에서 마주했던 수많은 신들의 흔적 중에서도, 이 마리아의 모습은 가장 따뜻하고 온화해 보이는 것이었다. 모성이 가지고 있는 특유의 따뜻함 때문이 아닌가 한다.

　이 성모 마리아가 가슴에 안고자 하는 것은 베이루트인 동시에 레바논의 아픈 역사이기도 했다. 레바논의 역사란 싸움과 투쟁으로 얼룩져 있는 그야말로 전쟁의 역사였다. 근 100년 간, 레바논 사람들은 아마 하루도 평안하게 지내는 날이 없었을 것이다. 1975년부터 시작되어 15

조용한 모습이 인상적인 베이루트 항구

년간 지속되었던 레바논 내전은 오늘날까지도 그 흉한 총탄의 흔적을 지우지 못하고 있었다. 뿐만 아니라 기독교과 팔레스타인 단체 사이의 길고 지루한 전쟁은 무려 30여 년 동안이나 계속되며, 레바논 사람들을 지치게 만들었다. 게다가 2006년에는 이스라엘로부터 보복성 짙은 폭격을 맞으면서, 레바논은 그야말로 만신창이가 되어가고 있었다. 레바논의 성모 마리아는, 마치 어머니가 아픈 자식을 껴안는 것처럼 그렇게 슬프고 지친 레바논 사람들을 껴안고 있는 것만 같다.

나는 해가 막 지기 시작하는 하리사 언덕에 서서 베이루트만을 내려다보았다. 뿌옇게 안개가 끼어 있는 항구 주변에는 주황색 지붕의 건물들이 늘어서 있었다. 아마 여기에서면 모든 것이 분명하게 잘 내려다보였을 것이다. 전쟁도 그러하였을 것이고, 평화로운 일요일의 오후도 그러하였을 것이고, 레바논의 하루하루도 그러하였을 것이다. 마리아상이 아래 세상을 바라보며 어떤 생각을 했을 지를 곰곰이 생각해 보면서, 나 역시 생각에 빠져들고 있었다.

다음 날, 베이루트에서 티레로 가는 길목 빵집에서 버스가 정차했다.

먹음직스러워 보이는 형형색색의 과자 1

먹음직스러워 보이는 형형색색의 과자 2   단 것을 좋아하는 아랍인을 위한
레바논의 군것질 거리 상점

온통 베이커리이다. 상점에는 파운드케이크로 보이는 빵도 있었고, 튀긴 춘권처럼 생긴 음식도 보였고, 젤리처럼 생긴 알록달록한 과자도 있었다. 굉장히 먹음직스러워 보이는 광경들이다.

하나를 입에 넣어 보았더니 굉장히 달았다. 아랍사람들이 단 음식을 좋아한다고 하더니, 그 말이 정녕 사실이었다. 원래 강한 단 맛을 그리 좋아하지 않는 나는, 많이 먹을 수는 없었지만 나름 신선한 경험이었다.

과자가게 사람들과 함께 한 필자

지난날의 영화(榮華)는 한 줌의 재 되어
티레 유적지 방문기

　　　　　　티레는 비블로스와 함께 페니키아의 중심 도시였다. 대체적인 모습은 비블로스와 비슷해 보였는데, 보존상태가 그리 양호한 것 같아 보이지는 않았다.

　역시 고대 페니키아 문명의 흔적들과 로마 문명의 상징이라고 할 수 있는 거대 기둥들이 유적지 전반에 걸쳐 남아있었고, 이곳을 찾는 관광객들의 발길 또한 끊이질 않았다.

　한 때 지중해 지역을 주 무대로 삼았던 알렉산더 대왕의 시대가 끝나고, 티레 지역에는 새로이 로마인들이 들어오게 되었다. 로마인들은 자신들의 흔적을 거대 건물로 표현해 놓고 싶었던 것 같은데, 티레에도 역시 로마인들의 건축 양식이 곳곳에 포진되어 있었다. 관개시설·개선문·원형 경기장 등은 로마인들의 특성을 잘 드러내는 시설물들이었다.

　유적지 입구에 있는 개선문은 로마의 황제였던 '세브러스 셉티무스'의 위업을 알리기 위한 건축물이라고 한다. B.C. 2세기경에 지어졌다

황량한 티레 네크로 폴리스 유적지

고대 로마의 흔적이 남아있는 티레 유적지

고 알려져 있다. 둥근 아치형의 입구와 삼각형의 지붕을 가지고 있는 구조였는데, 돌기둥 하나하나에도 건축가의 장인정신이 깃들어 있었다. 특이하게도 이 구조물 앞면에 있는 돌기둥은 원형 모양의 벽돌 하나하가 쌓여 만들어진 것이었다. 맨 위에 있는 돌은 화려하게 조각되어 있었는데, 고대 로마인들의 미적 감각을 충분히 느낄 수 있었다.

그 옛날 아치형으로 돌을 쌓아 올리는 건축 기술이 있었다는 사실도 대단한 것이었지만, 이것이 수 세기가 지난 오늘까지도 남아있을 정도로 내구성을 가지고 있다는 사실도 놀라웠다. 얼마나 공을 들여 만든 건축물이었으면 아직까지도 그 모양새를 그대로 유지할 수 있는 것일까. 물론 누렇게 바래 여기저기 파여 있는 개선문이, 오늘날 건물들의 세련미와 비교될 수는 없는 것이겠지만 그 당시에는 꽤나 멋스럽고 웅장한 건물이었을 것이라는 생각이 들었다.

그러나 티레의 유적지가 로마인들의 화려했던 지난날들만을 보여주는 것은 아니다. 이 유적지가 1984년에 세계 문화유산으로 등재되어 있다고는 하는데, 보존된 상태를 보면 조금 의아한 생각이 드는 것도 사실이었다.

건물 곳곳으로 비죽하게 자라고 있는 잡풀들은 어쩐지 모르게 전쟁에서 패배한 자들의 자리라는 생각이 들게 만드는 것이었다. 좋게 해석하면 자연스러움을 추구하는 자세라고도 볼 수 있겠으나, 길가에 아무렇게나 자라고 있는 풀들은 돌 더미와 함께 조금 아쉽게 여겨졌다. 특히 네크로 폴리스와 이 풀의 조합은 쓸쓸하고 스산한 기분을 더욱 배가시키는 것이었다.

어찌 보면 죽음을 삶의 일부분으로 자연스럽게 받아들이는 이들의 세계관을 반영한 것일 수도 있겠지만, 내 생각과는 조금 다른 것이긴 했다. 나는 다만 풀들 사이로 나 있는 노란 야생화 한포기를 카메라에 담았다.

절대적 모성애 'Our Lady of Mantara~'
막두쉬 동굴 교회의 꽃

로마 문명이 스러져간 자리에는 기독교 문명이 자리 잡고 있었다. 나는 성모 마리아가 아들 예수 그리스도를 기다렸다는 '막두쉬 동굴 교회'로 향했다.

동굴 안은 좁고 아늑하였는데, 성지 순례를 온 관광객들이 두고 간 것으로 보이는 꽃들이 입구에 놓여 있었다. 생각해 보면 참 꽃 같은

마리아가 예수를 기다린 막두쉬 동굴 내부

인생이었던 것 같다. 처녀의 몸으로 잉태를 하였다는 것은 물론 다분히 종교적인 해석이기는 하지만, 수 세기가 흐른 지금까지도 성스러움과 절대 모성애의 상징으로 여겨지는 마리아의 삶은 꽃처럼 향기로우며 아름답다는 생각이 들었다. 화려한 장미꽃 보다는 은은한 국화가 더 어울리는 게 아니었을까 싶다.

안내판에 적혀있는 'Our Lady of Mantara' 또한 지고지순하게 기다리는 마리아의 모습을 잘 표현하고 있는 이름이었다. 다시 이것을 영어식 표현하면 'Our Lady of Awaiting'인데, 우리말로는 '기다리고 있는 성모 마리아' 정도가 될 것 같다.

성서에 의하면 시돈과 티레로 향하던 마리아는 유대인이라는 이유로 그곳에 갈 수 없게 되자, 이곳에서 남편 요셉과 함께 머무르며 아들 예수를 기다렸다고 한다. 이 표지판에서 시돈과 티레 거주민들을 이단 'Pagan'이라고 표현한 게 좀 눈에 띄기는 했지만, 어쨌거나 기독교인들에게는 많은 영감과 감동을 안겨주는 장소인 것만은 확실해 보였다.

그곳에 가면 바다가 있다
사이다 해변의 사이다 레스토랑

마치 중세 판타지 영화에서 보던 요새와도 같았다. 비록 그 건설 배경에는 그다지 아름답지 않은 비화가 숨겨져 있기는 하지만, 푸른 바다 위에 세워진 시돈의 요새는 마치 한 폭의 그림같이 낭만적이었다.

바다 위의 요새는 육지와 다리로 연결되어 있는데, 격자무늬의 성문이 반쯤 열려 있는 모양새였다. 그리고 요새 뒤편에는 야트막한 높이의 망루가 남아 있었다.

저 다리를 타고서 말을 탄 십자군 기사가 달려 나오고, 망루 위편에는 나팔을 든 경계병이 서 있었을 수도 있는 일이었다. 이들 중에는 하루의 일과가 끝나면 맛있는 레바논의 음식을 먹으며 호탕하게 웃는 기사도 있었을 것이고, 매일 같이 경건하게 신에게 기도를 올리며 마음을 가다듬는 기사도 있었을 것이다. 비블로스와 비슷한 역사를 가지고 있는 시돈의 십자군 요새는, 그 아담한 크기 때문인지 풍겨 나오는 분위기가 사뭇 달랐다. 이곳 또한 제 6차 십자군 전쟁에 돌입하고 있던 1228년에 지어진 건축물로, 많은 사람들의 피를 보게 했던 장소였을 것이지만 말이다.

'시돈(Sidon)'의 오늘날의 지명은 '사이다(Saida)'이다. 칠성사이다 같은 탄산음료와 관련 있는 지명이 아니라, 아랍어의 낚시에서 그 명칭이 유래되었다고 한다.

아닌 게 아니라, 시돈은 매우 깨끗하고 깊은 바다에 둘러싸인 도시였다. 좀 전에 보았던 요새에서도 느낀 것이었지만, 시돈의 바다는 유독 깊고 푸르렀다. 그래서인지 항구에는 작은 고깃배들이 정박되어 있었고, 간간이 낚시를 하러 온 관광객들도 눈에 보였다. 저 멀리 어시장의 모습도 얼핏 보였고, 낚시용품을 팔고 있는 가게들도 눈에 띄었다. 조금만 더 여유 있는 여행일정이었더라면 시돈의 물고기를 직접 잡아 볼 수 있었을 터인데, 이 항구를 그냥 보고만 있어야 한다니 조금 아쉬웠다.

십자군 요새 내부

시돈에 위치한 아담한 크기의 십자군 요새 1

시돈에 위치한 아담한 크기의 십자군 요새 2

언젠가 꼭 다시 오고 싶은 SAIDA 레스토랑

점심때가 되어 단체로 미리 예약된 사이다라는 이름을 가진 레스토랑에 들어갔다. 정말로 'Rest House Saida'라는 이름을 사용하는 음식점이었는데, 이곳의 음식은 그야말로 기가 막힌 맛이었다.

레스토랑의 내부는 굉장히 넓었다. 뷔페를 제공하고 있는 공간도 있었고, 야외 테라스에서 음식을 먹을 수 있는 장소도 있었다. 이 야외 테라스에서는 시돈의 아름다운 경치가 한 눈에 들어왔는데 맛있는 음식에 멋진 경치라니 이보다 더 훌륭한 점심식사는 없을 것 같았다.

점심식사 후 둘러본 전통시장

은둔자의 안식처, 안식·치유의 길
브사레와 콰디사 언덕에 서서

'함께 있되 거리를 두라!'

칼릴 지브란

함께 있되 거리를 두라.
그래서 하늘 바람이 너희 사이에서 춤추게 하라.
서로 사랑하라.
그러나 사랑으로 구속하지는 말라.
그보다 너희 혼과 혼의 두 언덕 사이에 출렁이는 바다를 놓아두라.
서로의 잔을 채워 주되 한쪽의 잔만을 마시지 말라.
서로의 빵을 주되 한쪽의 빵만을 먹지 말라.
함께 노래하고 춤추며 즐거워하되 서로는 혼자 있게 하라.
마치 현악기의 줄들이 하나의 음악을 울릴지라도 줄은 서로 혼자이듯이
서로 가슴을 주라. 그러나 서로의 가슴속에 묶어 두지는 말라.
오직 큰 생명의 손길만이 너희의 가슴을 간직할 수 있다.
함께 서 있으라. 그러나 너무 가까이 서 있지는 말라.
사원의 기둥들도 서로 떨어져 있고
참나무와 삼나무는 서로의 그늘 속에선 자랄 수 없다.

브샤레 콰디사 언덕에 있는 칼릴 지브란 얼굴조각

브샤레가 낳은 예술인 칼릴 지브란의 시를 하나 가져와 보았다. 다음날 여행지는 브샤레였다. 아마도 지브란은 브샤레 여기저기에서 볼 수 있는 백향목 나무들을 보며 이 시의 영감을 얻게 되었으리라.

서로를 이어주는 끈은 가지고 있되, 각자의 공간은 인정해 주어야 한다는 내용이라고나 할까.

문학에는 별반 관심이 없는 나에게도 꽤나 가슴 깊이 와 닿는 내용이다. 나는 브샤레에 있는 울창한 침엽수림을 보면서, '시원하다'·'대단하다' 정도의 감흥만 느꼈는데, 칼릴 지브란은 참 많은 것들을 생각해 그러한 사색의 내용을 참 멋진 언어로 표현해냈다.

그렇다. 일반인과 예술인은 이런 점에서 차이가 난다. 하지만 나도 오랜 기간 환자를 돌보며 전문성을 쌓아온 경험이 있으니, 뭐 대등한 위치에서 지브란의 작품들을 감상해도 될 것 같기는 하다.

콰디사 계곡은 중동의 알프스라고 불릴 만큼 빼어난 경치와 아름다운 풍경을 선사한다. 저 멀리 보이는 눈 덮인 산도 예술이었지만, 그 산과 백향목 숲 그리고 가옥들이 어우러진 모습은 보는 이의 마음을 설레게 하는 한 폭의 그림이었다. 주황빛이 감도는 집들의 지붕의 색감이 특히 마음에 들었다. 버스를 타고 가는 내내 창밖으로 보이는 계곡의 모습을 담느라 연신 바쁘게 카메라 셔터를 눌러댔다.

백향목 길은 사람의 마음을 편안하게 만들어 주는 치유의 길이었다. 곧게 뻗은 침엽수림을 따라 길을 걷다 보니 그 상쾌하고 쾌적한 공기에 영혼마저 정화되어가는 것 같은 기분이 들었다. 오솔길에는 군데군데 채 녹지 않은 눈이 남아있었는데, 이 눈을 밟는 기분 또한 꽤 괜찮은 것이었다. 사박사박 소리가 나는 발걸음 위로 푸른 숲의 냄새가 더욱 더 진하게 배어나오는 듯 했다.

숲길을 걷다보면 뜻밖의 멋진 볼거리와 마주할 기회가 생기기도 한다. 나는 생전 처음 보는 기이한 모습의 나무에 온 정신을 다 빼앗겨 버리고 말았다. 수 백 년은 족히 살아왔을 것으로 보이는 거대한 나무는 마치 이 숲의 주인인 것 같은 위엄을 뽐내고 있었다. 용이 꿈틀대는 것 같은 나무 기둥은 붉은 기운을 품고 있었는데, 반질반질한 기둥의 모습이 더욱 더 당당해 보이는 모양새였다.

나는 이 나무 앞에서 사진을 한 장 찍고는 이 나무의 정기라도 받은 것처럼 어쩐지 기운이 샘솟는 것을 느꼈다. 잘은 모르겠지만 신성한 힘

칼릴 지브란 박물관 외관

콰디사 언덕으로 가는 길에 펼쳐지는 그림 같이 아름다운 마을 전경

을 지니고 있는 나무인 것 같았기 때문이다. 옛날 우리 조상들이 마을 앞 큰 나무에 줄을 매달아 놓고 서낭당으로 삼았던 것처럼, 이 나무 또한 그런 신성한 역할을 하고 있지는 않았을 지에 대해 상상해 보았다.

콰디사 계곡에서 가장 신기한 장면 중 하나는 계단식 지형일 것이다. 가파른 언덕마다 계단식 지형을 일구어 놓고, 집들이 들어차 있었는데 이러한 광경은 참 볼 때마다 새롭다. 물론 계단식 지형이야 우리나라에서도 볼 수 있고, 베트남에서도 볼 수 있는 익숙한 지형이기는 했다. 하지만 이런 산비탈을 계단처럼 만들어 삶의 터전을 일궈 나가고자 했던 옛 사람들을 생각하면 새삼 대단한 생각이 들게 되는 것이다. 그들이 이러한 발상을 어떻게 생각해 내었을 지를 생각하면 장하기도하고, 또 그 터전을 일구기 위해 얼마나 고생을 했을 지를 생각하면 또 짠한 마

레바논에는 백향목 숲이 우거져있다. 눈 덮인 콰디사 숲의 백향목 길

음도 들었다.

 그리고 그 가파른 산비탈에는 수도원도 자리 잡고 있었다. 이 수도원은 서기 600년경에 세워진 매우 유서 깊은 건물이다.

 당시 레바논 지역을 지배하게 된 이슬람 세력으로부터 몸을 보호하기 위해 많은 기독교인들은 이 지역으로 숨어들었다고 한다. 콰디사 계곡의 거친 환경과 울창하게 자라고 있는 침엽수림이 그들의 보호막이 되어 주었을 것이다. 이들은 거친 산 절벽을 요새 삼아 자신들만의 아지트를 만들었는데, 그것이 바로 지금 우리가 보고 있는 수도원 건물이다.

 겉보기에는 벼랑에 간신히 매달려 있는 것 같은 이 수도원의 모습이 매우 아슬아슬하게 느껴진다. 비바람이라도 몰아치게 되는 날에는, 금방이라도 절벽 아래로 무너져 내릴 것만 같았다. 수도자들은 이 아슬아슬한 수도원 속에서 은거하며 자신들의 마음을 수양하고 신에 대한 거룩한 기도를 올렸으리라. 이 수도원에는 오늘날에도 기도를 하며 수도자의 삶을 살고 있는 종교인들이 머무르고 있다고 한다. 이들은 수도원에 한 번 들어가면 나오지 않고 바깥세상과의 연결 고리를 끊는다고 했다.

 나는 이들이 대체 이 안에서 무슨 생각을 하면서 지낼까에 대해 궁금해 하다가, 우리나라 불교인들의 삶도 이와 비슷하지는 않을까 생각했다. 물론 굉장히 엉뚱한 접근이라는 점에는 반박의 여지가 없지만, 조선 초기 유교의 유입으로 많은 불교인들이 산 깊은 곳으로 들어가게 되었다는 사실이 문득 떠올랐다. 고려는 불교국가였으나, 조선 시대에 접어들게 되면서 패러다임 또한 변화하게 되어 불가의 종교인들은 산 속에서 더욱 깊은 수도자의 길을 걸어가게 되었으니.

 레바논에서도 이슬람교를 피해 깊은 산으로 들어온 기독교인들의 모습은 수도승의 삶과 별반 차이가 없지 않을까. 하기는 어떤 면에서는 종교의 가장 큰 진리는 결국 한 곳으로 모아질 수밖에 없다는 생각이

◆ 절벽에 아슬아슬하게 매달려 있는, 서기 600년경에 세워진 레바논의 수도원
◆◆ 수도원 앞에 위치한 수도사들이 경작하는 계단식 밭

든다. 비록 종교들이 서로 추구하는 바도 달라 보이고 믿는 신 또한 달라, 겉보기에는 각기 다른 특색을 가지고 있는 것 같지만 그 궁극적인 목적은 인생의 진리를 깨닫기 위한 자기 수양이 아닌가 싶다. 종교로 인해 벌어지는 많은 전쟁과 갈등이 이제는 그만 종식되었으면 좋겠다는 생각이 든다.

이 수도원 안의 수도자들도, 이와 비슷한 생각을 하고 있었던 것은 아니었을까. 물론 지극히 나의 개인적인 의견이다.

자네, 만수르를 아는가.
아부다비 그랜드 모스크

다음날 세계 당뇨병학회에 참석하기 위해 레바논을 떠나 두바이로 향했다.

두바이 학회 행사 중 두바이 국왕이 학회장을 둘러보고 가는 모습을 보았다. 우리나라에서는 상상할 수 없는 일로, 국왕이 이러한 학회를 유치해 국가의 위상을 높이기 위해 노력하고 있는지를 절감할 수 있었다.

그 학회 중 아부다비를 방문 할 기회가 있었다. 아부다비에는 셰이크 자이드 그랜드모스크 라고 불리는 일명 황금 사원이 있다. 전부 대리석으로 만들어졌다고 하는 이 사원은 규모 또한 어마어마하게 컸다. 축구 경기장 5배 크기란다. 이 사원은 내부 장식도 화려했는데, 한쪽 벽을 온통 화려하게 수놓은 꽃 장식 무늬가 눈에 들어왔다. 꽃과 풀잎을 하나하나 만들어 벽에 붙여 놓은 모양이었다. 벽과 바닥을 모두 장식하고 있는 꽃들은 하얀 대리석과 대비되어 더욱 선명하게 드러나 보였다.

천정을 보니 황금으로 만들었다는 샹들리에도 있었다. 마치 나팔꽃을 거꾸로 매달아 놓은 것 같은 모양새였는데, 꽃잎처럼 보이는 부분은 온통 금으

아부다비 그랜드 모스크의 화려한 내부 장식

아부다비에서는 길 가던 사람도 부자처럼 보인다.

로 만들어진 듯하였고, 꽃의 술로 보이는 부분은 알록달록한 구슬이 매달려 있었다. 굉장히 화려하고 번쩍번쩍 한 것이 전형적인 아랍의 장식물이었다. 이 화려한 빛깔의 구슬은 무려 스와로브스키사의 크리스털이라고 했다. 세계에서 두 번째로 큰 샹들리에란다. 이것 말고도 사원의 벽에는 황금으로 보이는 무늬가 여럿 둘러쳐져 있었는데, 나는 이 사원의 건축비가 얼마나 들었을 지에 대해 어림잡아 계산해 보았다.

이 사원은 '아랍에미리트의 아버지' 라는 칭호를 가지고 있는 '셰이크 자이드 빈 술탄 알 나흐얀' 이 짓기 시작한 건물이라고 한다. 그는 아랍에미리트의 전 대통령으로, 이슬람 문화의 예술적 가치를 높게 평가했던 인물로 알려져 있다. 우리에게 세계적인 부자로 잘 알려진 만수르도 사실은 이 집안사람이다. 이슬람 문화의 우수함을 세상에 알리는 한편, 과거와 현재의 예술 및 건축을 한 곳에 모으고 싶었던 셰이크는 거대하고 아름다운 사원을 짓기로 했다. 그리하여 이 그랜드모스크의 건축을 위해 약 3000명의 인력이 투입되었고, 38개의 건설 업체가 참

아부다비 사원 전경 1

아부다비 사원 전경 2

여하였다.

건축비는 20억 디르함, 우리 돈 5천 6백 억 원 이상의 돈이 들어갔다는 그야말로 세계사에 남을만한 건축물이었다. 그 규모 또한 어마어마한데, 총 면적은 축구장 5개 정도의 넓이이고, 사원 안에는 약 4만 명의 사람들을 수용할 수 있을 정도라고 한다. 내가 이 건물의 모든 곳을 구석구석 살펴보는 것은 거의 불가능에 가까운 일인 듯했다.

이슬람교도들은 참 여러모로 대단한 민족이다. 나는 밖으로 나와 비교적 평범해 보이는 현지 청년들과 사진을 찍으며 이번 여행을 마무리하기로 했다. 물론 그들의 차림새만은 영락없는 중동 석유 부자의 모양새였지만. 다음은 에미레이츠 팔레스 호텔에 갔다. 이 호텔은 대통령 궁보다 훨씬 더 큰 7성급 호텔로 호텔 이름에 'palace(궁전)'라는 이름이 붙을 만큼 화려했고 세계에서 가장 값비싼

아부다비 궁전에서 바라본 바닷가

호텔중 하나다. 호텔 내부는 황금으로 덧씌워진 듯 기둥·천장까지 온통 금빛이다. 크리스털 샹들리에만 해도 1천개가 넘는단다. 화려함의 극치인 호텔에는 화려하고 값비싼 장식품들이 놓여있었다. 동료교수와 차 한 잔 마시고 나왔다.

  이스라엘 → 요르단 → 레바논 → 아랍에미리트를 거치면서 나는 수도 없이 다양한 사람들을 만났으며 다양한 문명과 종교를 체험해 볼 수 있었다. 고대 신석기시대의 사람들로부터 페니키아인·페르시아인·로마인·유대인·아랍인들을 만났고 그들의 신과 역사와 전통에 대해 배울 수 있었다.

  정말이지 실컷 상상의 나래를 펴 보고 지금의 내 모습에 대해 반추해 볼 수 있었던 자유여행이었다. 다양한 역사의 흔적을 걸으면서 내 상상력은 훨훨 날개를 펴고 창공을 날랐고, 그들의 뛰어난 문명을 보면서 나의 가슴은 설렜다. 비록 지금은 첨예한 갈등 탓에 아픔을 겪고 있는 땅이기는 하지만, 언젠가 이들이 다시금 평화로운 일상을 되찾게 될 수 있을 것이라고 믿어 의심치 않는다.

CHAPTER
03

몰타 여행지에서의 사색
신나고 즐거운
휴양의 섬

패션과 낭만의 도시에서 소매치기 활개
밀라노

　　　　　　　　　2013년 2월 15일 파리에서 열리는 6차 당뇨병 치료 학회(Advanced Technologies & Treatment for Diabetes)에서의 발표 차 우선 밀라노로 향했다.

　밀라노는 명성 그대로 패션의 도시였다. 도시 한복판에 가꾸어 놓은 화단마저도 색의 배합을 고려하고 있는 것 같은 모양새였다. 흰 바탕의 돌 위에 붉은 하트로 만든 틀이 있었고, 이 안에는 다시 초록 이파리를 가진 붉은 꽃이 자리 잡고 있다. 화단을 하트 모양으로 만들어 놓은 모습도 아기자기 했지만, 그 안을 채우고 있는 꽃 하나에도 정성이 배어들어 있는 것 같았다. 색색의 유럽풍 건물이 있는 배경과 어우러져 마치 한 폭의 그림과도 같은 모양새를 갖추고 있는 광경이 아름다웠다.

　이 대목에서 혹시라도 밀라노로 아니 이태리로 여행을 계획하고 있는 사람들이 있다면, 소매치기를 꼭 조심해야 한다고 신신당부하고 싶다. 마치 먹이를 찾아 헤매는 킬리만자로의 하이에나들처럼, 밀라노의 소매치기들은 집요한 구석이 있었다. 이들은 길을 가는 사람을 일부러 막아서서 당황하게 만드는 수법을 쓴다. 갑자기 튀어나온 사람들 때문에 행인이 주저주저 하는 그 사이를 틈 타 몰래 가방을 열어 귀중품을 낚아채 간다. 이들은 대개 2인 1조 내지는 3인 1조로 움직이는데, 사람들을 정신없게 만드는 기술을 가지고 있었다.

이탈리아 패션의 도시 밀라노의 웅장한 대성당 외관

나 또한 이들의 포위망에서 안전할 수가 없었다. 길을 가던 중 누군가가 튀어나와 갑자기 나를 치고 도망갔다. 당황스러운 마음에 고개를 들어 보니, 이미 나를 치고 간 사람은 저만치 달아나고 있었다. 하지만 나를 공격했던 이들은 비교적 경험이 없는 소매치기들이었던 것 같다. 정신을 차린 후 가방을 보았더니, 가방 문만 열려 있고 지갑은 그대로 있었다. 혹시라도 없어진 물건이 있는지 몰라 가슴이 쿵 하고 내려앉았지만, 다행스럽게도 모든 물건들이 제자리에 있었다.

1988년에 이탈리아 로마를 방문했을 때에도, 나는 이와 같은 소매치기와 마주쳤던 악몽이 있다. 그 당시의 소매치기에 비하면 이번에 나를 노렸던 친구들은 귀여운 축에 속하지 않을까 싶다. 집시들로 이루

로미오와 줄리엣의 배경이 된 이탈리아 북부에 위치한 낭만의 도시 베로나 시가지 전경

아름다운 도시 베로나 시가지를 관통해 흐르는 아디제 강 풍경

벨로나의 꽃은 화려하고 아름답게 가꿔져 있다

줄리엣의 집에서 여인 젖가슴을 만지고 있는 관광객들

악사들을 만나면 왠지 테너 색소폰을 연주하고 싶은 기분이 드는 베로나 궁전 앞거리

어진 이들 집단은, 대 놓고 돈을 달라고 하는 무서운 면모도 있다. 널빤지를 하나 앞에 두고서 마치 사업을 벌이듯이 사람들의 돈을 가져갔는데, 버스와 같은 대중교통 수단 역시 이들의 주요무대였다. 아름다운 패션의 고장 밀라노를 여행하면서 늘 조심해야 하는 건 여행자들이 있는 곳은 어디서나 활개를 치며 호시탐탐 여행자들의 귀중품을 노리는 소매치기다.

그렇지만 나는 이곳을 패션의 거리 낭만적인 도시, 밤이면 밀라노 성당의 매력적인 모습을 감상할 수 있는 도시로만 기억하고 싶다.

다음날 기차를 타고 로미오와 줄리엣의 도시 베로나를 향했다.

베로나(이탈리어: verona)는 이탈리아 북부 베네토 주에 있는 중세풍 도시이다. 북동쪽 이탈리아에 있는 주요 관광지 중 하나다. 이곳은 셰익스피어의 작품 로미오와 줄리엣의 배경이 되는 도시이다.

관광 명소는 줄리엣의 집, 포르타 레오니, 포르타 보르사리, 시뇨리 광장 등이 있다.

난 줄리엣의 집에 갔으나 사람들이 많아 줄리엣을 만져보지 못하고 시내 구경하고 밀라노로 돌아왔다.

그곳에 휴양지가 있었다
몰타 공항

        밀라노를 떠난 비행기는 몰타 국제공항에 들어섰다. 몰타 공화국은 작은 규모이기는 하지만 아름다운 자연환경과 함께 성 요한 기사단의 흔적을 품고 있는 유서 깊은 국가다.
    공항에 내리자마자 보이는 야자수 나무와 아담한 건물들을 바라보자니 내 마음도 더 없이 흡족해졌다. 여기에서라면 마음 놓고 푹 쉬면서 여행을 해도 될 것만 같았다. 내 성격 상 한 곳에 진득하게 머무는 게

시원시원한 몰타 시가지 전경

가능할지는 모르겠지만, 휴양지가 가져다주는 그 여유로움과 풍요로움이란 생각만 해도 기분이 좋아졌다.

몰타공화국은 나라가 작은 만큼 대중교통이 잘 발달되어 있는 곳이었다. 대중교통만 이용하면 나라 구석구석을 돌아다닐 수 있을 정도로 교통시스템이 체계적으로 구비돼 있었다. 덕분에 나는 아주 편하게 몰타 섬 관광을 즐길 수 있었다. 차편을 구하지 못해 여러 번 고생해야 했던 지난 요르단 여행과 비교하면 천양지차라고나 할까.

몰타의 역사를 살펴보면 기원전 5000년에 시칠리아 인이 몰타에 처음 상륙했고 기원전 4000년 전에는 거석 신전을 세웠다. 그리고 기원전 700년 전에는 페니키아 인이 이곳에 정착했다고 한다.

몇 년 전 그리스에서 학회가 있을 때 크레타 섬을 방문한 적이 있었는데 그곳과 유사한 분위기의 섬으로 보였다. B.C.2000년부터 B.C.1450년경까지 크레타 섬에는 크레타 문명 또는 미노아 문명이라 불리는 문명이 번영을 누렸다고 한다. 문명의 중심지인 크노소스는 사방 2킬로미터 지역 안에 궁전과 별궁 · 주택 · 무덤 등이 빼곡히 들어서 있는 고대 도시로, 약 8만의 인구가 살았을 것으로 추정되고 있다.

이곳 몰타의 날씨는 편한 교통체계만큼이나 마음에 쏙 들었다. 휴양지로는 천혜의 조건을 갖추고 있었다. 연한 푸른빛의 하늘에는 뭉게구름이 피어나고 있었고, 야자나무 밑에는 비둘기들이 한가롭게 모이를 먹고 있었다. 그 옆에는 또 한가로운 사람들이 앉아 있었다.

내가 소설가였더라면 보다 멋진 표현들을 생각해 내었을 터인데, 이정도 밖에 생각해 내지 못하는 게 안타까웠다.

십자군과 성 요한기사단의 고향
발레타

몰타의 수도인 발레타는 많은 역사를 간직하고 있는 도시이다. 이 도시에 대한 말을 하려면 먼저 십자군 전쟁과 성 요한 기사단에 대한 이야기부터 살펴볼 필요가 있다. 당시 서유럽에는 성지가 있는 예루살렘과 중동 지방으로까지 성지순례를 하는 기독교인들이 많았고, 오랜 여행에 지쳐 쓰러지는 사람들도 많이 생겨났다고 한다. 이들을 위한 의료시설이 필요했는데, 이탈리아의 한 부호가 선뜻 지원을 해주었다고 전해진다. 그리고 이와 같은 의료 봉사 단체는 십자군 전쟁이 발발하게 되자 본격적인 의료 구호기관으로 변모하게 되었다. 오랜 전쟁으로 많은 사람들이 죽거나 다치게 되자, 이들을 구원하겠다는 일념 하에 '성 요한 기사단'이 창립되었다고 한다. 이들 기사단은 종교적 색채가 짙은 집단으로 전 방위에서 맹활약하며 그 위세를 떨쳐 나갔다.

하지만 영원한 전성기란 불가능한 법이다. 각종 전투에서 승승장구하던 기사단은 오스만 투르크 왕국과의 싸움에서 대패하게 되어, 결국 1523년 지중해의 작은 섬인 몰타까지 밀려오게 되고 말았다. 그래도 이들은 몰타에 요새도 짓고 성도 만들면서 열심히 살아보려고 노력했었던 것 같다. 척박했던 몰타를 자신들만의 왕국으로 만들어 놓았을 정도로 재기에 대한 강한 열망이 있었던 사람들이었다.

마침내 1565년, 몰타의 기사들은 투르크 왕국의 2만 군대를 무찌르

필자가 투숙한 호텔 가까이 위치한 몰타의 중심가 버스 터미널

며 이 섬을 온전하게 지켜낼 수 있었다. 엄청난 전투가 벌어졌던 탓에 심각한 부상을 입고 사망한 자가 무수히 많았지만, 죽음을 두려워하지 않았던 기사들의 용맹함 덕에 발레타는 무사했다고 할 수 있겠다. 이 때 기사단장의 이름이 '장 파리소 드 라 발레트(Jean Parisot de la Valette)'였는데, 발레타의 지명은 그의 이름을 따서 만들어 진 것이라고 한다. 도시 전체가 마치 하나의 요새처럼 보였던 것은 바로 이와 같은 역사적 사실에서 비롯되었다.

공항에서 리조트호텔에 도착하여 그날 오후는 주위 시내를 둘러보고 다음 날은 고조섬을 가기 위해 버스를 탔다.

오디세우스와 칼립소의 사랑 이야기
고조섬 아주르 윈도우

호모의 서사시인 오디세이에는 요정 칼립소가 나온다. 물론 우리에게 더 친숙한 칼립소는 캐리비안의 해적 시리즈에 등장하는 바다의 신이겠지만, 오디세이에 나오는 칼립소는 훨씬 더 아름다운 용모를 지니고 있었던 모양이다.

이 매력적인 외모를 가지고 있는 요정은 오디세우스에게 마음을 빼앗겨 버렸는데, 덕분에 오디세우스는 7년간이나 칼립소 곁에서 머물며 요정의 짝사랑에 시달리는 신세가 되고 말았다. 칼립소의 입장에서는, 요즘말로 표현하여 콩깍지가 씌워도 단단히 씌운 셈이었다. 이들이 만나 쫓고 쫓기는 사랑 이야기를 지어내고 있는 무대가 바로 고조섬이다. 이곳은 아마도 호모의 사랑을 듬뿍 받았던 섬이었음에 틀림이 없다.

고조섬 행 카페리 선상에서의 필자

선상에서 바라본 고조섬 마을 해안 주변 풍경

 픽션이기는 했지만, 오디세우스와 칼립소의 사랑 이야기를 떠올리자니 내 상상력이 한껏 자극돼 하늘을 훨훨 날고 있었다.
 호모는 이 고조섬의 어떤 점을 보고서 이들 남녀의 만남과 이별에 관한 이야기를 만들어 낼 수 있었을까 궁금해졌다. 정확히는 아내에 대한 의리를 지키는 남자와, 그런 남자를 짝사랑 하는 요정의 이야기이기는 하지만 말이다.
 우선은 이들의 만남이 매우 극적으로 이루어졌다는 사실에 주목해 볼 필요가 있었다. 그 때 오디세우스는 트로이 전쟁을 막 마치고 나서 고향으로 돌아가던 중이었다고 했다. 오랜 전쟁에 지치기도 했을 것이고 집에 남겨 두고 온 아내가 그립기도 했을 것이다. 외로움과 피곤함

고조섬 가장 높은 곳에 위치한 빅토리아 요새

에 시달릴 대로 시달릴 상태였다는 이야기이다.

하지만 오디세우스는 칼립소의 사랑을 끝끝내 받아들이지 않았다. 7년이나 되는 끈질긴 구애에도 불구하고 자신의 주관과 신념을 지켰던 남자였던 것이다. 물론 이것은 저자 호모의 의도였겠지만, 아름다운 섬에서 만난 아름다운 여인을 마다하는 지아비의 모습은 뭔가 사람들의 호감을 이끌어 내는 데가 있었다. 이야기로만 보아서는 칼립소 또한 그렇게 나쁜 요정이 아니었던 것도 분명하고 말이다. 칼립소는 오랜 기간 섬에 혼자 있느라 스스로 무척 외로웠을 테고 사람이 그리웠을 테다.

그리하여 섬에 들어온 오디세우스를 보고 한 눈에 반했던 것을 보면, 그리고 그를 사랑하여 7년이나 붙잡고 있었던 것을 보면 그녀 역시 순수한 사랑을 할 줄 아는 요정이 아니었던가 싶다. 게다가 오디세우스를 놓아주라는 제우스의 명령에 따라, 칼립소는 눈물을 머금고 그를 놓아주기까지 했다. 질투나 배반의 감정을 가지고 그를 대했던 것이라기보다는, 그냥 오디세우스가 너무나 좋았기 때문에 한 일이었다고 보는 것이 타당할 게다.

이와 같은 이들의 순수성을 그려낸 무대가 바로 고조섬이다. 아마도 호모는 태초의 아름다움을 간직하고 있는 이 섬에서 때 묻지 않은 깨끗함을 발견하였던 것인 지도 모르겠다. 고조섬을 뒤덮고 있는 것은 온통 초록빛의 푸른 대지였고, 그 너머에는 끝없이 펼쳐진 바다가 있었다. 아무것도 없는 자연 그 자체의 모습이었다. 모름지기 요정이 살고 있는 곳이라고 하면, 몇 백 년 된 나무숲이나 깎아지른 것 같은 절벽들 혹은 신비로운 호수 등 빼어난 경치를 자랑하는 곳을 생각하는 것이 일반적이다. 하지만 고조섬은, 때 묻지 않은 자연 그대로의 아름다움을 간직하고 있는 섬이었다.

사람에 따라서는 섬 하나만 덩그러니 있는 모습에 실망할 수도 있겠지만 고조섬의 순수한 아름다움을 알아본 사람에게는 그만큼 또 훌륭한 지상 낙원이 따로 없을 것이다. 오디세우스와 칼립소의 이야기가 바로 이 곳에서 만들어 진 것도 이와 같은 이유에서 기인하지 않았을까 한다. 고조섬에서 불륜 판타지를 그리거나, 질투의 화신이 된 칼립소를 그려 보는 것은 아무리 생각해 봐도 잘 어울리지가 않는다.

아주르 윈도우는 이러한 고조섬의 출입문을 연상하게 한다. 켜켜이 쌓인 바위 중간에 구멍이 뻥 뚫린 모습이 아주 재미있었다. 아주르 윈도우는 '하늘색 창'이라는 의미를 가지고 있다고 했다. 그러고 보니 뚫려 있는 구멍 안으로 파란 하늘이 그대로 들여다보인다. 날씨가 맑고 파도가 잔잔한 날에는 배를 타고서 아주르 윈도우를 돌아

절벽 뒤편의 동굴 안으로 들어가는 입구

보는 체험을 할 수 있다고 하는데, 마침 내가 이곳을 방문한 날의 날씨는 매우 좋았다.

탐험을 위해서 나는 먼저 아주르 윈도우 옆에 있는 작은 항구로 향했다. 중간에 있는 커다란 바위 덕분에 저절로 작은 만이 되었다는 항구는 참으로 아늑해 보이는 곳이었다. 이 만으로부터 바깥 바다로 나가는 과정도 매우 신비로웠다. 밖으로 나가기 위해서는 절벽에 있는 동굴을 통과해서 지나가야 했는데, 이곳이야 말로 진정한 '섬 투어의 결정판'이라고 할 수 있었다.

우리는 구명조끼를 입은 채 작은 배에 올라탔다. 어두컴컴한 동굴 안으로 들어간 배는 물길을 따라서 조용히 앞으로 나아간다. 짧은 시간이기는 했지만, 좁고 어두운 동굴을 통과하려니 조금은 두려운 생각도 들었다. 내가 타고 있던 곤돌라만한 작은 배가 파도에 실려 흔들거리는 그 기분도 묘했고, 저 앞에 조그맣게 보이는 동굴 입구에 부딪치지는 않을지 걱정도 되었기 때문이다. 아무리 잔잔하다고 해도 바다는 바다였다. 배 밑으로 흐르는 바다는 끊임없이 넘실거렸으며 바위벽에 부딪혀 찰방대는 소리를 연신내고 있었다. 아까 전에 상상해보았던 칼립소의 집은 아마도 이 근방 어디쯤일 것이라는 생각이 들었다.

하지만 두려움을 상쇄시켜 주었던 것은 역시 몰타 바다의 아름다운 모습이었다. 배가 동굴을 통과해 나가면서 바닷물 색이 점차 눈에 들어왔는데, 이렇게 어여쁜 물빛은 내 평생 보기 힘들었던 색감이었다. 물의 색깔이 정말로 '파아란' 색이었다. 코발트블루에 가까운 바닷물색은, 정말 푸른색의 물감을 풀어놓았다고 해도 믿을 수 있을 정도로 선명하게 빛나고 있었다.

그런가 하면 해안 절벽에 가까운 바닷물의 색깔은 '에메랄드 블루'에 가까운 하늘빛이다. 대체 몰타의 바다는 신이 어떤 조화를 부려 놓았기에 이처럼 선명하고 아름다운 색채를 낼 수 있는지 알 수 없었다.

배를 타고 해안 동굴 사이를 빠져나가면서 펼쳐지는 풍경

동굴 저 편으로 보이는
신비로운 밝은 빛

고조섬의 아주르 윈도우 주변 풍경

푸른 등 생선이 연상되는 바닷물 컬러

고즈넉한 시골 마을 분위기 물씬 풍기는 고조섬 전원 풍경

빅토리아의 메인 거리 리퍼블릭 스트리트의 관광객들

처음에 구명조끼를 입고 겁내하던 것도 잊은 채, 나는 어느 사이엔가 아주르 윈도우와 바다색에 취해 마냥 즐거워하고 있는 내 모습을 발견했다. 색다른 풍경을 볼 때마다 내 눈도 호강을 하고 있는 기분이다.

문득 몇 년 전에 CF에서 눈으로 마시는 맥주를 광고하던 기억이 떠올랐다. 지금의 나라면, 눈으로 맛을 음미한다던 그 광고의 의미를 어느 정도 이해할 수 있을 것만 같았다. 코발트블루와 에메랄드 블루 빛의 바닷물을 눈으로 마시게 된다면 어떠한 맛이 날지. 그보다 이 바닷물의 색깔이 담긴 음료를 출시하게 된다면 어떤 맛이 담기게 될 지에 대해서도 궁금해졌다.

돌아오는 길에 고조섬의 행정과 상업의 중심지 빅토리아를 방문했다. 이곳은 원래 요새(要塞)의 외곽이라는 의미의 '라밧(Rabat)' 이지만 1887년 영국 빅토리아 여왕의 60주년을 기념하여 '빅토리아' 라는 새로운 이름을 붙였다.

빅토리아의 메인 거리인 '리퍼블릭 스트리트'에 상점·레스토랑·극장 등이 들어서 있어 상점에서 우리 집 여자들 목걸이 선물을 샀다. 그리고 고조섬의 전체를 내려다 볼 수 있는 요새에 올라가 성당·박물관·옛날 감옥 등을 둘러보고 호텔로 돌아왔다.

임디나에서 떠오른
'대학시절'에 대한 단상

　　　　　　　다음날 발레타 시내버스를 타고 '임디나(Mdina)'로 들어섰다. '임디나' 혹은 '엠디나'라고 불리는 이 곳은 몰타 공화국의 옛 수도였다. 고풍스러운 옛 건물들이 있는 조용한 도시였는데, 연노란 빛의 건물들이 빼곡하게 들어차 있는 작은 마을에 불과했다.

　임디나 여행은 지붕이 없는 2층 버스를 타고서 시작되었다. 버스가 달리기 시작하자 몰타의 공기가 내 얼굴로 시원하게 불어온다. 처음에는 몰타의 푸른 바다를 타고 불어오는 짭조름한 공기가 내 코에 닿았고, 임디나 마을을 지나칠 때에는 오래된 도서관에서 맡을 수 있는 시간의 냄새가 내 마음을 한껏 자극하고 있었다.

아주 편리한 시스템을 구비하고 있는
발레타 시내버스 안내판

휴양지로서 추천할 만한 몰타

임디나 입구

　옛 모습을 그대로 보존해 놓은 마을이었던 덕분에, 임디나 여행 중에는 정겨운 골목길의 모습이 종종 눈에 보였다. 아마도 내가 맡고 있는 그 오래된 냄새는, 이 골목길을 따라 켜켜이 쌓이고 쌓여 만들어진 세월의 향취에 가까운 것이리라.

　굳이 이름을 붙인다면, 시간을 발효시켰을 때 나는 냄새라고나 할 수 있겠다. 오래된 서적을 막 폈을 때 맡을 수 있는 달콤하면서도 어쩐지 퀴퀴한 종이의 냄새가, 바로 이 골목길에 배어 있는 것 같은 느낌이 들었다. 건물에도 역시 그을음에 가까운 까만 때가 덕지덕지 붙어 있었고 벽돌에는 군데군데 패인 흔적이 있었지만, 이러한 자연스러움이 임디나의 멋을 더욱 배가시켜 주는 것 같았다.

　어느 새 내 코는 들판의 풋내를 맡고 있었다. 나를 태우고 가던 버스가 몰타의 초원을 달리고 있었던 것이다. 저 멀리 구릉지가 보였고 그 밑으로는 성당처럼 보이는 건물이 자리 잡고 있었다. 비닐로 대강 덮어 놓은 짚 더미들도 눈에 들어왔는데, 이것은 내게 확실히 친숙한 풍경들이었다. 모래 산이나 푸른 항구 등 이색적인 풍경을 감상하는 멋도 분명히 있겠지만, 이처럼 평온하고 한가로운 풍경을 바라보고 있노라니 내 마음도 차분해지는 것 같았다. 여행의 또 다른 묘미는 이런 익숙한 평화에 있는 것이 아닐까 싶었다.

　풋풋한 풀 냄새를 맡고 있노라니 지나간 대학생활이 문득 떠올랐다. 젊은 시절의 기억은 누구에게나 청명한 기운을 물씬 안겨주는 구석이 있다. 처음 대학생활을 시작하였을 때, 나는 전라도 광주에서 막 상경한 앳된 청년이었다.

옛날 몰타의 수도로 우리나라 경주와 같은 분위기를
물씬 풍기는 임디나 이모저모

임디나 시가지 정상에서 보이는 푸른 풀밭

주변의 친구들은 모두 서울의 내로라하는 고등학교 출신들이었다. 그들만의 그룹이 형성되어 있었으나, 나는 그야말로 혈혈단신 혼자서 모든 것을 해결해야만 하는 처지에 있었다. 특히 시험기간에는 내게 매우 힘든 상황이 벌어지곤 했다. 수년 동안 출제되었던 시험 족보를 수월하게 구해서 공부하는 그들과는 달리, 나는 처음부터 끝까지 교과서 위주로 혼자서 준비해야만 했다. 도서관에 홀로 앉아 공부를 하던 젊은 나는, 때때로 울컥하는 감정을 느낄 때가 있었다. 나도 선배가 있었더라면 시험 정보도 나누고 공부도 함께 할 수 있었을 터이니 말이다.

점심식사를 한 임디나 레스토랑 외관

하지만 독자적으로 교과서

위주로 열심히 공부 했던 것은 결과적으로 내게 이득이 되었다. 기초부터 탄탄하게 공부해 놓았던 덕분에 많은 지식을 쌓을 수가 있었던 것 같다.

당시 내가 어린애들을 무척 좋아해 인기학과였던 소아과에 도전하려 했으나 성적순이 아닌 다른 기준으로 선발하여, 나는 내과에 지원해 그 과를 전공하게 되었다. 내 젊었던 날은 들판의 풀처럼 풋풋하고도 꿋꿋한 면이 좀 있었던 것 같다. 그 때 내가 남들처럼 편하고 즐거운 대학 생활만을 고집하며 현실에 안주했더라면, 지금과 같은 추억거리는 만들지 못했을 지도 모를 일이다.

한낮의 노인과 고양이의 모습이 정겹다

발레타 국립고고학박물관의
'잠자는 여인상'

몰타 시내를 직접 걸으니, 차를 타고 지나칠 때에는 몰랐던 거리 풍경들을 자세히 볼 수 있었다. 몰타 시내의 길 중에는 마치 사람이 없는 명동 거리 같은 지역도 있었다. 곧게 뻗은 길 양 옆으로는 건물들이 죽 늘어서 있었는데, 건물 1층은 대개 상점으로 사용되는 것 같았다. 그다지 신식의 건물들은 아니었지만 거리는 대체로 깔끔하였고, 곳곳에 걸린 깃발들이 간판의 역할을 대신 해주는 것 같았다. '30% 세일'이라는 말을 크게 써 붙여 놓은 것을 보니, 옷과 신발 등을 판매하는 상점으로 생각되었다.

세월의 흔적이 묻어나는 버킹엄 궁 앞에는 경비병들이 지키고 있었는데, 그 한 편으로는 'HSBC'간판이 크게 보였다. 구불구불한 골목길을 따라 걸어가면 마치 소호 거리와 같은 지역이 나왔고, 오래된 건물 앞에는 신식 자동차가 주차되어 있었다. 하지만 이런 조합에는 전혀 어색함이 없었고, 모든 것이 조화롭게 잘 들어

버킹엄 궁 앞을 지키고 있는 정복을 차려 입은 경비병들

발레타 시내 광장 풍경

사람들로 북적이는 발레타 시내
'우리나라 서울의 명동'과도 같은 거리

맞아 있는 것 같은 느낌이었다.

고풍스러운 느낌의 임디나도 좋았지만, 내게 가장 인상적이었던 장면은 '발레타 국립고고학박물관'의 '잠자는 여인상' 이었다.

박물관에 전시되어 있는 여인상은 대체로 풍만한 몸매를 가지고 있었다. 개중에는 머리만 소실된 채, 목 아래 부분만 남아 있는 상들도 있었다. 엉덩이와 허벅지의 굴곡이 굵직굵직하게 표현되어 있는 이것들의 모습은 제작 당시의 미(美)의 조건을 보여주고 있는 것 같았다. 다산과 풍요의 상징이야 말로 과거 미인들이 갖추어야 했을 제1 조건이었으니 말이다. 지금이야 마르고 날씬한 여성들이 추앙받는 시대이기는 하지만, 이전 시대의 여인들이 갖추어야 할 덕목에는 통통함을 넘어선 풍만한 몸매도 있었을 듯하다.

그런데 이 '잠자는 여인상' 에는 좀 더 많은 수사여구가 붙여져 있었다. 기원전 3000년 전에 만들어졌을 것으로 보이는 이 여인 역시 당시의 미인관을 반영한 것이기는 하지만, 안내판에 의하면 이것은 종종 '잠자는 어머니 신(sleeping mother goddess)' 라는 이름으로 불린다고 한다. 죽음 혹은 영원한 잠을 상징하는 조형물이라는 설명도 덧붙여 있었다.

먼 옛날의 당시 미인상을 엿볼 수 있는, 발레타 국립고고학박물관 전시물

몰타섬 고고학박물관의 '잠자는 여인상'

몰타 섬에서 필자가 머문 호텔의 야외 수영장과 외관

고대 이 지역에 살았던 사람들은 삶의 끝을 영원한 잠이라고 부르고 싶었던 모양이었다. 그리고 그 두렵기만 한 영원한 숙면은 포근한 모성을 가지고 있는 여신의 품 안에서 이루진다고 상상한 것 같다. 이는 당대 사람들의 죽음에 대한 두려움을 극복하기 위한 상징물인 동시에, 잠에 대해 보다 심오한 의미를 부여해 놓았던 고대 몰타인들의 상상력을 엿볼 수 있는 대목이었다.

CHAPTER
04

튀니지 여행지에서의 사색
여로에서
만난 사람들

인터넷으로 예약한 숙소 실체 파악하기란
튀니지 시내 한 호텔 숙소

　　　　　　　몰타에서 튀니스 카르타지 공항에 내려서면 이곳이 새삼 아프리카라는 사실을 실감하게 된다. 넓디넓은 초원이 끝없이 이어져 있는 평원 한 가운데 활주로가 있다.

　몰타에서 튀니지 공항에 도착한 나는 한동안 아프리카의 공기를 느껴 보았다. 군데군데 나무가 있기는 하지만, 험준한 산등성이는 별로 보이질 않고 공기에서도 어쩐지 메마른 모래 냄새가 나는 것만 같다. 모든 것이 큼지막해 보이는 이 아프리카의 길을 따라 나는 다음 장소로 향했다. 몰타에서 워낙 잘 쉬고 왔던 터라 마음에도 여유로움이 가득 차 있었다.

　호텔까지는 택시를 타기로 했다. 생각보다는 호텔을 찾기가 쉽지 않았다. 그런데 그렇게 어렵게 찾아갔던 호텔이 조금 이상했다. 튀니지에서 처음 묵어야 할 숙소는 호텔이라기보다는 차라리 여인숙에 가까운 숙박업소였다. 아마도 인터넷으로 예약해서 그런듯했다. 인터넷상의 사진만 보아서는 얼마나 좋은 시설인지를 가늠하기가 어렵기 때문이다. 택시에서 내리자마자 눈앞에 보이는 숙소의 모습은 내 가슴을 철렁 내려앉게 했다.

　결벽증이 있는 것은 아니지만, 그래도 나는 자유여행을 즐기면서 숙소만큼은 편안하고 안락한 곳으로 정하는 게 하나의 원칙이었다. 무엇보다도 워낙 빠르게 진행되는 여행 일정 탓에 잠자리라도 편하지 않으면, 다음 여정에 차질이 빚어질 수 있기 때문이었다. 내게 숙소란 하루의 피로를 풀고 다음 여행을 준비하기 위한 장소이다. 뿐만 아니라, 각 나라별로 다르게 꾸며진 숙소들의 객실을 비교하는 재미도 쏠쏠했던 것이 사실이었다. 그러니 지금 내 눈앞에 있는 튀니지의 여인숙이 내 마음을 뜨악하게 만드는 것은 어쩔 수 없는 일이었다. 어쩌면 이전에 묵었던 몰타의 호텔이 너무도 좋았던 탓일 수도 있었다.

  당장 오늘 밤 제대로 잠이 들 수 있을까 모를 일이었고, 방에서 냄새는 나지 않을지 걱정도 되었다. 음식, 그래 먹는 것도 문제였다. 여기에서 식사를 제대로 해결할 수나 있을까에 대한 근심이 생겼다. 튀니지는 몰타와는 확실하게 다른 국가라는 사실이 분명하게 느껴지는 순간이다. 나는 절대로 관대한 사람은 될 수 없겠다는 생각이 뇌리를 스쳐 지나갔다.

오늘날 남아 있는 카르타지 옛 유적지 전경

하지만 어떤 의미에서는 이 여인숙 역시 튀니지 문화의 한 부분일 수 있겠다는 생각이 들었다. 실제로 현지 사람들은 이러한 곳에서 잠을 청할 테니, 하룻밤 문화 체험으로는 괜찮은 경험일 수도 있으리라. 어차피 사람이 살아가는 곳이라면 다 견딜 만 할 정도로 꾸려져 있을 터였다. 오랜 여행 경험으로 그 사실에 대해 깨달은 바가 있었던지라, 튀니지의 여인숙 역시 그와 다르지 않겠다는 생각을 하게 되었다. 오히려 이렇게 특별한 곳에서 묵어 보았다는 것은 나중에 여행지에 대해 할 이야기가 많다는 것을 의미하는 바이기도 했다.

사람들은 누구나 다 가볼 수 있는 유적지나 관광지에 대한 이야기보다는, 이렇게 독특한 곳에서 지내본 경험에 대해 더 궁금해 하는 경향이 많기 때문이다. 이것은 호기심에서 비롯된 것이라고 볼 수도 있겠고, 나만 알고 있는 이야기라는 점에 대한 자부심 비슷한 일이기도 할 것이다.

한니발이 어린 시절 원대한 꿈을 키우던 곳
카르타지 유적지

카르타지에는 택시를 대절하여 갔다. 어제 우리 호텔 앞에서 머뭇거리고 있던 택시기사와 10만원에 흥정하여, 오늘 하루 택시를 전세내기로 했다. 요르단 암만에서도 택시를 대절하여 편하게 여행을 해 봤던 터라, 이번에도 이 방법을 이용하기로 했다. 나는 아침 9시에 기사를 만나 카르타지로 향했다.

카르타지 하면 한니발 장군에 대한 이야기를 빼놓을 수가 없다. 코끼리 부대를 이끌고 험준한 알프스 산을 넘어 로마 제국을 위협했던 용맹한 장군이 바로 한니발이다.

젊음이란 그 어떤 두려움마저도 극복하게 하는 묘약이었던 것 같다.

카르타지에는 유적지 등에서 발굴된 것으로 보이는 골동품을 파는 곳도 많다

 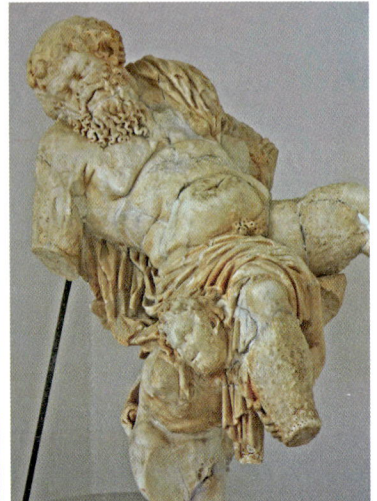

무척 인상적인 물고기 모양의 옛 조형물   카르타지 유적지에서 나온 출토품

  28세였던 한니발 장군은 10만여 군대를 이끌고 로마로 향했지 않던가. 하지만 엎치락뒤치락 하며 로마군에 제법 잘 맞섰던 그는, 제 2차 포에니 전쟁에서 대패하며 도망 다니던 끝에 결국 자결하고 말았다. 카르타지는 그의 고향이었다.

  '카르타지의 아들'이라 할 수 있는 한니발이 전쟁에서 패하면서 카르타지 역시 위험에 처하게 되었다. 당시 약 5만 명에 달하던 카르타지 시민들은 모두 로마군의 노예가 되고 말았다고 한다.

  기록에 의하면, 로마군은 잔혹한 방법으로 도시의 건물들을 파괴하고 길에 소금을 뿌리며 자신들의 승리를 자축하였다고 전해진다. 수 세기가 지난 후 우리가 보는 카르타지의 모습은, 여느 유적지와 다를 것이 없는 평범한 모양새이지만 먼 옛날 이곳에는 피비린내 나는 살육의 전장에서 꿈을 잃고 좌절한 나머지 주저앉아야 했던 꽃다운 젊은이들이 부지기수였으리라. 전쟁이란 이처럼 잔인하고 무의미한 역사의 한 구성요소다.

  이러한 안타까운 역사의 뒤안길을 간직한 카르타지 곳곳에 남아 있는 유적지를 살펴보면 그들의 특유의 기술력과 재간을 간파할 수 있는 시설물들이 널려 있었다. 거대한 관개시설은 물을 다룰 줄 알았던 그들의 지혜도 엿볼 수 있었다. 오랜 세월을 견딘 탓에 군데군데 깨어있는 것만 제외하면 꽤 잘 보존되어 있는 편이었다. 큰 규모로 제작된 이 수로를 살펴보자니, 우리가 알고 있는 고대인들의 모습은 극히 일부일 수 있겠다는 생각이 들었다.

  마침 길가의 좌판 위에서 판매되고 있는 조각품들 역시 카르타지의 전통이 담겨 있는 진귀한 물건들일 거라는 생각이 들었다. 그 해학적인 표정의 얼굴 모형들을 보고 있자니 우리의 기와 문양과도 비슷하다는 생각이 들었다.

  시간을 뛰어 넘은 카르타지의 유적지를 둘러보고 있자니 이런저런 생각들이 떠올랐다.

  고통을 받았던 카르타지 사람들에 비하면, 이렇게 여유롭게 여행을 다니고 있는 내 모습이 사치는 아닐까 싶었다. 살면서 힘든 순간이 있기도 하였지만, 전반적으로 보았을 때 나는 행복한 사람에 가까웠다. 굳이 고대 사람들까지 살펴보지 않더라도, 우리 주변에는 삶의 당연한 즐거움을 누리지 못하는 사람들이 꽤나 많다. 살아가면서 만났던 사람

옛적 카르타지 상수도 시설

들 중에는 경제적인 부족함 탓에 힘들게 일을 해야 하는 이들도 적지 않았고, 건강하지 못한 신체 탓에 집안에만 머물러야 하는 이들도 의외로 많았다.

그들에 비하면 지금의 나는 참으로 축복받은 인생을 살아가고 있다. 부모님, 아내, 내 가족, 그리고 내가 몸담고 있는 학교를 향해 거듭 감사의 인사를 드리고 싶다.

운이 좋았던 것이었을까, 아니면 하늘의 뜻이었을까. 돌이켜 보면 나는 의사로서는 영광스럽다고 할 만한 일들을 경험했다. 갓 전공의를 시작했을 때의 일이다. 당시 나는 故육영수 여사의 어머님을 진료할 수 있는 기회를 가졌다.

1년차 말 주임교수 밑에서 일하고 있는데 박정희 대통령 장모인 현 박근혜대통령의 외할머니가 혼자서는 먹지도 못하고 기침도 못하는 중풍에 걸려 치료차 우리 병원 내과 주임교수를 주치의로 하여 입원하였다. 그 할머니는 매일 3~4시간마다 가래를 뽑아내지 않으면 '아스픽시아' 증세로 사망할 수 있어 어찌하든지 석숀으로 가래를 뽑아내야 했다.

당시 난 1년차 초년병이어서 감히 그 분에게 접근 할 수 없었다. 대신 3년차 선배가 다행히 석숀을 잘 해 전담하여 돌보게 되었다. 그런데 낮에는 근무 중이니 문제가 안 되는데 밤이 문제였다. 밤에도 그 선배가 집에 가지 않고 계속 해 그 분을 돌 볼 수는 없었다. 그러던 차에 내가 당직 근무 할 때 그 할머니 석숀을 할 수 있는 기회가 주어져 석숀을 했는데 아무런 문제없이 잘 해냈다. 그 후로는 그 할머니가 나를 좋아해 항상

카르타지의 옛 지도

옛 전성기 당시의 카르타지 조감도

내가 치료해주시를 바래 내가 거의 전담으로 돌보게 되었다. 어느 정도 안정이 되어 퇴원하게 되었을 때 그 분은 나에게 "연희동으로 이사하는데 함께 지내자"고 제안하였으나 난 거절하였다. 그 후 할머니가 돌아가실 때까지 난 한 참 동안 할머니 계시는 연희동 집으로 치료차 자주 방문했다. 그 때 할머니를 지극정성으로 보살펴야 했기에 가장 힘든 소화기 내과업무를 거의 6개월이나 수행해야 했다. 그 당시 "수고 했다"며 연말에 인사차 박근혜 영애가 양복 한 벌과 청와대 달력을 보내줬던 것으로 기억된다. 한 번은 故 김대중 전 대통령도 진료해드릴 기회가 있었다. 2000년 대통령선거 기간 중에 김대중 대통령의 건강 문제가 핫이슈로 떠오르고 있었다. 그 당시 특보였던 모 국회의원이 찾아와 "김대중 선생의 건강검진을 실시해 건강에 이상이 없다"는 사실을 널리 알리는 게 대통령선거에 유리하게 작용할 것 같다며 도움을 요청했다. 난 최선을 다해 도와주기로 하고 당시 김대중 대통령 후보자가 머물고 있던 롯데호텔로 손수 아침 일찍 찾아가 혈압 및 피지컬 체크를 하면서 혈액 체취를 해 그 검사결과에 따라 "대통령 직 수행하는데 5년 동안 지장이 없다"는 진단서를 발부하였다. 그러한 발표가 있자 한나라당에서는 난리가 났고 나는 그로 인해 병원장에게 불려가 곤욕을 치루기도 했다.

결국 김대중 대통령 후보자가 대통령이 되고 허갑범 선생님이 주치의가 되셨고 나는 각 과를 담당하는 의사를 선발하여 청와대를 오가며 실질적인 업무를 수행하였다. 어쨌든 고 김대중 대통령과는 깊은 인연이 있었던 것 같다. 과거 단식투쟁 할 때도 특보가 나를 찾아와 김대중 선생의 단식의 후유증 등에 대한 다각도의 논의를 하기도 했다.

다만, 의사로서 다양한 스펙트럼의 사람들을 치료할 수 있었다는 점은 매우 영광스러운 일이 아닐까 싶다.

가장 낮은 영세 서민들은 물론 대통령·대통령 가족·재벌회장·장관·육군 참모총장·공군 참모총장·국회의장·국회의원·연예인 등 사회적 신분의 지위고하를 막론하고 평등하게 진료한다는 것 자체가 매우 의미 있는 삶이라고 생각해왔다. 그 결과 의사로서의 자부심과 보람을 두루 만끽할 수 있었다. 이는 실력보다는 단지 운이 좋았기 때문에 가능한 일이었다고 생각해 본다. 어쨌거나 감사한 일임에는 틀림이 없을 것이라 생각한다. 물론 나는 환자를 진료하는 순간 비록 사소한 것이라 할지라도 하나하나를 매우 소중하게 여기는 의사다.

내 진료를 받은 내분비질환 환자의 상태가 나아지는 것을 보며, 나는 늘 뿌듯함을 느끼곤 했다. 특히 다른 병원에서 무슨 병인지 알지 못하고 오랫동안 고통 받던 환자가 나에게 와 호전돼 치료되던 순간순간은 내게 정말로 잊을 수 없는 시간들이었다. 그러기 위해서는 항상 새로운 지식을 습득하기 위해 부단한 노력을 경주해야 한다고 생각한다.

의사라는 직업은 내게 여유로운 삶도 선사해 주었다. 정신없이 지나가던 레지던트와 전공의 시간이 지나자, 얼마간의 시간적인 여유도 생겼고 안식년 휴가도 누릴 수 있었다. 덕분에 시간이 날 때는 내가 좋아하는 취미를 즐겼다. 세계 각지에서 열리는 학회에 참석하는 동안, 나는 가보고 싶은 지역들을 여행하며 즐거운 시간을 보내곤 했다.

그렇다면 이러한 내 감사한 삶을 사회에 환원하기 위해서는 어떻게 해야 할까.

정년을 몇 년 앞두고서부터, 나는 늘 사람들에게 어떻게 도움을 줄 수 있을 지에 대해 고민해 왔었다. 아무리 생각해 보아도 봉사하는 삶이 가장 가치 있는 인생인 것 같다. 본래 고아원을 하나 짓는 것이 꿈이었으나 그것은 생각만큼 녹록한 일이 아니라는 사실을 깨닫게 되었다. 인·허가를 받고 운영하는 과정 하나하나가 나처럼 경험 없는 사람에게는 결코 쉬운 일이 아니기 때문이다. 대신에 나는 15년 전부터 우리나라와 스리랑카에 있는 어린 아이들을 조그만 후원금으로 못 다한 꿈을 조금씩 이루어가고 있는 중이다. 또한 내 전공이 당뇨 전문의라는 점을 활용하여 당뇨병 환자를 위한 복지재단을 설립하려는 계획도 물론 가지고 있다. 아직 갖추어진 것은 별반 없는 상태인데다가 절차 또한 복잡하여 머리가 아플 때가 많지만 이것이야 말로 내가 앞으로 나아가야 할 길이라는 확신이 든다. 한 번 가슴에 품은 마음을 초지일관하여 인생여로를 거닌다는 것 자체가 우리 나이에서는 가장 중요한 가치관이 아닌가 싶다.

 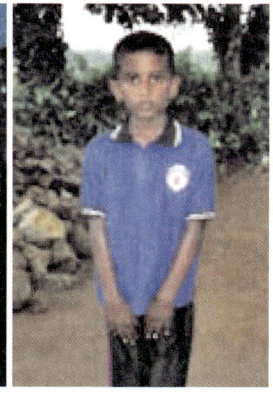

필자가 지난 15년여 동안 후원금을 보내고 있는 스리랑카어린이들의 순박한 모습

영감이 마구 샘솟는 도시
시디부사이드

'시디부사이드'에 가면 머릿속에 익숙한 멜로디 하나가 떠오른다.

눈치 빠른 사람이라면 아마 알아챘을 것이다. 유명한 포카리 스웨트의 CF 음악이 이 시디부사이드에 오면 머릿속에 자동 재생이 된다.

사실 그 스포츠 음료 광고의 배경이 되었던 곳은 그리스의 산토리니다. 수년 전 그리스에서 학회가 있어 산토리니를 방문했는데 이와 비슷한 푸른빛이었다. 새하얀 벽에 푸른 지붕으로 만들어진 산토리니의 집들은, 푸른 바다와 함께 더욱 빛나며 산뜻하고 청명한 기분을 안겨주었다. 그런데 그와 같은 청명한 기분을 안겨주는 장소가 바로 이곳 튀니지의 시디부사이드였다.

시디부사이드는 지중해의 싱그러움을 그대로 담고 있는 도시다. 거리에 들어서자 하얀 벽에 파란색 창틀로 포인트를 준 가옥들이 길을 따라 늘어서 있는 것이 이채로웠다. 거리 곳곳에는 지역 특산품을 판매하는 상점들도 있었고, 예술작품을 장식하고 있는 갤러리도 있었다. 도시 전체가 마치 하나의 예술작품인 듯 했다. 프랑스의 작가 앙드레 지드가 사랑했던 도시라는 사실을 새삼 실감나게 하는 장면들이었다.

다만 아쉬웠던 것은 이날 내가 시디부사이드를 찾았을 때에는 비가 올 것 같은 꾸물꾸물한 날씨가 이어지고 있었다는 점이었다. 이 아름다운 파란색과 흰색의 조합이 햇살을 받으면 더욱 더 빛을 내었을 텐데,

온통 푸르고 흰 색으로 빛나는 시디부사이드 시가지

마침 비가 내려 손님이 뜸한 쓸쓸한
시디부사이드 거리 풍경

흐린 날씨 탓에 제대로 감상할 수 없었던 것이 마냥 안타까웠다.

마침 부슬부슬 내리기 시작한 비 때문에, 상점 밖에 진열해 놓았던 상품들 위에도 비닐이 덮여 있었다. 덕분에 튀니지의 독특한 무늬를 새긴 접시와 물병들도, 목걸이와 같은 장신구들도 저 멋대가리 없는 비닐 속으로 숨어 버리고 말았다. 상품을 판매하고 있던 상인들도 지루해 보이기는 마찬가지였다. 손님이 없는 탓에 심심했던 한 상인은 혼자 휴대폰을 들여다보며 소일거리를 하는 중이었고, 주머니에 손을 넣은 채 다리를 달달 떨면서 시간을 죽이는 상인도 눈에 보였다. 날씨가 조금만 더 좋았더라면 얼마나 좋았을까. 역시 날씨가 아쉽다.

하지만 그럼에도 불구하고 시디부사이드는 시디부사이드였다. 흐린 날씨라는 방해꾼에도 불구하고, 도시에서 바라다보는 연 하늘색의 바다는 여전히 매력적이었다. 길거리에는 예술인으로 보이는 사람들이 간혹 지나다녔고, 군모를 쓰고 망토를 걸친 채 길을 배회하는 남자도 보였다. 덥수룩한 수염의 이 남자가 카메라를 바라보는 눈빛이 예사롭지가 않았다. 이곳을 사랑했던 예술인 가운데에는 앙드레 지드 말고도,

시디부사이드와 비슷한 느낌의 그리스 산토리니 이야 마을

시디부사이드 해안 주변 풍경

알베르 카뮈, 생텍쥐페리, 파울 클레 등이 있다고 하는데, 그들의 도시에 대한 애정 어린 시선이 일정부문 이해가 갔다. 이들에게 시디부사이드는 작품의 영감을 공급해 주는 장소이자 마음의 안식처였으리라. 맑으면 맑은 대로, 흐리면 흐린 대로 시디부사이드는 예술인들에게 무한한 이야깃거리를 안겨주는 도시로 그 존재가치를 드러내는 곳이리라 생각해 본다.

 물론 일반인의 범주에 들었던 나는, 좀 더 따뜻한 장소에서 머무르며 관광을 계속해 보기로 했다. 이곳에는 과거 튀니지 사람들의 생활상을 그대로 재현한 문화 박물관이 있었다. 민속 박물관이라고 하기에는 조금 아담한 크기였는데, 옛 사람들의 서재와 거실 그리고 전통 복장을 입은 튀니지 여인의 모습들이 전시되어 있었다. 밀랍으로 만들어진 인형들이 생생한 표정으로 차를 마시고 발 관리를 받는 모양새가 매우 재미있었다.

친절한 택시기사와 쿠스쿠스
튀니지 전통시장

나는 지구촌 방방곡곡을 여행하며 다양한 사람들을 만나왔고 현지인들의 친절에 대해 감탄하곤 했다.

튀니지 전통시장에서도 예외는 아니었는데, 공짜로 과자를 먹어보라는 상인들의 인심은 여전하다는 생각이 들었다.

일전에 터키에서도 비슷한 일을 겪었던 일이 있었다. 터키 메디나 시장에서 택시기사를 기다리는 내게 상인들은 공짜과자를 아낌없이 건네줬다.

◆ 튀니지의 한 간식거리 요리 광경 　◆◆ 노점에서 판매하는 튀니지의 선인장 열매
◆◆◆ 튀니지 사람들은 길 가던 관광객에게도 과자를 공짜로 먹어보라고 나눠 준다

예술가의 도시 다운 시디부사이드 거리 풍경

하지만 튀니지에서 만난 택시 기사 부부는 내 마음을 풍족하게 만들어 주었던 사람을 만난 기억이 없었던 것 같다. 그는 본래 나를 손님으로 맞이했던 택시기사였다. 노란 택시의 운전수였던 그는 전형적인 무슬림으로, 근무하는 종종 기도하는 시간을 갖곤 했다. 함께 관광지를 돌아다니다가 사원이 보이면 그 안으로 들어가 30분 정도를 머물렀는데, 그가 없어진 택시 안에서 나만 멀뚱히 기다리고 있었던 기억이 난다. 하지만 기도하는 시간만 제외하면, 그는 줄곧 나와 붙어 다니며 굉장히 친절하게 서비스를 제공하는 택시기사 본연의 자세를 견지했다. 가는 곳마다 이런저런 설명을 해주는가 하면, 튀니지 전통시장을 지날

그들의 생활상을 알아볼 수 있는 튀니지 전통 박물관 전시실 내부

때에는 과자를 먹어보라며 하나 건네주기도 했다. 그의 친절한 성품은 표정에도 드러나 있었다. 웃을 때마다 그의 선한 눈매에는 주름살이 잡혔는데, 은색의 콧수염까지 더해지니 영락없이 마음 좋은 이웃집 아저씨였다. 간혹 바가지요금을 씌우는 택시기사를 만나왔던 터라, 이 택시기사의 친절함은 마음에서 비롯된 것이라는 사실을 느낄 수 있었다.

  여행지에서 만나게 되는 이러한 호의는 언제나 감사하고 반가운 일이다. 그런데 튀니지의 전통 가옥을 구경하고 나오니 택시기사가 없었다. 얼마 전에 기도를 드린다고 어디론가 가더니 아직도 끝나지 않은 모양이었다. 10분이 지나서야 나온 그는 대뜸 내게 자신의 집으로 함께 가자고 했다. 점심식사를 대접하겠다는 거였다. 혹시 나를 오래 기다리게 했던 게 미안해서 그러는가 싶어, 나는 괜찮다고 사양했다.

  그런데 이 택시기사는 이에 아랑곳하지 않고 자기 집에 전화하여 식사를 준비시키는 게 아닌가. 어쩌나 싶어 고민하던 나는 그를 따라가 보기로 했다. 사실 초면에 실례는 아닐지 조심스럽기는 했지만 말이다.

그들이 생활하는 모습을 가까이서 보고 싶다는 호기심이 조금 더 컸다. 더욱이 그 상황에서 극구 사양하고 호의를 거절하는 것은 오히려 더 결례라는 생각도 들었다.

시디부사이드 관광을 마친 후, 그는 한참 동안 차를 달려 나를 좁은 골목으로 데려가더니 마침내 어느 집 대문 앞에 멈춰 섰다. 조금 녹이 슬기는 했지만, 흰 철 대문의 무늬가 인상적인 단독주택이었다. 집 안에는 그의 부인이 우리를 기다리고 있었고, 식탁에는 따뜻한 식사가 차려져 있었다. 식탁 한 가운데에는 큼지막한 1.5리터짜리 콜라가 있었다. 빵과 샐러드가 있는 단출하고 소박한 식사였지만, 나를 감동시키기에는 충분한 음식들이었다. 매번 호텔이나 식당에서 음식을 사먹기만 했던 지라, 이처럼 현지 가정 음식을 먹어보는 일은 처음 있는 일이었다. 향신료를 비교적 강하게 사용하는 튀니지의 전통 음식인 쿠스쿠스가 내 입맛에 꼭 맞았던 것은 아니었지만, 이날 식사는 입으로 먹는 것이 아니라 마음으로 먹는 요리였다는 점을 강조하고 싶다.

튀니지의 전통차를 한 모금 들이키는 필자

택시 기사 부부가 필자에게 차려준
잊지 못할 소박한 추억의 식탁

택시 기사의 집은 아담했지만 깔끔했다. 부인의 성품이 매우 깔끔한 모양이었다. 식탁 옆에는 소파가 놓여 있었고, 창문에는 화려한 황금색의 커튼이 드리워져 있었다. 나는 이들 부부가 소파 위에 앉은 모습을 내 카메라에 담았다. 사진에 나온 부부는 정말로 인상 좋은 이들이라는 느낌이 들었다. 택시 기사의 얼굴은 여전히 온화해 보였고, 조금 풍채가 있는 부인의 모습 역시 푸근해 보였다. 부부는 닮는다는 말이 맞는 소리인 것 같았다.

나는 그에게 이메일 주소를 물어 본 후, 함께 찍은 사진을 메일로 보내주겠다고 약속했다. 그런데 한국에 와서 아무리 메일을 보내려고 해도 잘 보내지지가 않았다. '발송 실패'라는 메시지만 뜰 뿐이었다. 그 선량한 택시기사는 아마도 내 이메일을 기다리고 있을지도 모른다는 사실에 너무나 미안해졌다. 만일 튀니지를 찾아간다면, 그를 다시 만날 수 있을까.

택시기사의 부인과 함께 한 필자.
튀니지 여성은 다른 이슬람 여성 달리 자유롭다

사람 좋아 보이는 시디부사이드의 택시기사와 그의 아내

사막의 기적, 오아시스
쉐비카 오아시스

다음 날, 나는 비행기를 타고 토주르(Tozeur)로 향했다. 원래 계획은 토주르에서 붉은 도마뱀 열차를 타려고 했다. 광산까지 왕복하는 이 열차를 타게 되면 튀니지의 색다른 풍경을 볼 수 있으리라는 기대감 때문이었다. 알아보았더니 가격도 1인당 20디나르 정도로 적당한 편이었고, 열차 내부의 인테리어도 꽤 괜찮은 편이라고 했다. 하지만 불행하게도 내가 토주르를 찾았던 날은 마침 열차가 운행하지 않는 시즌이었다. 관광객이 많이 몰리는 시기에만 관광 열차를 운행하고 있던 것 같았다. 많이 아쉬웠지만, 그냥 어쩔 수 없는 일이었다고 여기면서 다음 계획을 세워 보기로 했다. 플랜 B를 강구해야 할 수밖에 없었다.

이미 대중교통 수단을 스스로 찾아보는 것에는 이골이 날 대로 나있던 지라 다음 계획 수립에는 별다른 어려움이 없었다. 호텔 측에 대중교통 정보를 요청했다가 쓴 맛을 보았던 경험이 이미 여러 번 있었다. 나는 혼자서 여행사를 찾아간 다음

쉐비카 오아시스 근처에서 상점 주인과 함께 포즈 취한 필자

쉐비카 오아시스 일대 전경

아스라이 보이는 산양 조각물

쉐비카 오아시스의 폭포수

개인투어 프로그램을 신청해 놨다. 사륜구동 자동차를 사용하기 위해서는 어쩔 수 없는 선택이었다. 나는 덜덜 거리는 사륜 구동차를 타고 '쉐비카 오아시스'를 찾아가 보기로 했다.

오아시스는 생각했던 것만큼이나 주변 경관이 멋졌다. 모래 한 가운데 푸른 숲과 물이 흐르는 축복의 땅 '오아시스'는 사막의 낭만이라고 보아도 무방할 것 같았다. 황토 빛의 모래 산 아래로는 야자나무들이 줄지어 서 있고, 그런 나무 곁을 따라서 물이 흐르고 있었다. 그 옛날 이곳을 발견했을 사막의 여행자들이 얼마나 반가웠을지 상상이 되었다.

특히나 쉐비카 오아시스의 시원한 폭포수를 마주하니, 내 마음까지 시원하게 씻겨 내려가는 것만 같았다. 폭포수는 바위틈에서 떨어져 내려오고 있었고, 야자나무 그늘이 드리운 물은 푸른색으로 빛나고 있었다. 주변의 마른 풀과 붉은 산이 아니라면, 사막에 있다는 것을 감지하지 못할 정도로 멋진 풍경이었다.

나는 오아시스를 좀 더 구경하다가 주변에 있는 마을에도 찾아가 보기로 했다. 특이한 모습을 하고 있는 절벽을 넘어가니, 그 밑으로 마을이 보였다. 가끔 영화 속에서 보던 사막의 마을이었다. 오아시스를 상징하는 푸른 나무숲과 흙으로 만들어진 담장에 둘러싸인 아주 작은 규모의 마을로 생각되었다. 마을에서 조금 더 올라간 곳에는 흙벽돌로 쌓은 담장 터만이 남아 있었는데, 오래된 마을의 흔적을 그대로 남겨둔 것이 아닐까 싶었다.

좀 전에 오아시스의 폭포를 보았을 때는 느끼지 못했던 것이지만, 이렇게 높은 곳에 올라와 마을을 살펴보니 이곳이 사막이라는 사실이 실감이 났다. 마을을 조금만 벗어나면, 풀 한포기 나지 않는 황량한 언덕들이 보이기 시작하였고 저 멀리 보이는 지평선 아래에는 광활한 모래사막이 펼쳐졌다. 따가운 햇볕에 바싹 익은 모래의 냄새가 코를 자극하는 것만 같은 느낌이었다. 이러한 사막의 땅에서 오아시스의 존재란 그

오아시스에서 흘러나오는 물로 인해 사막에 자란 푸른 야자수 군락

오아시스 한 편에 자리 잡은 옷 가게

오아시스 일대 풍경

미데스 협곡의 아름다운 풍경

사막에서 서식하는 강한 생명력의 산양 떼

자체로 얼마나 소중한 것이었을지 짐작이 되고도 남았다.

점심시간이 되어 작은 식당에 들어갔을 때였다. 간단하게 빵과 콜라를 사고 있는데, 젊은 주인이 다가오더니 혹시 "한국 사람이 아니냐?"고 물었다. 그는 싸이의 '강남스타일'을 매우 좋아한다며 정말 한국 사람인가를 재차 묻는다. 사막 한가운데에도 싸이의 강남스타일이 울려 퍼지고 있다니, 대중문화의 힘이란 실로 대단한 것 같았다. 그와는 한국에 대해 한참을 더 이야기하다 웃으면서 헤어졌다. 이런 뜬금없는 조우가 나는 늘 반갑기만 하다.

식사 후에는 조금 더 밑으로 내려가 아까 전에 보았던 흙벽돌 담장을 살펴보기로 했다. 가까이에서 보니 흙벽돌이라기보다는 돌을 켜켜이 쌓은 후, 그 위에 황토 진흙을 발라놓은 구조물로 생각되었다. 굉장히 거친 질감의 외벽이었는데, 손으로 만져보니 상상했던 것 보다는 튼튼하게 만들어졌다는 사실을 알 수 있었다. 그리고 이 외벽 저 편에는 사람들이 살고 있는 것으로 보이는 건물들도 있었다. 여기에서는 주로 관광객들을 대상으로 물건을 판매하고 있는 모양이었는데, 갖가지 옷을 걸어 놓은 다음 진열해 두고 있는 모습이 익숙하게 다가왔다.

이것과 비슷한 모습을 남대문 시장을 걷다가 보았던 기억이 떠올랐기 때문이다. 하지만 남대문 시장과는 달리 쉐비카에는 약간의 관광객 말고는 손님이 거의 없어 보였는데, 이들이 손익분기점은 넘길 수 있을지 조금 걱정되기도 했다. 한편으로는 '자족과 안빈낙도의 여유'가 생활화돼 있는 사막 사람들에게는 어울릴 법한 생존 수단이라는 생각도 들었다. 물이 있고 숲이 있는 오아시스에서 살고 있는 사막의 사람들은 이미 마음이 부유한 부자일 테이니 말이다.

사막도 유쾌할 수 있다
두즈 사막

나는 다시 호텔로 돌아와서야 문명의 세계를 경험할 수 있었다. 사막에서는 오아시스의 물 한 방울이 그렇게 귀중하게 여겨졌는데, 정작 호텔 수영장에 가득 채워져 있는 물을 보니 마음이 그리 풍요로워질 수가 없었다.

문명의 이기란 이런 것인가 보다. 아직 아무것도 경험하지 못하였을 때에는 자신이 살고 있는 생활환경에 감사하면서 살아가다가도, 한 번 편리한 생활을 경험하고 나면 욕심이 마구 생겨나기 마련이다. 이것이 인간의 본성인지, 나의 특별한 성격 때문인지는 모르겠으나 호텔방의

필자가 투숙한 호텔 수영장

사하라 사막 투어의 즐거움을 만끽하도록 도와준
유쾌한 운전기사 1

안락함이 그렇게 고마울 수가 없었다. 나는 호텔 야외 테라스에 있는 테이블에 앉아 맥주를 한 잔 마시며 내일 찾아갈 사막에 대한 생각 속으로 빨려들고 있었다.

다음 날, 나는 튀니지의 또 다른 사막을 구경하기 위해 길을 나섰다. 이번에는 소금사막을 거쳐 사하라 사막으로 가볼 작정이었다. 생각해보니 튀니지는 굉장히 다양한 자연 환경이 공존하는 국가라는 생각이 들었다.

시디부사이드에서 볼 수 있었던 감각적인 색채의 풍경들과, 이러한 지역에서 볼 수 있는 원시적인 사막의 풍경들은 모두 튀니지 안에 자리하고 있는 자연 환경이다. 사막을 바라보며, 나는 '이곳이 인간에게 자신에 대해 돌아 볼 기회를 주기 위한 기도의 땅은 아닐지'라고 얼핏 생각해 보았다. 정말 이렇게 아무것도 없는 황량한 환경에서는 아무하고도 말하고 싶지 않을 지도 모른다는 생각이 들었다.

내 경우에는 운 좋게도 내면의 자아와 만나는 인고의 시간을 견디지 않아도 되었다. 운전기사가 얼마나 유쾌한 사람이었는지, 그와 함께 있으면 웃느라 시간 가는 줄을 모를 지경이었다. 황금색 터번을 머리에 두른 그는 시종일관 가장 적합한 모델 포즈를 취하기 위해 부산을 떨었다. 차 옆에 올라서서 "따봉!"을 외치는가 하면, 모래 더미가 굳은 곳에

사하라 사막 가는 길목에 위치한 두즈 마을 안내판

두즈 마을 쇼핑가

터번을 사서 머리에 두르고 망토를 걸쳐보는 필자

매 한 마리를 팔에 올려놓은 채 호객을 하는 두즈 마을 상인

카드게임을 즐기는 매사가 여유로운 두즈의 남자들

서는 숨바꼭질 콘셉트를 취하거나 뜬금없이 먼 산을 바라보는 자세를 하면서 나를 즐겁게 했다. 나도 선글라스에 밀짚모자까지 챙겼으니 나름 사막여행을 즐길 만반의 준비가 되어 있다고 생각했지만, 이 젊은 운전기사의 유쾌함 앞에서는 무릎을 꿇을 수밖에 없었다.

우리의 유쾌한 여정은 두즈까지도 이어졌다. 두즈는 작은 규모의 도시였다. 사하라 사막으로 가는 길목에 있는 마을에 가까운 곳이었다. 두즈에는 카드놀이를 하는 남자들도 보였다. 남들은 한창 일할 이 늦은 오후에 한가로이 앉아 카드게임이나 하고 있다니, 참으로 신선놀음이 아닐 수 없었다. 카드게임을 하는 사람들의 표정이 여유로운 것으로 봐서는 다분히 시간 때우기 내지는 취미 생활로 즐기는 게임인 것 같았다. 내기 규모가 크다면, 카드를 보면서 초조해 하는 사람들이 분명 있었을 것이다. 겉으로는 태연하게 즐기는 것처럼 보여도, 돈이 오가는 게임을 하는 것은 사실 신경이 쓰이는 일일 터이니까. 하지만 이들에게는 그와 같은 징후가 하나도 보이질 않았던 것을 보면 그냥 가벼운 게임에 불과했던 것임에 틀림이 없다.

그런가 하면 두즈에서는 사막여우와 매도 가까이에서 볼 수가 있었다. 호객 행위를 하기 위함인지 그냥 반려 동물로 키우는 것인지는 알 수 없었지만, 목줄에 매인 사막 여우가 마치 강아지처럼 길바닥에 누워 낮잠을 자고 있었다. 검은 터번을 쓴 남자가 매를 손 위에 올려놓은 채 포즈를 취하는 일도 있었다. 훈련을 잘 받은 매인지 사람의 손 위에서도 의젓하게 앉아 있었는데, 주인은 그런 매가 퍽 자랑스러운 눈치였다. 강아지와 고양이가 눈에 보이지 않는 대신에, 이러한 동물들이 사람들의 곁을 대신하는 모습이 이색적이었다.

이들의 유쾌하고 여유로운 일상이 부러웠던 나는, 밖으로 나가 터번을 하나 사 보기로 했다. 사막의 뜨거운 모래바람을 막아야겠다는 생각에서였다.

낙타를 타고 영화의 한 장면 속으로!
사하라 사막

사하라 사막 한 가운데서 포즈 취한 필자

사하라 사막에서 나는 드디어 낙타를 타고 다녔다. 과거 인도와 이집트에서는 짧게 타 보았었지만 이번에는 사하라 사막을 한 시간 가량을 타고 다녔다. 이것은 굉장히 흥분되는 경험이었다.

요즘에 갔으면 메르스 때문에 낙타를 타지 않았을거다.

낙타 타기는, 이미 서 있는 말의 등에 타는 승마와는 달리, 앉아 있는 상태의 낙타 등에 오르는 절차를 거쳐야 했다. 앉아 있는 낙타 등에 오를 때에는 별다른 감흥이 없었는데 이 낙타가 일어서니 등에 식은땀이 난다. 별안간 몸이 허공에 붕 떠오르는 것 같은 기분이 들었다. 짜릿하고 아슬아슬했다. 낙타 등은 말의 등과는 확연히 다른 세계였다. 굴곡진 낙타 등은 내 엉덩이를 사정없이 자극했는데, 낙타가 걸음을 옮길 때마다 꿀렁대는 그 등 위에서 중심을 잡는다는 일은 정말로 쉽지 않았다. 등에서 떨어지지는 않을지 겁이 잔뜩 나기도 했다.

하지만 곧이어 도착한 사하라 사막에서 이 낙타는 내 곁을 가장 든든하게 지켜주었던 친구였다. 차원이 다른 사막의 모래 바람은 내 눈과 코를 사정없이 괴롭혔는데, 그럴 때마다 낙타는 얌전히 내 옆에 앉아서 나를 바라보고 있었다. 사막의 모래바람을 견디는 것은 자기가 더 많이 해 보았으니, 자신을 믿고 조금만 더 참으라는 이야기를 하는 것만 같았다. 게다가 이 낙타가 아니었다면 넓디넓은 사하라 사막을 어떻게 건너왔을 지도 모를 일이었다. 20달러 정도에 빌린 동물 치고는 매우 유용한 친구라는 생각이 들었다.

사하라 사막에서는 괘씸한 사람도 만났다. 낙타를 타고 타박타박 걸어가고 있는 내게 한 젊은 사내가 접근해 왔다. 시원한 콜라를 한 잔 주겠다면서 선심을 쓰듯 말을 건네 왔다. 하지만 그에게는 다른 의도가 있는 것이 분명해 보였다. 그는 극구 먹지 않겠다고 거절하는 나를 따라다니며 계속해서 콜라를 내밀었다. 나중에는 아예 콜라의 캔까지 딴 다음에 억지로 내게 내밀었다. 갑자기 불어 닥친 모래바람 때문에 어

사하라 사막 도중 소금사막에 나뒹굴고 있는 폐차

낙타를 타고서
사하라 사막을 건너는 필자

낙타 빌려 주는 가게

강한 모래 바람 속에 홀로 서 있는 황량한 사하라

쩔 수 없이 콜라를 받기는 했는데, 문제는 그 다음부터였다. 내가 콜라를 받아든 지 얼마 되질 않아 남자는 값을 요구해왔다. 가격은 무려 10달러. 아무리 사막이라고 해도 콜라 한 캔에 만원이 넘는 금액은 너무하다는 생각이 들었다. 게다가 나는 안 먹겠다고 계속 거절을 해왔는데 말이다. 결국 나는 그와 실랑이를 벌이다가 어쩔 수 없이 8달러를 넘겨주고 말았다. 괘씸한 생각에 콜라까지 함께 안겨줬다.

호텔로 돌아오는 도중에는 '스타워즈' 촬영장소를 보았다. 거장 조지 루카스의 마음에 들어, 외계 행성으로 변신하기도 했던 이곳에는 스타워즈의 주인공 루크가 살았던 집들이 그대로 남아 있었다. 영화 세트장을 그대로 보존하여 관광자원으로 활용하고 있는 모양이었다. 아무 생각 없이 영화를 볼 때에는 굉장히 이국적인 풍경이라고만 생각했는데, 이런 지역이 실제 존재하고 있었다는 사실이 신기하게 여겨졌다.

어린 루크의 꿈과 희망이 서려있는 집이었다. 비록 영화세트장이기는 하지만 건물 하나하나가 신비롭고 이색적이라는 생각이 든다. 이곳은 또한 영화 '잉글리쉬 페이션트'의 촬영장이기도 했다. 일전에 한 번 보았던 '잉글리쉬 페이션트'는 매우 감동적인 영화로 기억한다. 사하라 사막 한 가운데에서 펼쳐지는 남녀 간의 사랑이란 어딘지 모르게 가슴 아픈 구석이 있었다.

호텔에 돌아오는 길에 호텔 근처 골프장을 구경했다. 삭막한 사막 위 골프장에서 한번 라운딩하고 싶었지만 시간이 없어 다음으로 미루었다.

튀니지 몰타 여행을 마치고 학회를 위해 다시 파리로 돌아오는 길이었다. 파리에는 이미 눈이 오고 있었다. 따뜻한 나라에서 머물렀던 덕분에 파리의 날씨가 매우 춥게 느껴졌다. 추운 날씨 탓에, 다음 날에는 루브르 박물관과 오르세 박물관에 들러 미술 작품을 감상하기로 했다. 그림에 대한 해설을 듣기 위해 헤드폰을 빌렸고, 마음에 드는 작

호텔로 돌아오는 길에 스타워즈 촬영시설 앞에 선 필자

꼭 한번 라운딩을 하고 싶었던
사하라 사막 속 골프장

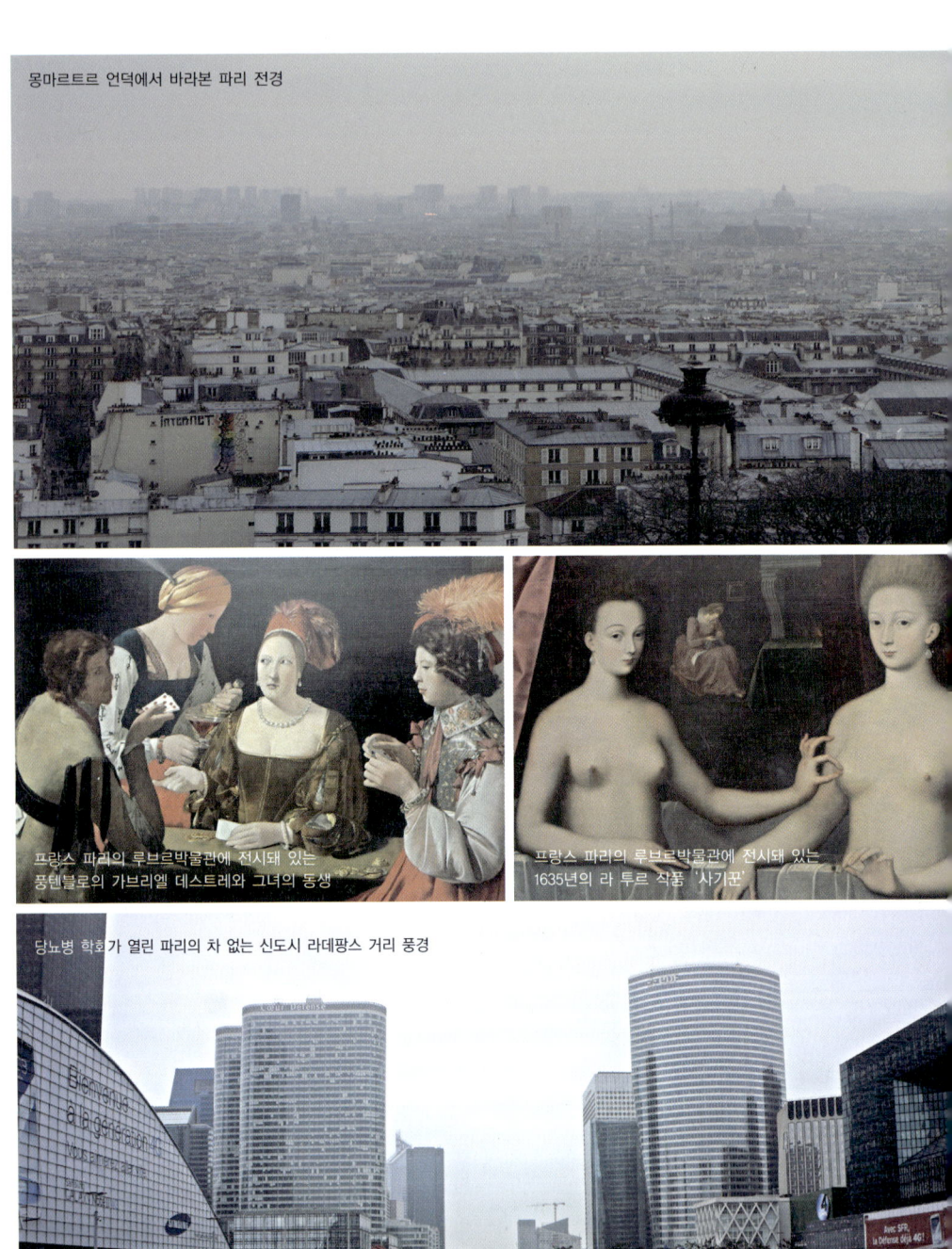

몽마르트르 언덕에서 바라본 파리 전경

프랑스 파리의 루브르박물관에 전시돼 있는 퐁텐블로의 가브리엘 데스트레와 그녀의 동생

프랑스 파리의 루브르박물관에 전시돼 있는 1635년의 라 투르 작품 '사기꾼'

당뇨병 학회가 열린 파리의 차 없는 신도시 라데팡스 거리 풍경

품 앞에 서서 오래 동안 살펴보았다.

파리 당뇨병학회에 참석해 포스터 앞에 선 필자

파리는 여러 번 들렀던 도시이기는 하지만 올 때마다 새로운 느낌이 든다. 에펠탑도 그러하고 센 강도 그러하다. 이번에는 차가 모두 지하로만 다닌다는 라데방스를 방문하여 보았다. 깔끔하게 잘 정돈되어 있는 것이 새로운 도심지의 역할을 톡톡히 해 내고 있는 것 같았다.

마지막으로 학회에 참석한 후, 나는 이번 여행의 모든 과정을 마무리 지을 수 있었다. 휴양지 몰타에서부터 시작해 튀니지 그리고 예술의 도시 파리까지, 몸과 마음이 매우 즐거웠던 여행으로 기억될 듯 했다.

CHAPTER 05

구 유고연방 여행지에서의 사색
비 오는 날의
동유럽에서의 사색

마더 테레사의 고향
마케도니아

        2014년 4월 25일에 폴란드 브라쇼프에서 열리는 '유럽내분비학회'에 참석하기위해 인천공항에서 이스탄불을 경유해 마케도니아에 도착했다.

  현지에 도착하니 비가 부슬부슬 내리고 있었다. 마케도니아의 하늘은 온통 여린 회색이었고, 공기는 눅눅하고 축축했다. 아침 일찍부터 부산을 떨면서, 터키 이스탄불을 거쳐 이곳 마케도니아 스코페 공항에까지 온 탓에 온 몸이 피곤한 상태였다.

  전날 밤 터키 이스탄불에서 머문 후, 새벽 비행기를 타고 막 도착했던 터였다. 날씨까지 무척 눅눅하니 더욱 더 나른해 지는 것 같았다. 나는 공항에서 사진을 몇 장 찍은 다음 다행히도 예약호텔까지 직접 가는 버스가 있어 그 버스를 타고 호텔로 바로 들어가기로 했다.

  버스를 기다리기 위해 공항 앞에 서있었더니, 애연가들이 모여 담배를 피우고 있는 모습이 눈에 들어왔다. 남자건 여자건 할 것 없이 꽤나 심오한 표정으로 연기를 뿜어대고 있었다. 마치 철학자라도 된 기분으로 끽연을 하고 있는 그들의 모습과 뭉게뭉게 피어오르고 있는 매캐한 담

마케도니아 공항에서 호텔을 오가는 버스

배 냄새에 나까지 몽환적인 기분으로 되어가는 것만 같았다. 마침 호텔까지 가는 버스가 도착했던 지라, 나는 버스를 타고서 호텔로 향했다.

호텔로 돌아온 후, 나는 점심을 간단하게 빵으로 때운 후 올드 타운(Old Town)을 한 바퀴 돌아보기로 했다.

마케도니아 하면 알렉산더 대왕을 빼놓고 이야기 할 수는 없는 일이었다. 역시 도시 곳곳에는 말을 탄 장군의 모습을 만들어 놓은 조형물들이 세워져 있었다. 광장 한 편, 마치 뛰어 오르는 것 같이 역동적인 말 위로 늠름한 기상의 장수가 타고 있었다. 확실히 마케도니아인들은 자신들이 알렉산더 대왕의 후손인 것을 매우 자랑스럽게 여기는 듯 했다. 이들에게 알렉산더란 우리의 이순신 장군이나 광개토대왕에 버금

◆ 비가 내리는 마케도니아 수도 스코페의 올드 타운 거리
◆◆ 마케도니아 스코페에 위치한 개선문 광경

가는 의미를 지니고 있을 터였다.

그런데 이 마케도니아는 테레사 수녀의 고향이기도 하다. 이곳과 알렉산더 대왕을 연관 지어 생각하는 사람들은 많을 수 있겠지만, 아마도 테레사 수녀와 이곳을 관련 지어 생각하는 사람은 거의 없을 것이라고 본다.

그 이유는 그녀가 워낙 조용하게 아낌없이 선행을 베풀다 갔던 수녀였기 때문이리라. 그러다 보니 '테레사 기념관' 역시 작고 소박한 면모를 나타냈다. 자신을 화려하게 드러내기보다는 소박하게 봉사의 삶을 향유하는 것을 열망했던 테레사 수녀의 성품이 느껴졌다.

마더 테레사, 우리에게 '사랑과 헌신의 표상'으로 여겨지는 그녀의 본명은 '아녜스 곤제 보야지우(Anjeze Gonxhe Bojaxhiu)'이다. 테레사는 1937년에 수녀가 되었지만, 1948년에 민중 속으로 들어가 봉사하는 삶을 살기로 결심했다. 가난과 질병에 허덕이는 사람들을 보며 늘 마음이 아팠던 그녀는, 1979년에 받았던 노벨평화상 기금도 빈민구제기금으로 희사했다고 한다. 그러니 이런 그녀의 기념관이 호화로울 수가 없으리라. 기념관은 테레사 수녀의 생가 터에 지어졌는데, 작은 예배당과 갤러리 정도가 전부였다. 당연히 입장료도 없었다. 갤러리 안에는 마더 테레

테레사 수녀 기념관

말을 탄 알렉산더 대왕 동상이 세워져 있는 스코페 광장

애잔하면서도 황홀한 스코페의 야경

사를 그려 놓은 작품이 몇 점 있었고, 그녀의 작은 침실과 옷가지 정도만 정리되어 있었다. 그나마 화려해 보였던 것은 작은 예배당이었다. 유리벽으로 둘러싸인 이 작은 예배당은 깔끔한 인테리어와 화사한 꽃 장식으로 방문자들의 눈을 즐겁게 해줬다. 방문자들을 위한 최소한의 배려로 이 예배당을 꾸며놓은 것 같았다. 물론 그나마도 화려하지는 않았다.

마케도니아에서 볼 만한 것은 또 있었다. 내가 머무르던 스코페의 밤은 찬란하고 아름답게 빛났다. 건물마다 불을 환하게 비추는 조명 덕택에 매우 아름다운 볼거리가 생겨났던 것이다. 나는 물가에 선 채 맞은편에서 빛나고 있는 건물들을 바라보았다. 청계천과 비슷한 모습이라고도 할 수 있겠으나, 유럽풍 건물 양식을 그대로 사용하고 있는 마케도니아의 건물들은 나름의 멋과 흥취가 있었다.

이번 여행을 마케도니아에서 시작했던 것은 참 잘한 선택이었다는 생각을 했다. 앞으로 당분간은 마케도니아의 밤 풍경이 매우 그리워질 것 같다.

아픈 총탄의 역사를 품은 곳
코소보 프리슈티나

        그 다음에 찾은 여행지는 코소보의 프리슈티나였다. 나는 전날 미리 답사해 둔 버스터미널까지 걸어서 갔다. 사실 코소보는 내게 여행 목적지라기보다는 다음 예정지를 들르기 위한 중간 경유지나 진배없었다. 무엇보다도 코소보 건물에 여실히 남아 있는 총탄의 흔적을 바라볼 때 내 마음은 불편하기 그지없었다.

    코소보의 아픔을 잘 이해하려면 유고슬라비아 분리 독립의 그 시점까지 거슬러 올라가야 한다. 유고슬라비아는 원래 나치의 통치를 받던 국가연합이었다. 그러다가 1945년에 독립한 이후 통치자 티토의 사망을 계기로 하나 둘 씩 분리되기 시작하였다. 1991년 슬로베니아와 크로아티아를 시작으로 유고슬라비아는 슬로베니아·보스니아·헤르체고

코소보 수도 프리슈티나의 버스 정류장

코소보 시내의 필자

비나 · 세르비아 · 몬테네그로 · 크로아티아 · 마케도니아 등으로 갈라섰다. 물론 이들의 분리 독립이 늘 순조롭게 진행되었던 것은 아니었는데, 유고 연방의 강력한 반대 의사에 직면해 오랜 내전으로 이어졌다. 코소보 내전도 이와 같은 분리 독립운동의 연장선 위에 있었다.

코소보는 알바니아계 사람들을 주축으로 세르비아로부터 분리 독립을 위한 요구를 지속적으로 해오고 있었다. 이에 반대하는 세르비아 정부는 코소보의 자치권을 빼앗아가 버렸고, 분개한 코소보 인들은 1995년 코소보 해방군을 조직하여 대대적인 무장 저항을 시작하였다. 전쟁은 상당히 오랜 시간 동안 진행되었다. 4년 이상을 크고 작은 내전에 시달렸던 코소보 사태는 결국 나토와 미국의 개입으로 1999년 6월 9일에 마무리 된다. 하지만 코소보는 여전히 그 독립권을 인정받지 못한 채 세르비아의 자치주로만 남아 있는 상태이다.

이런 코소보의 역사를 되새겨 보노라니 새삼 세월의 무상함이 느껴졌다. 그렇게 독립을 위해 싸우던 이전의 시간은 온데간데없이, 지금 코소보에 남아 있는 것은 오로지 총탄의 흔적뿐이기 때문이다. 다만 이곳의 물가는 상당히 싸다고 느껴졌는데, 아직 코소보의 경제력이 그렇게 크지 못하다는 것을 의미하는 바이기도 하였다.

전날 나는 버스터미널에서 30유로, 우리 돈 45,000원 정도를 환전했다. 이 돈은 오늘 점심과 저녁을 다 먹고도 남을 정도로 충분한 금액이었다. 그래서 남은 금액을 환전하기 위해 돌아다니는데, 마침 문을 연 환전소가 하나도 없었다. 난감해 하고 있던 내게 환전을 해 주겠다면서 접근해오는 사람이 있었다. 개인에게 환전을 받기는 처음 있는 일이었지만, 일단 내가 급한 상황에 있던 지라 그에게 남은 금액을 맡겼다. 45,000원으로 하루 종일 쓰고도 돈이 남아 있다니, 정말 물가가 저렴한 곳이었다.

길 위에서 만난 좋은 사람들
몬테네그로 가는 길목

　　　　　　　코소보에서 알아본 바로는 코토르 행 버스가 저녁
에만 있다고 했다. 거의 10시간이 걸린다는 이 버스를 이용하면 체력이
바닥날 것 같아 걱정이 되었다. 혹시 낮에 갈 수 있는 방법은 없는가 하
여 밖으로 나왔더니, 마침 버스 한 대가 막 출발하려고 하던 중이었다.
　"어디까지 가냐"고 물으니 몬테네그로 국경 마을 근처까지 간다고
했다. 일단 나는 이 버스를 타기로 했다. 코소보의 시골풍경을 감상하
기에는 아주 적합한 시간대이었다. 버스 밖에는 온통 푸르른 초원이 펼
쳐져 있었고, 저 멀리 보이는 동유럽풍의 집들이 아담해 보였다. 이곳
은 대개 농사를 짓는 사람들이 거주하는 지역인 것 같았다. 푸른 풀밭

몬테네그로로 향하는 버스 안에서 바라본 평화로운 전원풍경

에는 간간히 농기계도 보였고, 경작하기 위해 갈아 놓은 밭도 보였다. 코소보 프리슈티나에서 느꼈던 비극의 흔적들이 적어도 이 평화로운 풍경 안에서는 보이지가 않았다.

어느 빵집에서 만난 손님들과 함께

국경 마을에 도착한 후, 나는 정류장에서 몬테네그로까지 버스가 있다는 이야기를 들을 수 있었다. 여기에서 다시 갈아타면 코토르까지 갈 수 있다고 했다. 정류장에서 만난 택시기사는 "여기에서 코토르까지 직접 가는 버스는 없으니, 몬테네그로 어떤 마을까지 택시로 가서 버스로 갈아타야한다"고 했다. 대신 자신이 거기까지는 데려다줄 수 있는

점심식사를 위해 들른 한 빵집의 젊은 주인장과 함께

데, 30유로만 내면 된다고 했다. 일단 나는 점심을 먹으며 천천히 생각해 보기로 했다.

이 마을에서 가장 마음에 들었던 것 중 하나는 '빵 굽는 가게' 였다. 간단한 식빵 정도만 있는 가게였지만 가게 주인의 싹싹한 태도가 매우 마음에 들었다. 주인은 젊고 잘생긴 청년이었다. 빵을 손질하는 손놀림이 예사롭지 않은 것으로 보아 이곳에서 일한 지 꽤 오래된 듯 했다. 나는 빵집을 들른 어린 소년들과도 사진을 찍었다. 옆에서 빵을 드시던 할아버지 한 분도 기꺼이 내 모델이 되어주셨다. 물론 빵집 주인하고도 사진을 찍었다.

몬테네그로 국경 지대 어느 마을의 한적한 풍경

 이야기를 나눠보니 이슬람 계 사람인 것 같았다. 이 지역은 여러 가지 종교가 혼재되어 있는 이색 지역이었다. 역시 어디를 가든 이쪽 문화권의 사람들은 외지에서 온 나그네와 함께 사진 찍는 것을 좋아하는 민족이라는 생각이 들었다.

 근래 들어 이슬람 급진주의자들 때문에 세상이 더욱 시끄러운 것 같아 안타까운 마음이 들 때가 많다. 무엇보다도 여행 중에 내가 만나 보았던 대부분의 이슬람신자들은 매우 온화하고 유쾌한 성향의 친구들이었으니 더더욱 안타까울 뿐이다.

 나는 그러고도 한 참을 이들과 함께 이야기를 나누다가 밖으로 나와 시내를 구경했다. 한가로운 일요일 오후 같은 도시였다. 마침 비가 갠 하늘은 깨끗한 푸른빛을 띠고 있었고, 시내 중심부에서 간혹 돌아다니는 버스가 내는 소음을 제외하고는 대부분이 조용하고 깊은 정적이 흐를 뿐이었다. 빵집과 약국 휴대폰 가게 등 없는 상점이 없었지만, 이곳을 찾는 손님들은 매우 적어 보였다.

아직 버스 시간은 한참 남았고 내가 당장 할 일은 없었다. 어쩔 도리가 없었던 나는 한참을 이 국경 도시에 머물면서 한가로운 오후의 풍경을 감상해야만 했다.

다시 정류장으로 돌아와 버스를 기다리던 중, 한 택시기사가 나에게 다가와 요금을 조금 깎아 줄 테니 자신의 택시를 이용해 달라고 부탁을 했다. 한가로운 도시 거리를 거닐며 마음이 한없이 관대해 졌던 나는 이 기사의 요청에 수락을 했다. 이 선택이 내게 어떤 결과를 가져오게 될지 알지 못한 채로 말이다.

기사는 운전을 하는 중간 중간 백미러로 내 얼굴을 살피며 물었다.

"손님, 괜찮으시죠?"

전혀 괜찮지가 않았다. 솔직하게 이야기 하자면, 불안해서 미칠 지경이었다. 처음에 그 온화하던 태도는 어디에 두고 온 것인지 모를 지경이었다. 한밤중에 운행하는 총알택시를 탄 기분이 아마 이와 같으리라. 안전띠라도 매려고 했으나 기사는 괜찮다면서 만류했다. 게다가 그는 운전을 하는 종종 휴대폰으로 누군가와 통화를 하며 꼬불꼬불 산길을 넘어가는 묘기를 보여주고 있었다. 나는 한 손으로 운전하는 그의 모습에 영 마음이 편치 않았다. 더군다나 국경을 넘는 그 거리에서도 다른 사람들을 태우는 합승이 이루어지고 있었다. 택시가 위태위태하게 산길을 넘어가던 그 장면은 아직까지도 내 손에 땀을 쥐게 하는 위기일발의 순간이었다. 아무리 생각해 봐도 버스를 타는 편이 나을 뻔 했다.

세상에서 가장 아름다운 호수도시
몬테네그로 코토르

롤러코스터를 타는 것과 같은 공포의 택시를 타고 로자예 정류장까지 왔지만, 이번에는 3시에 출발하기로 한 버스가 4시에나 있다고 했다. 그래서 나는 로자예(RoJaze)에서 한 시간 가량을 기다리며 시간을 때워야만 했다. 결국 버스는 한 시간이 흐른 4시에 왔고, 나는 주변 사람들에게 행선지를 확인하고는 버스에 올랐다. 버스를 탄지 한 2시간 정도가 되었던 것 같다. 나는 휴게실에 내려 화장실에 다녀온 후, 운전기사에게 코토르에는 언제쯤 도착하는가를 물어보았다. 그런데 나는 이 운전기사의 대답을 듣고 심장이 얼어붙는 것만 같았다.

"어, 이 버스는 코토르까지 안 가는데요?"

"하늘이 무너져 내리는 것 같다"는 말은 이러한 때에 사용하는 표현이리라. 나는 너무나 놀라 버스 기사에게 여러 번 되물었다. 분명히 아까 버스를 탈 때만 해도 승객들이 행선지를 확인해 주었던 기억이 떠올랐기 때문이다.

커뮤니케이션에 어려움이 있었지만, 꼬리에 꼬리를 무는 질의응답을 통해 간파하기로는

총알택시를 타고 온 몬테네그로 로자예 마을의
코토르 행 버스 정류장 앞

"이 버스가 부드바에서 한 번 정차할 예정인데 그곳에서 다른 버스로 갈아타야 한다"는 요지의 설명 같았다. 전후 사정을 자세히 몰랐던 사람들은 그냥 외국인이 물어봤으니, 대충 그럴 것이라는 의미의 확인을 해준건데 나는 이를 곧이곧대로 받아들였던 셈이다.

그래도 방금 전에 들었던 청천 벽력같은 소리보다는 조금 더 나은 희소식인 건 분명했다. 부드바에 9시경에 도착한 후, 나는 코토르 행 버스로 갈아탔다. 정류장에 도착하니 대략 밤 10시 정도였다. 온통 캄캄한 코토르 정류장에 내려서는 택시를 타고 호텔까지 가는 수밖에 없었다. 불쑥 나타난 여성 운전기사의 제의가 영 미심쩍긴 했지만, 불안해도 하는 수 없었다.

정류장에서 마을까지는 걸어서 갈 정도의 거리였다. 약 7,000원 정도의 택시비를 지불하고 차에서 내리니, 택시기사는 좋은 호스텔이 있다면서 브로슈어까지 건네줬다. 사실 코토르에는 내 마음에 드는 호텔이 하나 있긴 했다. 아무래도 호스텔보다는 시설이 훨씬 더 나아보이는 건물이었다. 그러나 하룻밤을 묵는 숙박비가 무려 150유로나 된다고 했다. 어차피 하루만 머무는 것이니 그리 비싸고 좋을 필요는 없겠다는 생각

코토르 구시가지의 생선 시장

코토르 버스 정류장 매표소

이 들었다.

　나는 그냥 보다 저렴한 호스텔에서 오늘 밤을 보내기로 했다. 호스텔 안은 맥주를 마시는 젊은이들로 이미 시끌시끌했다. 보아하니 샤워실과 화장실도 공동으로 사용해야 하는 것 같았다. 하지만 숙박비가 30유로밖에 되질 않으니 아쉬운 대로 이곳에서 머무르기로 결정하였다.

　코토르는 유네스코 세계 문화유산으로 지정된 아름다운 도시였다. 다음 날 아침에 일어나 보니 코토르의 모습이 한 눈에 들어왔다. 도시 전체를 감싸고 있는 산은 그 엄준한 자태를 드러내 보이며 관광객들의 마음을 즐겁게 해 주고 있었다.

　피오르드 지형답게 전반적인 산세는 둥글지 않고 모가 나 있는 편이었다. 산등성이에는 거친 바위의 모습이 군데군데 드러나 있었다. 날씨가 좋지 않은 것이 조금 아쉽기는 했지만, 덕분에 산중턱에 걸쳐 있는 안개구름을 볼 수 있었으니 이것만으로도 만족스럽다는 생각이 들었다.

　꾸물꾸물하게 무거워진 구름은 마침내 산봉우리까지 내려왔고 코토르의 땅에도 비를 뿌려대기 시작하였다. 내리고 있는 비에 도로는 축축하게 젖었고, 이 눅눅한 공기는 코토르의 분위기를 보다 환상적인 것으로 만들어 주는 듯 했다.

　동유럽 주변의 국가들을 찾을 때마다 느끼는 것이지만, 이곳은 정말로 유럽 동화 속에 등장하는 실제 배경지역이 아닌가 하는 착각이 들 정도였다. 오래된 것이라고 버리거나 자연을 파괴하기 보다는 있는 그대로의 모습을 중요하게 여기는 그들의 가치관이 반영된 것은 아닐까 생각했다.

　비가 오는 중에도 관광객들은 열심히 돌아다니고 있었는데, 코토르의 이곳저곳을 마음속에 담아두고자 하는 것 같았다. 한 노부부는 우산을 쓰고 있으면서도 부지런히 관광지의 이곳저곳을 누비고 다니며 나와 여러 번 마주치기도 했다. 사이가 좋아 보이는 이들 부부의 모습을

호수의 도시 코토르 일대 풍경

흐린 날씨의 호수 주변 풍경

코토르 구시가지 이모저모

보니, 문득 집에 두고 온 아내 생각이 났다.
 '잘 지내고 있으려나.'
 코토르는 언젠가 아내와 꼭 함께 하고 다시 찾고 싶은 곳이다.
 나도 이들에게 질세라 구시가지 안으로 들어가 열심히 구경해 보기로 마음먹었다. 흐린 날씨 때문에 사진의 질은 보장 못하겠지만, 물기가 촉촉하게 배어있는 오래된 마을의 모습이란 그런대로 구경할 만한 것이었다. 작은 소호 거리 같은 마을에는 묵은 것들만이 풍겨낼 수 있는 숙성된 아름다움이 드러나 있었다. 구시가지로 들어가기 위해서는 바다의 문을 통과해야 했다. 이 문에는 1944년 11월 21일이 로마자로 적혀 있었는데, 이 날은 이탈리아로부터 독립한 역사적인 때라고 한다. 다음에 구경했던 시계탑은 조금 재미있는 역사가 숨겨져 있었다.
 이 시계탑 바로 밑에는 '수치의 기둥'이라고 불리는 건축물이 있는

데, 옛날 코토르 주민들은 죄를 지은 사람들을 이 밑에 세워두도록 했다고 전해진다. 사람들이 오고 가는 길목에 죄인을 세워둠으로써 그가 부끄러움을 느끼도록 하는 형벌이었던 것이다.

  어떤 면에서 보면 학교에서 아이들을 체벌하는 것과 같은 가벼운 형벌이라고 할 수도 있을 테고, 또 다른 면에서 보면 다 큰 어른이 수치심을 느끼도록 괴롭히는 심리전일 수도 있을 것이라는 생각이 들었다.

  시계탑을 지나서니 주요 건물들이 속속 눈에 들어왔다. 그리 큰 마을은 아니었던 지라 몇 걸음만 옮기만 바로 다

코토르 성곽으로 향하는 오골 길 일대의 파노라마 풍경으로
마치 신선이 노니는 것만 같다

코토르 성곽 일대

음 건물들을 감상할 수 있었다. 굉장히 낡아 보이는 피마 궁전(Pima Palace)도 그 중 하나였다. 과거에는 흰 벽돌로 만들어져 꽤나 깔끔한 외관을 자랑했을 법한 이 건축물의 외벽은, 그을음으로 새까맣게 때가 타 있었다. 다시 페인트칠을 하지 않고 놔둔 자연스러운 모습이 인상적이었다.

그 다음으로 감상했던 것은 '성 트리폰 성당(St. Triphon's Cathedral)'과 '성 니콜라스 교회(Church of St. Nicholas)'로, 역시 아담한 사이즈의 건물이었다.

나는 마지막으로 코토르 만을 직접 눈으로 보기 위해 언덕에 올랐다. 맑은 날씨가 아닌 것을 아쉬워하던 것도 잠시, 나는 코토르만을 보자마자 탄성을 질렀다.

정말이지 내가 재주만 있었더라면 유화나 수채화로 표현해 보고 싶은 광경이었다.

짙은 초록빛의 산등성이에는 눅진눅진해진 비구름이 무겁게 얹혀 있었는데, 그 밑으로는 각양각색으로 물든 짙은 주황빛의 지붕들이 자리 잡고 있었다. 그리고 이 모든 풍경을 잔잔하게 담아내고 있는 호수가 있었다. 물에 비친 산과 마을의 모습은 그림엽서에서나 볼 수 있던 절경이다.

'왜 이 도시를 그렇게 고생고생해서 왔어야 했는지'에 대한 답을 비로소 찾게 된 듯 했다. 답답하던 마음이 한 순간에 척 하고 넓어지는 기분, 그것은 마치 주름 진 부채를 한 번에 딱 펼쳤을 때 나는 소리처럼 시원하고 통쾌한 것이기도 했다.

자유여행자의 현지음식에 대한 단상
몬테네그로 코토르

　　　　　　　코토르에서 머물며 나는 모처럼 만의 여유로운 자유여행자의 기분을 만끽할 수 있었다. 저렴한 호스텔에서 묵기는 했으나 창밖으로 보이는 시가지의 모습은 고급 호텔 못지않은 경치를 자랑했다.
　해안에 접한 도시답게, 코토르는 '자연과 도시의 조화'가 매우 잘 드러나는 곳이라고 볼 수 있었다. 예전에 '꽃보다 누나'라는 케이블 TV 예능프로그램에 소개된 크로아티아의 '두브로브니크'에 비견될 수 있을만한 경치였다. 사람에 따라서는 크로아티아의 '두브로브니크'보다 코토르를 더 좋아하는 경우가 있다고 한다. 내 생각에도 코토르는 또 다른 특징을 가진 마을이라고 생각한다.

가히 환상적인 코토르 성곽 위에서 내려 보는 코토르 만 일대 풍광 1

'꽃보다 할배'·'꽃보다 누나' 시리즈 예능프로그램은 나도 즐겨보았던 TV프로그램이다. 나보다 연배가 위인 노배우들이 세계 각지로 여행을 떠난다는 설정도 참 마음에 들었고, 화면 가득 보이는 여행지의 모습들도 내 눈을 즐겁게 했다.

코토르 성곽 산책로에 핀 야생화

그 프로그램에서 다뤄진 여행지 중에는 내가 이미 가 보았던 곳들도 있었던 지라, 옛 추억에 잠길 수도 있었다. 특히 2009년, '비엔나학회'가 끝나고 아내와 함께 들렀던 나라가 바로 크로아티아였다. 그 때 우리는 두브로브니크와 슬로베니아 브래드 섬 등을 두루 구경했었다. 루블랴나의 포스토이나 동굴에서는 이스라엘 노부부를 만나 잠시 이야기하던 중 이들이 직접 렌트해 왔다는 차에 우리를 태워 동굴에서 루블랴나 시내까지 데려다주는 호의를 받기도 했었다. 나중에 한국에 꼭 들른다고 해서 명함까지 주었는데, 아직 노부부로부터는 아무런 소식이 없다.

사실 내가 지향하고 있는 여행은 '꽃보다 할배'가 아니라 '꽃보다 청춘'에 가까운 거다. 하지만 매 방영분마다 끼니를 제대로 챙겨먹는 모습 하나는 본받아야겠다는 생각이 들었다. 여행 경비는 아껴야 한다는 게 내 지론이기는 하지만, 저렴하면서도 맛있는 현지식사는 사실 노력만 하면 찾아 볼 수 있는 것이기 때문이다.

코토르에서 했던 식사도 그와 같이 '저렴하면서도 맛있는 식사'에 속했다. 호텔 카운터에서 추천했던 이 레스토랑에는 맛있는 생선과 포도주가 있었다. 이 레스토랑은 'Bastion'이라는 간판을 내걸고 있었다. 메인 요리는 생선과 오징어 등의 해산물에 튀긴 감자와 샐러드를

가히 환상적인 코토르 성곽 위에서 내려 보는 코토르 만 일대 풍광 2

함께 내오는 것이었는데, 그 풍미가 매우 기막힌 것이었다. 함께 나온 'Vranac'이라는 이름의 포도주도 내 혀끝을 매우 즐겁게 만들어 주었다. 이 작은 병에 담긴 포도주를 찾기 위해 여러 방면으로 수소문 해보았으나, 이 레스토랑에서 말고는 따로 구할 곳이 없는 것 같았다. 나는 포만해 있는 배를 두드리면서 음식에 대한 짧은 생각을 해 보았다.

"음식이란 고단하고 피곤한 여행의 활력소와도 같은 존재"라는 사실을 말이다. 사실 하루에 하나의 지역을 돌아보아야 하는 동유럽 일대 여행은 내게 강행군에 가까웠다. 마냥 젊을 줄로만 알고 여행 계획을 타이트하게 잡았던 나는 무리한 여행 일정에 호되게 고전하고 있었다.

물론 동유럽을 여행지로 선택했던 것은 참 잘 한 일이기는 했다. 갈 때마다 펼쳐지는 동화 같은 경치는 사람이라면 누구나 꼭 한 번 보았어야 할 '버킷 리스트'라 할 수 있으니 말이다.

하지만 여행자의 상상력을 자극하는 아름다운 풍경 속에는, 비가 내리고 으슬으슬한 동유럽의 궂은 날씨도 내포되어 있었다. 추운 날씨로 인해 내 몸은 잔뜩 움츠러들었고 컨디션은 급전직하했다. 바로 몇 해 전에는 5시간 넘게 걸리는 페트라 여행도 너끈히 견뎌냈던 나였지만, 이곳의 춥고 눅눅한 날씨에는 당해낼 재간이 없었다.

그러나 이렇게 힘든 여행 일정을 견딜 수 있게 해 주는 것은 바로 이

생선 일러스트가 인상적인
레스토랑 앞 안내판

코토르의 Bastion 레스토랑의 해산물 요리

코토르의 Bastion 레스토랑에서 포즈 취한 필자

와 같은 맛있는 한 끼 식사였다.

따뜻한 생선 음식을 한 조각 입에 넣으면, 입 안에 퍼지는 생선의 단맛이 온갖 시름을 잊을 수 있게 만들어 주었다. 생선이나 새우 요리를 처음 입에 넣었을 때 느껴지는 맛은 오묘한 바다 냄새가 섞인 양념 맛이다. 하지만 이것들을 천천히 꼭꼭 씹으면 씹을수록 생선살에 배어 있던 단맛이 점차 올라오는 것을 느낄 수 있다. 게다가 아직 생선살의 여운이 가시지 않은 입안에 포도주를 한 모금 들이키게 되면 그보다 더 감칠맛 나는 조합은 없을 것 같다는 기분이 들기까지 한다.

즉, 음식이란 힘든 일상을 잊게 만들어 줄 수 있는 대상이라고 볼 수 있다. 딱히 스스로를 미식가라고 생각해 본 적은 없지만, 맛있는 음식을 먹을 때마다 나는 이렇게 음식 예찬론자가 되고 만다.

꾸물꾸물한 날씨 탓에 급격한 체력 저하를 보이고 있던 내 몸이 점심 식사 후 다시 원상태로 돌아갔던 것을 보면, 음식의 힘은 생각보다 강하다는 생각이 들었다. 이것이 음식 속에 들어 있는 열량 때문이라거나 기분을 좋아지게 만드는 호르몬 때문이라고 분석해 놓으면 너무 무미건조해 보일 수 있으니, 조금은 은유적인 표현을 곁들어 설명하자면 더욱 설득력이 있으리라.

물론 이 음식 때문에 간혹 문제가 생기게 되는 경우도 있다. 아내와 함께 여행을 할 때, 의견충돌이 생기는 이유 중 80%는 거의 음식 때문이다.

아내는 먹는 것보다는 더 많이 보고 걷는 것을 선호하는 편이다. 하지만 내 입장에서는 걷는 것도 중요하지만, 맛있는 음식을 먹는 것도 필요하다고 생각한다. 경험 상, 여행지에서는 맛있는 고기 한 점, 시원한 맥주 한 잔이 생각보다 큰 즐거움을 주는 경우가 많았다. 그리하여 많은 노력과 시간을 들여 좋은 음식점을 찾는 것이었는데, 아내는 이런 내 노력을 그리 좋아하지 않았다. 우리는 비슷한 것 같아도 다른 면이 참 많다.

생각해 보면, 음식 취향뿐 아니라 아내와 나는 성향도 조금 달랐다. 나는 노력파에 가까운 사람이라면 아내는 수재에 가까운 사람이니 말이다.

시골에서 마냥 응석받이로 자랐던 나와는 달리 아내는 모범적으로 성장해 왔던 사람이었다. 명문 경기여고를 졸업해 입학한 서울대학교를 1등으로 졸업한 아내는 현재 한국방송통신대학교에서 교수를 하고 있다. 맛있고 화려한 것보다는 소탈하게 걷는 여행을 더 좋아하는 사람이다. 잘은 모르겠지만 아내의 인생은 단단하고 야무진 침엽수 같았을 것이라는 생각이다. 다만, 우리가 딱 하나 잘 맞는 것이 있다면 인생을 바라보는 가치관일 것이다. 본래 우리 부모님은 내가 취업을 해서 보다 안락하고 편안한 인생을 살기를 바라셨다. 어찌 보면 부모님 입장에서는 당연한 바람이었다. 하지만 아내는 내게 학교에 남아 아이들을 가르치는 삶을 살 것을 권유했다. 돈을 버는 것 이상의 가치관에 더 많은 비중을 두었기 때문이었다. 그랬기에 우리가 여태껏 잘 살아왔던 것은 아닌가 생각해 본다. 아내 덕분에 참으로 즐거운 교수 생활을 해올 수 있었다. 이 지면을 통해 내 아내에게도 감사의 인사를 거듭 전하고 싶다.

Don't forget '93
보스니아 헤르체코비나
모스타르(Mostar)

이제 다시 여행의 시작이다. 나를 태운 버스는 크로아티아에서 한 번 정차한 후 보스니아의 모스타르로 향했다. 모스타르로 넘어가는 길목은 코토르나 부드바와는 또 다른 경치를 뽐내는 듯 했다. 이번에는 산이었다.

마치 스위스의 알프스와 같은 산악 지형은 보는 사람의 혼을 쏙 빼놓을 정도로 멋진 위용을 자랑하고 있었다. 코토르의 경치가 여성적인 아름다움을 내포하고 있었다면, 모스타르의 산은 마치 힘이 넘치는 근육과도 같은 남성미를 드러내 보이고 있는 듯 했다.

굵직굵직한 산세 덕분이었는지, 모스타르의 여성들은 씩씩한 성격을 가지고 있었다. 내가 모스타르에 도착하였을 때 가장 먼저 만났던 사람들은, 나를 향해 달려오는 중년의 여성들이었다. 서로 자기들의 민박집으로 가자며 이끄는 이 사람들 때문에, 나는 한동안 여기저기 끌려 다녀야 했다.

전날 저렴한 호스텔에서 묵었던지라 좋은 호텔을 찾는다고 했지만, 여전히 이들은 요

코토르에서 모스탈르로 가는 길목에 위치한
두브로니크 버스 정류장 일대 풍경

모스타르의 아픈 역사를 간직하고 있는 오래된 다리

강을 사이에 두고 서로 다른 이슬람교 거주지와 가톨릭교 거주지가 구분 된다

지부동이었다. 깨끗하고 좋은 호텔이라며 나를 데리고 갔던 곳은 아주머니 자신의 집이었다. 나는 이들의 호객행위를 힘겹게 거절하고는 30분 이상을 돌아다니다, '브리스톨 호텔'을 발견 할 수 있었다.

모스타르는 보스니아 내전의 아픈 상처를 가지고 있는 도시였다. 훌륭한 자연경관을 가지고 있는 이 곳 역시 상처뿐인 전쟁의 운명을 피해 갈 수는 없었던 모양이다.

모르타르에 다다르면 가장 먼저 볼 수 있는 것이 바로 벌집처럼 뚫려 있는 구멍들이다.

보스니아 내전은 1992년 시작된 민족 간 전투였다. 당시 보스니아-헤르체고비나에 살고 있던 사람들은 크게 세 부류로 분류될 수 있었다.

이곳에는 이슬람교도가 주를 이루는 보스니아계, 정교를 믿는 세르비아계 그리고 가톨릭을 믿는 크로아티아계의 세 민족이 복잡하게 얽혀 있었다. 1990년 초반 유고 연방으로부터 자치주들이 속속 독립을 선언하기 시작하자, 보스니아의 독립을 위한 운동도 가시화되었다. 그러나 세르비아계는 유고 연방으로부터의 독립을 원하지 않았고, 이 세 민족 간의 첨예한 갈등은 이 때를 기점으로 폭발하게 된다. 이들 간의 처음 대립 구도는 보스니아-크로아티아 연합 대 세르비아계의 모양새였다. 하지만 이것은 나중으로 갈수록 세 민족 간의 치열한 영토 분쟁으로 비화하게 되었다. 치열한 전쟁 속에서 크로아티아계 사람들은 무슬림이 대다수인 세르비아계를 무참히 학살하였다. 이것은 세르비아에서도 마찬가지였다. 세르비아계가 주도하는 대대적인 제노사이드도 자행되었다.

이제 내전이 끝난 지 적지 않은 세월이 흘렀지만, 사람들은 아직도 그날의 상처를 잊지 못하고 있었다. 마을 안에는 'Don't forget 93'이

아직도 생생하게 남아 있는 지난 전쟁의 상흔 총 자국들

1993년에 발발했던 보스니아 내전을 잊지 말자는 내용의 글귀가 새겨져 있는 돌

오래된 다리로 이어지는 언덕 골목길

작은 자갈이 촘촘히 박혀있는 모스타르의 옛 길

라는 문구를 새긴 돌이 자그마하게 남아있었다. 글씨 크기도 모두 다른 볼품없는 모양새의 돌이지만, 아마도 이것은 과거 학살의 날을 잊지 않기 위한 상징물과도 같았다.

모스타르에 있는 다리도 이와 같은 역할을 하고 있는 구조물이었다. 본래 모스타르에는 'Stari Most(오랜 된 다리)'를 사이에 두고 한 쪽에는 무슬림 사람들이 그리고 다른 한 편에는 가톨릭계 사람들이 살아가고 있었다고 한다. 본래 이 다리는 1566년 9년에 걸쳐 건설된 구조물이었다. 당시 이 곳을 점령하고 있던 오스만 투르크는 폭 5m, 높이 24m 규모의 이 다리를 건설하기로 했다. 이후 500년 간 이 다리는 평화의 상징으로 자리매김하며 이 지역을 지켜왔지만, 보스니아 내전은 모든 것을 파괴시켰다.

앞서 이야기했듯, 보스니아 내전은 종교와 민족 간에 복잡하게 뒤엉킨 싸움의 결정판이었다. 결국 1993년 폭파되었던 이 다리는 2004년이 되어서야 재건되었다고 한다. 이렇게 멋진 다리를 두고 피의 역사가 만들어 질 수 있었다니, 참 종교의 아이러니가 아닐 수 없었다.

나는 잘 가꾸어진 모스타르 마을길을 거닐며 안쓰러운 마음을 갖게 되었다. 만들어진 지 오래된 것 같은 이 마을에는 사람의 손길이 닿지 않은 곳이 없었다. 하다못해 길바닥에도 둥그런 자갈돌을 촘촘히 박아 놓는 정성 가득한 마을이었다. 나는 이들의 정갈한 흔적들을 보며, 부지런하고 깔끔했던 현지 주민들의 모습을 떠올려 보았다. 그들이 소박하나마 열심히 가꾸었던 일상들이 전쟁 때문에 이렇게 초토화 될 수가 있다니 정말 애석한 마음 금할 길이 없었다. 게다가 그와 같은 학살이 20세기 말에 일어난 일이었다니 더더욱 안타깝기만 했다.

세계 1차 대전 발발의 비극
보스니아 헤르체코비나 사라예보

　　　　　　　　모스타르를 뒤로 하고 아침 일찍 사라예보로 향했다. 버스 정류장에서 나는 오랜만에 한국인 부부를 만났다. 3개월 동안 동유럽 지역을 여행 중이라고 했다. 부부가 사이좋게 여행을 다니는 모습이 매우 보기 좋았다. 사라예보에 도착하니 비가 조금씩 내리고 있었다.

　호텔을 찾기 위해 걷다가 꽤 마음에 드는 호텔이 나타나 들어가 방이 있는지 물었더니 없다고 하였다. 그래서 다른 호텔을 소개해달라고 해서 찾아 간 조그만 호텔에는 방이 있었다.

　짐을 풀고 나서 비가 내리지만 다음 날은 베오글라드로 떠나야하기 때문에 올드 타운을 보기 위해 재빨리 나갔다. 걸어 가다가 방향을 알기 위해 중년 아줌마에게 물어 보니 자기도 거기 가는데 같은 전차를

사라예보 올드 타운 전경

타라고 하였다. 그래서 함께 전차를 탔는데 사람이 매우 많아 움직일 수도 없을 정도였다.

  옆에 있는 청년에게 물어보니 앞쪽에서 차표를 끊는다고 하였다. 돈을 주면 자기가 끊어다 주겠다고 했으나 미덥지 않아 사람이 좀 내리면 그 때 사러가기로 했다. 다음 정거장에서 사람들이 많이 내려 앞쪽으로 사러가려고 하는데 앞쪽에서 3명의 '부정승차 감시관' 같은 사람들이 승차해서 그들에게 어떻게 표를 끊는지 물어 보니 다짜고짜로 불법 탑승이라고 내리라고 하였다. 그래서 차에서 내려 상황 설명을 했으나 그들은 막무가내였다. 나는 그들이 사기꾼일 수도 있다고 생각해 계속 버텼다. 그러던 중 다음 차에 타라고 해 탔더니 차안에 부쳐진 벌금 안내문을 가리키면서 돈을 내라고 한다. 난 그래도 그들이 사기꾼일 가능성이 여전히 있어 보여 경찰서에 가자고 했다. 그럼에도 그들 3명은 막무가내로 나를 에워싸더니 계속 벌금을 내라 하면서 여권까지 보자고 해 겁이 나 벌금을 내고 해결을 했다. 나중에 안 사실이었지만 가짜는 아니었다. 정말 처음으로 당해본 난감한 경험이었다.

  별로 좋지 않는 기분을 안고 어쨌든 걸어서 비가 오는 중에 올드 타운의 아이로 가서 여러 가지 정보를 얻고 빗속에서 세계 1차 대전의 원인이 된 라틴다리 및 시내 구경을 하고 호텔로 돌아왔다.

제1차 세계대전 시발점인 라틴다리 주변 전경

사라예보는 오스트리아 황태자 저격사건으로 인해 1차 대전이 발발하게 되었던 도시다. 프란츠 페르디난드 황태자 부부를 저격했던 사람은 세르비아의 민족주의자였던 가브리오 프린치프였다. 그에 대한 후대의 평가는 엇갈리는데, '테러리스트' 혹은 '민족주의자 열사' 라는 엇갈린 꼬리말이 늘 그의 곁에 따라다닌다.

물론 오스트리아의 입장에서는 그가 용서할 수 없는 테러리스트일 수밖에 없었으리라. 1914년 7월 28일, 오스트리아는 세르비아에 선전포고를 하며 전쟁을 시작하기에 이른다. 전쟁 당시 9,000여 만 명이 넘는 사망자가 발생하였으며, 이때를 기점으로 열강국가들 사이에는 첨예한 대립구도가 세워지게 되었다. 한 사람의 저격으로 이렇게 큰 파장이 일어날 수 있다는 것은 매우 놀라운 일인 동시에 비극적인 일임에 틀림이 없다.

비극적인 역사를 공부하는 것은 좋은 일이지만, 그것을 자꾸 끄집어내어 상기하다 보면 가슴이 답답해질 때가 있다. 전쟁의 끝이 파국이라는 것을 이미 역사를 통해 알게 되었음에도 불구하고, 왜 사람들이 그 싸움을 계속해서 시작하려 하는 것인지 도통 알 수가 없는 일이다. 종교·인종·문화·석유 등 다양한 명분과 당위성이 발단이 되어 발발하는 전쟁이긴 하지만, 그 이면에는 인간의 탐욕과 이기심이 자리 잡고 있지 않나 하는 생각이 든다.

빗속에서 왈츠를
세르비아 베오그라드

이른 아침 사라예보에서 베오그라드까지는 버스로 이동하였다. 버스로 이동하는 중간 중간에 보이는 작은 마을이 매우 정감 있고 아름다웠다.

'희다'는 의미의 베오그라드는 세르비아의 수도답게 매우 깔끔하고 세련된 모양새를 하고 있는 도시였다.

베오그라드에서는 어제 미리 인터넷으로 예약해두었던 시티호텔에 머물렀는데, 꽤 괜찮은 선택이라는 생각이 들었다. 이곳에서는 모든 것들이 깔끔하고 세련되어 보였다. 나는 베오그라드 거리의 거리 악사들, 분수대 그리고 스시 집을 매우 흥미롭게 둘러보았다. 동양 음식점이 진

사라예보에서 베오그라드로 가는 길목의 시골 풍경

◆ 베오그라드 거리의 악사들　◆◆ 유럽대륙을 관통해 흐르는 도나우 강과 사바 강이 합류하는 지점 주변 풍경
◆◆◆ 필자가 10유로짜리 그림을 구입한 한 화방 주변 거리 풍경과 해당 그림
◆◆◆◆ 깔끔하고 모던한 도시, 베오그라드의 풍경

출해 있을 정도면, 이곳은 꽤나 국제적인 도시라는 생각을 했다. 스시집을 지나치니 저 멀리 북경반점도 보였다. 그림 감상이 취미인 나는 거리 상점에서 미술작품 한 점을 구입하였다. 거리에 늘어서 있는 그림들은 유화에서부터 팝 아트에 이르기까지 다양하였는데, 나는 그 중 잔잔해 보이는 풍경화를 하나 집어 들고는 10 유로를 냈다.

　베오그라드는 도나우 강과 사바 강의 합류 지점에 위치하고 있는 도시이다. 도시를 둘러싼 채 유유히 흐르고 있는 저 강물이 도나우 강의 지류인 모양이었다. 하지만 '아름답고 푸른 도나우 강'이라는 수식어를 붙이기에는 강물의 색이 좀 탁해 보인다. 하늘마저 비가 올 때처럼 흐리니 강물색이 더 어두워 보이는 것 같다. 정말 이 날씨는 좀처럼 맑아질 기미를 보이지 않는다. 마케도니아에서부터 시작했던 비는 세르

◆◆◆◆◆ 베오그라드의 한 전통 레스토랑에서 맛 본 아주 맛있는 세르비아 전통음식 돼지고기 말이
◆◆◆◆◆ 베오그라드의 승리자의 탑, 빅토르 동상

비아에 올 때까지도 거의 멎질 않았다. 항상 부슬부슬하게 내리는 비는 사람의 마음을 차분하게 만들어 주는 구석이 있었다.

 쏟아지는 빗속에서 대성당을 방문한 후에는 맛있는 저녁을 먹기 위해 발걸음을 돌렸다. 이곳은 세르비아의 전통음식 전문점이라는 소리를 들었던 적이 있었다. 식당 내부도 아주 아늑하고 좋았는데, 체크무늬 테이블보가 특히 마음에 들었다. 나는 먼저 생맥주를 한 잔 마셨고 전통 가정 요리를 하나 주문하였다. 이윽고 나온 음식은 돼지고기를 말아서 튀긴 요리였다. 돌돌말린 튀김 옷 안에는 돼지고기가 들어있었는데, 레몬 조각이 몇 개 그 위에 올라가 있었다. 겉은 바삭하고 속은 고소한 것이 굉장한 풍미를 가지고 있는 음식이었다. 나는 포도주 한잔과 함께 만찬을 즐기면서 몸살에 대한 기억을 잊을 수 있게 되었다.

폴란드의 두 얼굴
폴란드 브로츠와프(Wroclaw)

이제는 학회 개최장소로 향할 시간이었다. 나는 여행지를 떠나 폴란드의 바르샤바를 거쳐 브로츠와프로 왔다. 밤에 내린 터라 굉장히 무서웠는데, 다행히 친절한 버스기사를 만나 호텔을 찾아갈 수 있었다. 그런데 이번에는 방이 문제였다. 호텔 직원은 내 객실에 문제가 있으니 이 호텔보다 더 좋은 호텔에 택시로 모실 테니 하루만 머물고 오라고 했다. 나는 밤이 늦었지만 흔쾌히 '오케이' 하고 다른 호텔로 갔다.

다음날 비가 여전히 내렸다 말았다 내렸다 말았다 오락가락하며 변덕스러운 날씨여서 시내 구경을 하였다. 시내는 동화 속 배경 같은 색감의 건물들이 흐린 날씨 때문에 선명함을 잃어가고 있었다. 비가

학회가 열린 폴란드 브로츠와프 시가지

브로츠와프 학회장 입구

마치 동화 속 장면을 보는 것 같은 브로츠와프의 알록달록한 광장 일대 건축물

브로츠와프 시청사의 복잡한 실루엣

브로츠와프의 청과물 시장

  세차게 와 시청 박물관에 들어가 구경했는데 특이 할만 것은 폴란드는 매우 많은 노벨상 수상자를 배출해 낸 국가라는 것이었다. 노벨상을 두 번이나 수상했던 퀴리 부인도 폴란드 출신이었다. 저명한 과학자들의 모습은 언제 보아도 경이로웠다.

  학회를 마친 후 폴란드를 떠나는 것이 아쉬웠던 나는 이 도시를 좀 더 둘러보기로 하였다. 브로츠와프 역시 전형적인 유럽의 도시였다. 옛 모습을 간직하고 있는 건물들은 알록달록한 색감을 띠고 있었으며 길거리를 지나는 사람들의 모습 또한 자유분방해 보였다. 어제 저녁에 봤던 사람들과는 또 다른 삶을 살아가고 있는 사람들인 것 같았다.

  전날 숙소에서 좀처럼 잠을 이루지 못했던 나는 창밖을 내다보다가 이상한 장면을 하나 발견하게 되었다. 호텔 밖 쓰레기통 앞에 뭔가가 웅크리고 있었는데, 자세히 보았더니 그것은 사람이었다. 남루한 행색의 그는 쓰레기통을 뒤지면서 뭔가 건질 것은 없는지 살펴보는 듯 했다. 그것이 그냥 옷가지의 생필품일 수도 있었지만, 더 심한 경우라면 그의 저녁식사일 수도 있었다. 겉보기에는 이렇게나 아름다운 모습이지만, 이 도시의 이면에도 저렇게 가난하게 살아가는 사람들이 있었다. 나는 이 때 보았던 남루한 사람의 모습과, 낮 시간을 활보하고 다니는 젊은이들의 모습이 오버랩 되면서 영 마음이 편치 못하게 되었다.

오래된 시계탑의 도시
체코 프라하

학회를 마친 나는 버스를 타고 체코 프라하까지 왔다. 가장 먼저 체코의 유명한 시계탑을 구경하러 갔다. 정각이 될 때마다 시계 안에서 인형이 나온다는 바로 그 시계였다. 이미 시계탑 앞에는 사람들이 바글바글하였는데, 시계 디자인이 감각적이라는 것 외에는 그다지 특별할 것이 없어보였다. 게다가 시계탑에서 나오는 인형을

체코 프라하의 시계탑을 보기 위해 모인 사람들

체코 프라하 시가지 전경

기다리고 있다는 발상 자체가 왠지 어린 아이 같다는 생각도 들었다. 시계탑을 시작으로 하여 프라하의 몇 군데를 더 돌아본 후, 마침내 나는 이 긴 여정의 마침표를 찍었다.

 이번 여정도 즐거운 여행이었지만 매우 고통스러운 여정이기도 했다. 날씨 때문인 것도 같고, 점차 약해져가는 내 체력 때문인 것도 같다. 매일 짐을 싸고 푸는 강행군이 원인일 수도 있었다. 내내 감기를 달고 살던 나는 급기야 마지막 날에 긴장이 풀렸던 나머지 설사병에 걸리기까지 했다. 힘에 부치는 내 모습이 걱정스럽기도 하고 다음 여행은 또 어떻게 다녀와야 할지 고민스럽기도 했다.

 그러나 이 일을 멈출 수가 없는 것은 여행을 통해 얻는, 그 무엇과도

프라하 카를교

바꿀 수 없는 재미가 있기에 그 어떤 힘든 상황도 상쇄할 수 있다고 믿기 때문이다.

  나는 여행을 할 때마다 2~30대 기분으로 돌아가서 자유여행자의 기분을 만끽하곤 한다. 내가 하고 싶은 대로, 먹고 싶은 대로, 자고 싶은 대로 여행을 즐기며 틀에 박히지 않은 상태의 여유로움을 마음껏 즐길 수 있어서 참 좋다.

  그러니 여행을 향한 나의 열정은 앞으로도 사그라지지 않을 것이다. 힘이 닿는 데까지 많이 보고 느끼고 배워 보고 싶다.

CHAPTER 06

불가리아 · 루마니아 여행지에서의 사색
나그네의 마음을 들었다 놨다 하던 곳

예술과 자전거의 나라
바르셀로나

2013년 9월 21일, 스페인 바르셀로나에서 개최되는 '유럽 당뇨병학회'에 참석하기위해 독일의 프랑크푸르트를 경유하여 바르셀로나 엘프라트 공항에 도착하였다.

밤 11시에 내려다본 도시의 야경이 매우 아름답게 느껴졌다. 까만 밤공기 속에 점점이 박힌 노란빛의 조명들을 대하면서 내 마음마저 따뜻해지는 기분이 들었다. 마치 정열적인 스페인 사람들의 영혼이 담겨 있는 불빛인 듯 했다.

기분 좋게 공항 근처 호텔에서 하룻밤을 지낸 나는, 다음 날 일찍 미리 예약한 '자전거 나라' 시내투어에 참가했다. '자전거 나라' 투어는 자전거를 타고 다니는 투어 프로그램이 아니라 회사 이름이다. 아주 저렴하게 버스나 전철을 타고 다니는 시티투어 프로그램을 운영해 유럽에서 우리나라 여행자들에게 매우 인기가 있다. 난 지난번 여행에서 가우디에 관한 유적지는 다녀왔기에 이번에는 이 여행사를 이용해 시티 투어에 참가했다.

'자전거 나라' 시내투어는 카탈루냐 광장에서부터 시작되었

'4 Cats' 카페 내부에 있는 그림

피카소가 자주 들렀다는, 1897년에 오픈 한
'4 Cats' 카페 입구에 선 필자

스페인 남부 말라가에서 태어난
피카소 초상화

다. 피카소가 생애 첫 전시를 열었다는 4Cat에서 시작하여 바르셀로나 시내를 한 바퀴 돌아보는 여정이었다. 피카소가 직접 디자인했다는 카페 메뉴판도 볼 수 있었는데, 예술가와 단골 카페 사이의 애정 어린 교감이 느껴졌다. 아마도 피카소는 매우 따뜻한 성품의 소유자였던 모양이다.

 물론 바르셀로나에는 인간미 넘치는 피카소뿐만 아니라 예술가 피카소를 만날 수 있는 장소도 있다. 이후에 들른 피카소 박물관에는, 입체주의 이전의 작품들에서부터 시작해 그의 모든 작품들이 전시되어 있었다.

 나는 피카소의 작품들을 볼 때마다 인간의 담론을 표현할 수 있는 방법에는 참으로 다양한 길이 있겠다는 생각을 하곤 한다. 과거 플라톤과 아리스토텔레스는 "아름다움이란 신의 뜻을 그대로 모방하는 일"이라고 주장했다. 사물의 본질을 그대로 표현하는 것이야말로 미학의 참된

◆ 토실토실한 비글 한 마리가 시끄러운 와중에서 휴식을 취하고 있다
◆◆ 바르셀로나에 있는 전통 시장의 한 가게 풍경   ◆◆◆ 몬주익 언덕에서 바라본 바르셀로나 시가지 전경

표현 방법이라는 것이다. 대상을 정밀하게 표현하던 르네상스 시대의 미술 작품들, 빛의 아름다움을 핍진하게 담아내려고 했던 인상파 작품들도 모두 이러한 미학 담론을 충실하게 그려내기 위한 노고의 결정판이라고 생각한다.

하지만 인간 의식의 흐름과 참된 아름다움을 표현하는 방법에는 보다 다양한 방법들이 존재하고 있는 것도 사실이다. 생각해 보면, 인간의 의식이라는 것은 명확하기보다는 모호한 구석을 더 많이 가지고 있기 때문이다.

어떤 점에서는, 피카소를 비롯한 입체파 화가들이 표현하고 있는 미적 담론이야말로, 복잡하고 모호한 인간의 의식구조를 더 정확하게 묘사하고 있는 것이 아닐까 한다. 각자 아름다움을 받아들이는 방법도 다를 것이고, 이것을 표현하는 방법 또한 다를 것이니 말이다. 그런 면에서 피카소의 그림은 언제 보아도 내 기분을 흡족하게 만들어 주는 작품이다.

　몇 년 전 혼자 스페인을 여행할 때 피카소의 생가인 스페인 남부 말라가를 방문한 적이 있고 하도 많이 피카소와 관련된 미술관을 다녔기에 그림을 잘 모르는 나와 피카소는 전생에 깊은 인연이 있는지도 모르겠다.

　피카소 박물관을 나선 후, 버스를 갈아타고 시내 투어를 계속했다. 눈에 담기는 바르셀로나의 풍경들을 1인칭 시점으로 해석하고 있노라니, 마치 내가 예술가라도 된 것 같은 생각이 들었다.

　여행이라는 것은 아마도 그런 것인가 보다. 미지의 세계를 탐험하며 자신만의 언어로 그 이야기들을 표현해 내는 것, 말하자면 하나의 '행위예술'과도 같은 그런 것 말이다.

　이튿날 나는 어제 미처 가보지 못했던 몬주익 관광을 시작했다.

　몬주익은 1992년 바르셀로나 올림픽에 참가했던 황영조 선수가 마라톤에서 금메달을 땄던 곳이다. 한국인에게는 아마도 가장 의미 있는 스페인 관광명소 중 하나가 아닐까 한다. 학회 참석 후 나는 몬주익 성(Castell de Montjuic)에 들른 후, 몬주익 언덕에 올랐다. 방금 전에 다녀왔던 시내가 바로 내 눈 앞에 펼쳐져 있었고 가슴 또한 시원하게 뚫리는 듯했다. 이어서 재래시장에 들러 수박과 감 하나를 사 먹었고, 저녁에는 아젠티스에서 훌륭한 해산물 식사를 한 후 호텔로 들어와 잠을 청했다. '다음 날부터는 학회가 시작되니 열심히 새로운 지식을 얻어 환자에게 도움이 될 수 있도록 최선의 노력을 해야지'라고 다짐을 하면서.

길 위의 커플들
루마니아 시나이아

학회를 마치고 루마니아로 가기 위해 공항으로 향했다. 공항 카운터에 가 여권을 내미니 공항 카운터 직원이 "비자를 받았느냐?"고 물었다. 깜짝 놀아 "우리(한국인)는 비자가 필요 없다"고 하니 그는 "어쨌든 비자가 있어야 한다"고 응수했다. 청천병력 같은 소리였다.

분명히 한국에서 루마니아는 비자 없이 방문할 수 있다고 확인하고 왔는데 어찌된 일인지…

이제 루마니아 가기는 틀렸다고 생각하면서도 혹시나 싶어 그 직원에게 다시 확인해보라고 하니 한참 있다가 다른 직원에게 확인하더니 "비자가 없어도 되는가 보다"며 비행기 탑승권을 건네줬다.

비록 짧은 시간이었지만 가슴이 철렁했고 잠시나마 많은 스트레스를 받아 한편 기분이 좋지 않았다. 아무튼 좌석 표를 얻었으니 천만다행이라고 생각했다.

루마니아 공항에 도착해서 수도 부카레스트에서 머물지 않고 먼저 시나이아로 가기위해 시내버스를 이용하여 부카레스트역까지 갔다. 다행히 시나이아 행 기차가 있어 표를 끊고 기차를 기다리는 동안 나는 젊은 신혼부부 한 쌍을 만났다. 유럽을 여행하고 있는 중이라는 이들은 기꺼이 내 사진모델이 되어 주었다.

"이런 포즈는 어떤가요?"

시나이나 역에서 만난 커플의 사진 뒤편으로 노부부의 모습도 보인다.

이들은 결혼한 지 얼마 안 된 커플답게 상당한 애정을 과시하는 포즈를 취했다. 청바지에 후드티를 맞춰 입은 젊은 부부에게서 풋풋한 사과 향기가 났다. 남편은 아내의 어깨를 다정하게 감싸 안았고, 아내는 그런 남편에게 다정하게 기댔다. 세상 어디에도 없는 자신의 짝을 찾았다는 듯, 그렇게 이들은 보는 나마저도 흡족하게 만들어주는 자세를 연출해줬다.

시나이아역에 이른 저녁에 내려 우선은 하룻밤을 머물 호텔을 찾아보았으나, 처음 들른 호텔에는 남아있는 방이 없다는 소리를 듣고 말았다. 일전의 요르단 여행 경험이 생각나 순간 아찔해졌다. 하지만 다행스럽게도 다음에 찾은 호텔에서는 바로 방을 잡을 수가 있었다. 나는 밤 여덟시가 되어서야 구운 돼지고기와 생맥주로 늦은 저녁을 대신하고는 잠을 청했다.

드라큘라 백작의 진실
루마니아 브라쇼브

　　　　　다음 날, 나는 브라쇼프로 향했다. 브라쇼프에 내려 흡혈귀 드라큘라의 모델이 된 브란 성으로 가기위해 교통편을 알아보는데 어떤 사람이 한 할아버지를 소개해 주어 그 할아버지 차로 왕복 18 유로 주기로 하고 그 할아버지의 승용차를 탔다.

　브라쇼브에는 '드라큘라 성'으로 유명한 '브란 성'이 있다. 우리에게 서양 괴담의 전형으로 여겨지는 '드라큘라' 시리즈가 바로 이곳 브라쇼브에서 시작되었다.

　본래 '드라큘라'는 '용의 아들'이라는 루마니아어에서 비롯된 이름이라고 한다. 사실 동양 문화권에서는 용을 상서로운 영물로 여기고 있는 반면, 서양 문화권에서의 용이란 매우 사악하고 불길한 괴물이다. 이러한 점에서 본다면, '용의 아들'은 그 이름의 주인이 얼마나 잔인하고도 무자비한 성품을 지녔던 사람인가를 파악하게 해 주는 셈이다. 아닌 게 아니라, 드라큘라의 실제 주인공인 블라드 체페슈는 전쟁 중 적군들을 잔인하게 죽이기로 악명이 높았던 인물이었다. 여기까지가 바로 우리가 알고 있는 드라큘라의 이야기이다.

　그러나 드라큘라의 탄생비화에 대해 좀 더 깊이 알기 위해서는 루마니아의 역사를 자세히 들여다 볼 필요가 있다. 모름지기 역사란 어느 한 쪽의 시선에서만 일방적으로 해석될 가능성도 갖고 있기 때문이다.

　당시의 루마니아는 트란실바니아, 왈라키아 그리고 몰다비아의 세

공국으로 나뉘어져 있었다. 체페슈의 아버지인 왈라키아 공 블라드 2세는 신성 로마제국의 드래곤 기사단 소속으로 블라드 드라큘(용)로 불리곤 했다. 그가 왈라키아 공국을 다스리던 14세기 유럽은 오스만 제국의 강성기라고 할 수 있었다. 블라드 2세는 자신의 아들인 체페슈를 오스만 제국으로 보내 제국의 안위를 살피려고 하였다. 이를테면, 조선시대 인조가 소현세자를 청국에 볼모로 보냈던 것과 비슷한 성격이었던 것이다. 당연히 오스만 제국이 왈라키아의 아들 체페슈를 신사적으로 대해 줄 리가 없었고, 어린 체페슈는 감옥에 갇히게 되어 말할 수 없이 고통스러운 시간을 보냈다고 전해진다. 게다가 그가 고생 끝에 겨우 고국에 도착하였을 때, 체페슈는 아버지가 암살당했으며 형 또한 잔혹한 방법으로 죽임을 당했다는 사실을 알게 되었다. 그가 오스만 제국에 대한 강한 증오심을 갖게 된 이유를 설명해 주는 사건이었다.

결국 오스만과의 정면 승부를 선언한 체페슈는 용맹하게 싸우며 많은 오스만 군인들을 두려움에 떨도록 만들었다. 아마도 흡혈 백작이라는 그의 악명은 이 과정에서 파생된 것이라고 보아야 할 듯하다. 일설에 의하면 그는 적군들의 몸통을 쇠꼬챙이로 찔러 길가에 세워놓았고, 이들이 죽어가는 모습을 즐기며 태연히 식사를 하는 사람이었다고 한다. 죽인 포로들을 캠프파이어로 사용하는가 하면, 적장의 심장을 스푼으로 떠먹는 고약한 취미를 가진 사람이었다는 이야기도 전해지고 있다. 이렇게만 본다면, '흡혈'이라는 행위의 모티브는 그의 잔혹한 취미와 적군의 선혈을 즐기는 모습에서 비롯되었다고 보아야 할 것도 같다.

하지만 루마니아 사람들의 입장에서 본다면, 체페슈는 민족을 위해 싸운 영웅에 가까운 인물이었다. 그는 함께 싸우기로 했던 사촌의 배반으로 인해 결국 오스만에 의해 처형을 당하게 되고 말았다. 실제로

드라큘라의 고향 브란 성

붉은색이 인상적인 체페슈의 침실

적지 않은 수의 루마니아 인들은 블라드 체페슈가 드라큘라 백작의 모티브가 되었다는 것에 반감을 갖고 있는 경우가 많다고 한다. 다만, 드라큘라 백작으로 인해 트란실베니아 지역이 관광명소로 유명세를 타게 되자 이를 이용하여 관광 수입원을 올리고 있을 뿐이라는 사실이다.

사실 브란성도 체페슈가 실제로 살았던 성은 아니었다는 의견이 지배적이다. 브란 성은 역사적 사실을 그대로 반영하는 장소라기보다는, 픽션을 위한 관광지에 조금 더 가까운 것이라는 해석을 해 볼 수 있다. 그러니, 적어도 루마니아에서 만큼은 드라큘라 백작의 기원이라 할 수 있는 체페슈를 악독한 군주만으로 여기는 것에는 조심스러워야 할 듯도 싶다.

그의 이야기는 사실 이곳을 드나들었던 독일과 영국 상인들에 의해 각색된 면도 있을 터이니 말이다. 실제 인물이었던 체페슈는 어쩌면 루마니아 사람들에게 민족 영웅으로 사랑받아 온 인물일 수도 있는 일이었다. 게다가 그는 그 악명 높은 전설로나마 자신의 후손들에게 꽤 쏠쏠한 관광자원을 제공해 준 셈이니, 루마니아인의 입장에서는 그리

나쁜 조상이라고만은 할 수 없으리라. 어쨌거나 여름 밤마다 우리를 공포에 떨게 만들었던 '드라큘라' 백작은 가장 오랫동안 사랑받은 문화 콘텐츠임에 틀림없다.

  나는 성 치고는 매우 소박한 모습을 하고 있는 브란 성을 찬찬히 둘러보며 마치 이야기 속의 주인공이 된 것 같은 기분에 젖어들었다. 물론 픽션이기는 하지만, 브란 성은 기괴한 공포 이야기를 탄생시켰다는 장소 치고는 마치 그림동화에 나오는 아늑한 모습을 담고 있는 곳이었다. 건물 곳곳에 있는 드라큘라 백작의 사진을 확인하고 나서야, 이곳이 바로 그 브란 성이라는 사실을 비로소 깨달을 수 있게 된다. 침실 색깔이 붉은 것을 보아서는 뭔가 루마니아다운 인테리어 같기도 하고, 악명 높았던 체페슈의 침실다운 느낌이 들기도 했다. 서양인들에게 루마니아란 트렌실베니아로 기억되는 나라라고 한다.

  음침한 기운을 경험하기 위해 이곳을 방문한 관광객들에게 브란 성은 생각과는 꽤 다른 모습을 보여주는 장소이다. 관광객들에게 브란

브란 성에 도착하자 웃돈을 요구한 어르신 운전사

성은 뭐랄까 아기자기하게 잘 꾸며진 유원지와도 비슷한 성격을 지니고 있는 곳이라는 생각이 들었다.

  기분 좋게 브란 성을 방문하고 난 후 나는 택시를 타기 위해 길가로 향했다. 택시에 올라탄 후 다시 브라쇼브로 돌아올 요량이었다. 그런데 목적지에 거의 다다랐을 무렵, 이 택시기사는 내게 터무니없는 말을 하나 건넸다.

  "왕복 200LEI!"

  200LEI, 그러니까 약 50유로를 택시 요금으로 달라는 것이었다. 애당초 그가 나와 구두로 계약을 할 때에는 분명히 70LEI라고 했다. 왕복과 편도를 착각했다고 했다면 140LEI가 되어야 했을 터인데, 밑도 끝도 없이 이렇게 올려 부르는 것을 보면 바가지요금임에 틀림이 없었다. 심기가 불편해진 나는 택시기사와의 실랑이 끝에 70LEI만을 주고 차에서 내렸다. 어딜 가나 관광지에서의 바가지 문제는 여행자의 기분을 참 언짢게 한다.

동화 같은 루마니아 성
브라쇼브 검은 교회 **펠레슈 성**

　　　　　　　브라쇼브의 검은 교회를 본 첫인상은 '그저 그렇다'라는 거였다. 아까 택시 기사와 실랑이를 벌였던 영향 탓이라기보다는, 시커멓게 탄 교회의 외벽이 그다지 마음에 들지 않았던 까닭에서였다.

　사실 외양만 보았을 때 이 검은 교회는 독일풍의 고딕 양식을 갖추고 있는 형태였다. 독일 특유의 굵직굵직함이 잘 드러나고 있는 건축물이었다. 하지만 1689년 오스트리아 합스부르크 군대가 공격하였을 때 발

합스부르크와의 대 화재 흔적이 역력한 검은 색 교회

시나이아 역에서 펠레슈 성에 이르는 길

생하였던 화재 탓에, 이 검은 교회는 지금과 같은 거뭇거뭇한 외벽 색깔을 가질 수밖에 없게 되었다고 한다. 지금은 독일 자원봉사자들이 노력한 덕분에 점차 예전의 색깔을 찾아가고 있는 중이라고는 하지만, 여전히 어두운 색채를 띠고 있는 것은 마찬가지인 듯 했다. 마침 검은 교회를 찾았을 당시의 날씨가 그리 나쁘지 않았기에 망정이지, 그렇지 않았더라면 더더욱 을씨년스러운 건물의 모습을 봐야 했을 것이라는 생각이 들었다.

그런데 이 교회의 역사 또한 기구한 데가 있었다. 워낙 규모가 큰 교회인 만큼, 이 건물을 건축하는 데에만 100년이 넘는 시간이 걸렸다고 한다. 1385년에 시작되었던 공사는 1477년에야 완성되었는데, 건축 당시 이 건물은 로마 가톨릭을 위한 교회로 사용되었다.

하지만 중세 유럽 역사를 뒤흔들어 놓았던 사건이 하나 있었으니, 그것은 바로 종교 개혁이었다. 마르틴 루터가 주도했던 종교개혁은 종파의 분리와 함께 개신교의 탄생을 이끌어 내게 되었고, 결국 이 교회 역시 개신교도를 위한 예배 장소로 변하게 되었다. 이어 17세기에는 반종교개혁을 외치는 합스부르크 군이 브라쇼브를 침공하게 되었는데 그로 인해 교회는 검게 그을리게 되었다. 참 여러모로 씁쓸한 이야기였다.

다음 기차를 타고 다시 시나이나로 되돌아간 나는 펠레슈 성을 감상하기로 했다.

펠레슈 성은 루마니아의 초대 왕이었던 카를 1세가 여름 별장용으로 지었던 건물이었다고 한다. 휴식을 위한 장소로 지어진 별장답게 펠레슈 성에 도착하기 위해서는, 얼마간의 산길을 걸어가야 했다. 작은 등산로처럼 가꿔진 산길을 걷다 보니 기분이 다시 상쾌해지는 것이 느껴졌다. 굳이 피톤치드의 이야기를 꺼내지 않더라도, 온통 푸르른 숲속을

정면에서 바라본 펠레슈 성 외관

마치 동화 속을 거니는 것 같은 펠레슈 성

걷는 것은 늘 사람의 눈과 마음을 즐겁게 해주기 마련이다. 나는 살갗에 닿는 녹색의 싱그러운 감촉을 느끼며 좀 전에 겪었던 불쾌한 기분을 완전히 잊어버릴 수 있었다.

그렇게 20분 정도를 걸어 펠레슈 성이 내 눈앞에 나타났을 때, 나는 마치 동심으로 돌아간 것 같은 기분을 느끼게 되었다. 성은 마치 동화 속에나 등장할 법한 모습을 하고 있었던 것이다. 아까 전에 보았던 검은 교회와는 달리, 매우 풍부한 색감을 가지고 있는 건물이었다. 뜻밖에 마주하게 된 풍성한 색채로 인해 내 눈과 마음은 무척 호사스러운 기분을 만끽했고, 기분 또한 더욱 흡족해졌다.

만일 백설 공주가 오늘날까지도 실존하고 있다면, 아마도 이 펠레슈 성에서 살고 있을 것 같다는 생각이 들었다. 주변에는 웨딩 촬영을 하고 있는 커플들이 눈에 간간히 띄었으며, 한가로이 테라스에 앉아 커피를 마시고 있는 사람들도 눈에 보였다.

나 역시 이곳에서 한가로운 오후를 보낸 후, 다시 호텔로 돌아와 저녁으로 포도주와 돼지 바비큐를 먹었다. 루마니아에서의 식사였지만, 참 독일다운 마무리였다. 브라쇼브 지역에 독일인들이 오랜 세월 거주했다던 사실이 문득 떠올랐다.

"젊은 열정이 아름답다!"
시기쇼아라

다음 날 새벽, 나는 7시 24분 기차를 타고서 시기쇼아라로 향했다. 전날 밤 일찍 잠자리에 들었던 것 같은데, 여독 탓인지 몸 여기저기가 결리고 피곤하였다. 나는 눈 꼬리에 아직 찐득하게 매달려 있는 잠을 떨쳐 버리기 위해 크게 기지개를 펴보았다.

"한국에서 오셨나 봐요?"

기지개를 펴던 나는 앞좌석에 앉아있던 젊은 청년들과 눈이 마주쳤다. 고수머리가 인상적인 이 청년들은 서글서글하게 웃으며 내게 말을 건넸다.

대개 여행지에서 내 국적을 묻는 사람들은 일본이나 중국을 이야기하곤 했었는데, 한국을 알고 있다니 이들이 새삼 기특하다는 생각이 스친다. 이들은 루마니아 대학에서 컴퓨터 과학을 전공하는 대학생들이라고 했다. IT에 관심이 많은 사람들이니 한국에 대한 관심 또한 많을 터이고, 북한과 관련이 깊은 루마니아이니 정치적인 사안에도 얼마간은 관심이 있기 때문이 아닐까 싶었다.

브라쇼브에서 트레킹을 할 예정이라는 이들과는 여행지에 대한 이야기를 재미있게 나눌 수 있었다. 나는 어제 방문했던 펠레슈성과 브라쇼브 시내에 대한 말을 꺼내며, 트레킹을 하면 힘들지 않겠냐고 물었다. 차를 타고 이동하는 것에도 피곤한 거리였는데 트레킹을 하면 더욱 고단하지는 않을지 걱정스러웠기 때문이다.

시기쇼아라로 가는 도중 만난 할아버지와 함께

그러나 이십대 초반의 젊은이들에게 땀을 흘리는 일이란 그다지 어려운 일은 아닌 듯했다. 오히려 이들은 직접 발로 걸어 다니며 루마니아의 아름다운 경치를 바라보는 것은 매우 즐거운 일이라는 대답을 해왔다. 지금이 아니면 또 언제 이런 여행을 해보겠냐면서 유쾌하게 웃는 모습을 보니 나까지도 젊어지는 것 같은 기분이었다. 소싯적, 하루에 유럽 국가 하나씩 방문하는 여행계획을 세우고는 바쁘고 부지런하게 돌아다니던 기억도 떠올랐다. 생기 넘치는 젊음이란 이처럼 유쾌함을 마음껏 발산하는 에너지원일 수밖에 없는가 보다.

나는 이 젊은이들과 대화를 나누며 즐거운 시간을 보내다 보니, 어느새 4시간이 훌쩍 지나있었다. 11시 20분, 나는 이들과 작별한 후 시기쇼아라 역에 내렸다. 기차 안에서 젊은이들에게 자극을 받았던 지라 걸어서 올드 타운까지 가볼 생각도 얼핏 해보았으나, 그것은 그냥 생각으로만 남겨두기로 하였다. 역시 택시를 타고서 목적지에 도달하는 것이 가장 쉽고 편안한 방법이었다. 아직 가봐야 할 곳도 많고, 먹어야 할 음식들도 많으니 에너지를 조금 더 비축해 두어야 하겠다는 판단이 섰던 탓이었다.

드라큘라 백작의 고향
시기쇼아라 루마니아 식당

시기쇼아라 올드 타운에 들어서자 익숙한 냄새가 물씬 풍겨왔다. 브라쇼브에서 겪어 본 바가 있었던 드라큘라 백작의 냄새였다.

브란 성이 체페슈의 거주 지역이었다고 한다면, 시기쇼아라는 체페슈의 탄생지라고 볼 수 있었다. 도시 곳곳에는 드라큘라를 활용한 관광 상품들이 즐비했다. 물론 드라큘라 식당도 예외가 아니었다.

Casa Vlad Dracul, 체페슈의 생가라고 알려지고 있는 이 음식점은 드라큘라를 테마로 하여 만들어진 식당이었다. 젊은이들의 취향에 잘 들어맞을 법한 인테리어를 갖추고 있는 곳이라는 생각이 들었다. 무엇보다 내 눈을 사로잡았던 것은 문제의 드라큘라 모형이었다. 피가 뚝뚝

체페슈 백작의 생가에 들어서 있는 레스토랑 안내판

루마니아 전통음식 사르말레

한 폭의 그림 같이 아름다운 시기쇼아라의 골목길 풍경

흘러내리고 있는 글자체의 간판 옆으로 매우 해학적인 모양새의 드라큘라백작이 서 있었다. 이 판은 나름 박쥐 모양을 형상화 한 기본 틀에 송곳니가 비죽 튀어나온 드라큘라의 모습을 그려 놓은 것이었는데, 그 가슴팍에 정직하게 쓰인 'RESTAURANT BAR'는 아마추어의 솜씨에 가까웠다. 무서운 모습이라기보다는 5:5 가르마를 한 친근한 백작아저씨의 얼굴이 겹쳐 보였다. 나는 이 귀여운 드라큘라를 보며 한참을 웃다가 식당 안으로 들어가 늦은 점심식사를 시작했다.

먼저 나는 루마니아의 전통음식이라는 사르말레(Sarmale)와 채소스프를 주문했다. 드라큘라식당이라고 해서 피가 뚝뚝 떨어지는 레어 스테이크를 요리하는 곳인 줄 알았더니, 꼭 그런 것만은 아닌 모양이었다. 완전히 푹 익혀 나온 사르말레는 한국인에게도 익숙한 맛과 모양새를 갖춘 음식이었다. 삶은 양배추 안에 잘게 다진 돼지고기와 밥을 넣은 후에 함께 푹 쪄서 먹는 쌈 요리인 듯 했다. 약간 누린내가 나긴 했지만, 양배추 쌈은 그런대로 먹을 만한 맛이었다.

사실 이 사르말레는 루마니아에서 고급 요리에 속하는 음식이라고 한다. 루마니아의 전통 음식 중에는 우리의 밥과 같은 마말리가(mamaliga)도 있는데, 옥수수죽인 이 음식은 과거 노동자들이 즐겨 먹던 서민 음식에 가까웠다. 이에 반해 사르말레는 매우 특별한 날에 가족이 함께 요리해 먹거나 고급 레스토랑에서 먹을 수 있는 음식이다. 그러고 보니 사르말레는 먹기에는 간편해도 정작 만드는 과정은 많이 복잡했을 것이라는 생각이 들었다. 돼지고기 사이사이로 씹히는 양파와 밥을 보니 더더욱 그러한 생각이 든다.

점심식사를 마친 후에는 소화도 시킬 겸 해서 시기쇼아라를 한 바퀴 둘러보기로 했다. 브란 성에서도 느꼈던 것이었지만, 시기쇼아라는 드라큘라 백작의 기원지라고 하기에는 너무나 아름다운 중세 마을의 모습을 가지고 있는 곳이었다.

나는 마을 곳곳을 돌아다니며 다채로운 색상의 건물 외벽들을 감상하였다. 이곳은 12세기까지만 해도 헝가리아 왕국이 통치하던 지역이었다. 당시 독일에서 많은 상인들이 시기쇼아라로 이주해 왔는데, 덕분에 이곳은 상업의 요충지로 발전할 수 있었다. 그래서인지 몰라도 시기쇼아라의 건물들은 어쩐지 모르게 헝가리 부다페스트와 중세 독일의 분위기를 자아내고 있다는 생각이 들었다. 반듯반듯하게 올라가 있는 건물들 하며 화려한 색채의 외벽들은, 유럽식 건물의 대표적인 특징이라고도 볼 수 있는 요소들이었으니 말이다.

이 작고 아름다운 마을은 17세기에 전염병으로 인해 황폐화 된 후, 세계 1차 대전을 지나며 다시 루마니아의 영토로 되돌아 왔다. 하지만 전염병과 전쟁을 겪으면서도 마을 고유의 아름다움은 사라지지 않았던 모양이다. 이 지역은 마침내 1999년에 유네스코 세계유산에 등재되며 그 진가를 인정받을 수 있게 되었다. 음산한 드라큘라 백작을 메인 테마로 삼은 시기쇼아라가 정작 세계 문화유산으로 등재되며 아름다움을 인정받았다니, 참 여러모로 재미있는 아이러니가 아닐 수 없다.

언덕바지 좁은 통로 한쪽에서
기타를 연주하는 한 할머니

언덕바지에서 바라본 시기쇼하라 마을 전경

언덕바지에 들어선 작은 교회

다음날 부카레스트(Bucharest)로 떠나는 아침 7시 기차를 타기로 되어 있다.

저녁을 먹기위해 나는 아까 점심식사를 했던 드라큘라식당을 다시 찾아 웨이터가 추천해주는 와인과 함께 식사를 했다. 와인 한 모금이 입안에 퍼지니 짜증났던 기분이 한층 가라앉는 것 같은 기분이었다. 약간 취기가 오른 알딸딸함 속에서 나는 이번 루마니아 여행에 대해 떠올려 보았다. 여러 번 여행을 다녀 보았지만 이번 여행만큼 내 감정을 들었다 놨다 하는 여정도 또 없을 것이라는 생각이 들었다.

굳이 표현하자면, 루마니아는 장마철의 끈덕진 날씨를 닮은 나라였다. 눅눅하게 비가 내려 음울한 기분이 들게도 하지만 곧 언제 그랬냐는 듯 화창한 날씨가 되는 장마철처럼, 루마니아는 내 감정을 좀처럼 가만 놓아두질 않는 나라였다.

이것이 루마니아만의 매력이라면 매력이라고도 할 수 있겠고, 단점이라면 단점이라고도 할 수 있을 게다.

세상에서 가장 맛있는 식사
부카레스트

와인 한 잔에 잠을 청했던 나는 다음 날 일찍 호텔을 나섰다. 새벽 여섯시 반이라는 이른 시각에 출발했던 탓에 호텔에서는 아침식사 대용으로 샌드위치를 하나 싸주었다. 샌드위치를 먹을 새도 없이 부랴부랴 택시를 타고 역에 도착하였는데, 이번에는 또 기차가 연착이었다. 결국 한 시간을 기다려 출발하게 되었고, 목적지인 부카레스트(Bucharest: 부쿠레슈티)에 도착하니 오후 한 시가 훌쩍 넘어 있었다. 아무래도 그날 관광은 그다지 여유롭게 진행되지 않을 것 같은 불길한 예감이 들었다.

30 LEI를 주고 택시에서 내리니 숙소인 '라마다 호텔'이 눈에 보였다. 호텔의 규모가 크고 시설이 깔끔한 것은 마음에 들었지만, 교통이 불편하다는 게 단점이었다. 나는 일단 시티투어를 해야겠다는 생각에 티켓을 하나 구매하였고, 물어물어 정류장을 찾은 끝에야 겨우 시티 투어 버스에 오를 수가 있었다.

버스에서 보이는 도시의 색깔은 전반적으로 무채색에 가까워 보였다. 루마니아의 수도인데다, 한 때는 동구의 파리라고 불렸을 정도로 강성했던 도시였지만, 2차 대전 이후 사회주의 체제의 영향을 많이 받

방의 개수가 3,107개에 이르는
고 차우셰스쿠 대통령이 지은 국민 궁전

부카레스트의 중앙대학도서관 외관 야경

앉기 때문이라고 생각되었다. 2층 버스 밖으로 보이는 거대한 건물들은 그 장식은 화려할지언정, 회색에 가까운 빛깔만을 띠고 있을 뿐이었다.

나는 투어를 끝까지 마치지 않고 중간에 내렸다. 이만하면 도시 구경은 충분히 했으니, 이제 허기를 충분히 채울 시간이라는 생각이 들었기 때문이다. '금강산도 식후경'이라는 격언은 언제나 유효하기 마련이다.

더욱 배가 고파졌던 나는 결국 거금 60LEI를 들여 스테이크를 하나 시켰다. 음식을 좀 더 먹고 싶었기도 했거니와, 루마니아 식 스테이크는 어떤 맛일지 사실 궁금하기도 했다.

그런데 비싼 값을 치르고 먹었던 스테이크는 다소 실망스러운 맛이었다. 내 입맛에는 고기가 좀 질겼는데, 괜히 시켰다는 생각이 들게 하는 식감이었다. 이렇게 질긴 고기를 먹으면 소화가 잘 될 수 있을지 염려되었다. 어쨌거나 플레이트 하나를 비운 나는 우르수스로 입가심을 하고는 자리에서 일어섰다.

저녁 식사 후에는 다시 투어버스를 타고 라마다 호텔로 돌아왔다. 외진 곳이어서 그랬는지는 몰라도, 버스에서 내리자 온통 캄캄한 주변 환경에 왠지 당황스러웠다. 아마 밤에도 대낮같이 환한 서울의 밤거리에 익숙해져있던 탓일 게다.

나는 캄캄한 거리를 돌아다닌 끝에야 겨우 호텔을 찾을 수 있었다. 역시 기차의 연착 때문에 오늘 하루는 매우 짧아지고 말았다. 하루 종일 도시를 구경하고 저녁식사를 한 것 밖에는 별다른 일정이 없었다. 사람에 따라서는 이렇게 간단한 일정을 선호하기도 할 터이나, 하루에 한 국가씩 방문하던 내 과거 경험에 빗대어 보았을 때에는 실로 아쉬움이 남는 일정이었다. 이제 루마니아에서의 마지막 밤도 저물어 가고 있는데, 보다 더 많은 곳들을 방문하지 못했던 일들이 아쉽게만 여겨진다. 다음 날만큼은 교통 이용에 문제가 없는 일정이 되었으면 좋겠다는 생각이 들었다.

구걸도 갈취도 아닌 요상한 일이…
루세 가는 길

하지만 불행하게도 나의 소원은 이루어지지 않았다. 이튿날 호텔 프런트를 찾았던 나는, 불가리아의 루세(Ruse)로 가는 기차가 없으며 8시 30분에 출발하는 버스만이 있다는 정보를 얻었다.

분명히 전날 역무원에게 물었을 때에는 12시 30분에 출발하는 기차가 있었다고 들었는데, 이게 또 어디서부터 잘못되었던 것인지 알 도리가 없었다. 정말 루마니아는 내게는 장마철 같은 나라임에 틀림없었다. 어쩌면 이리도 내 마음을 들었다 놓았다 하는지 모르겠다. 기차역을 안내하는 사이트가 있었더라면 내가 직접 검색이라도 해 보았을 터인데, 아마 그런 사이트는 아직 만들어 놓지 않은 모양이었다. 때마침 비까지 내리고 있는 날씨로 인해 내 기분은 더욱 우중충해지고 있었다.

시간이 되어 택시를 타고 기차역으로 갔는데 이번에는 역까지의 택시 요금이 단 10LEI 밖에 나오지 않았다. 전날만 해도 나는 역에서 숙소까지 오는데 30LEI의 택시요금을 지불했다. 역시 바가지였다. 이제는 이런 일에도 쉽게 놀라지 않게 되었다. 도착한 역에서도 허탈한 웃음이 나오는 일을 겪기는 마찬가지였다. 역에서 표를 사고 있던 내게 한 남자가 다가왔다. 친절하게 표를 사는 방법을 알려주는 그에게 감동하려던 찰나, 그는 손을 스윽 내밀며 짧고 강렬한 한 마디를 남겼다.

"Give Me 1 LEI!"

하지만 불행하게도 나의 소원은 이루어지지 않았다. 이튿날 호텔 프런트를 찾았던 나는, 불가리아의 루세(Ruse)로 가는 기차가 없으며 8시 30분에 출발하는 버스만이 있다는 정보를 얻었다.

분명히 전날 역무원에게 물었을 때에는 12시 30분에 출발하는 기차가 있었다고 들었는데, 이게 또 어디서부터 잘못되었던 것인지 알 도리가 없었다. 정말 루마니아는 내게는 장마철 같은 나라임에 틀림없었다. 어쩌면 이리도 내 마음을 들었다 놓았다 하는지 모르겠다. 기차역을 안내하는 사이트가 있었더라면 내가 직접 검색이라도 해 보았을 터인데, 아마 그런 사이트는 아직 만들어 놓지 않은 모양이었다. 때마침 비까지 내리고 있는 날씨로 인해 내 기분은 더욱 우중충해지고 있었다.

시간이 되어 택시를 타고 기차역으로 갔는데 이번에는 역까지의 택시 요금이 단 10LEI 밖에 나오지 않았다. 전날만 해도 나는 역에서 숙소까지 오는데 30LEI의 택시요금을 지불했다. 역시 바가지였다. 이제는 이런 일에도 쉽게 놀라지 않게 되었다. 도착한 역에서도 허탈한 웃음이 나오는 일을 겪기는 마찬가지였다. 역에서 표를 사고 있던 내게 한 남자가 다가왔다. 친절하게 표를 사는 방법을 알려주는 그에게 감동하려던 찰나, 그는 손을 스윽 내밀며 짧고 강렬한 한 마디를 남겼다.

"Give Me 1 LEI!"

구걸도 아니고 갈취도 아닌 요상한 일을 하면서 해맑게 웃는 그 모습이 참 어이없게 느껴지던 순간이었다. 더군다나 이 아저씨는 1 LEI이 부족하다며 2 LEI를 달라고 졸라대기까지 했다. 어쩔 수 없이 돈을 넘겨주면서 나는 그냥 웃고 말았다. 애당초 10 LEI를 달라고 하던 그에게 2 LEI만을 주었으니 나의 이겼는가 싶기도 했지만, 그의 술수에 넘어가 버린 스스로의 모습이 참 우습게 여겨지기도 했다.

이 남자는 대체 무슨 자신감으로 이렇게 흥정하는 구걸을 하고 있는 것이었을까. 그렇지만 이 남자의 모습 때문에 루마니아가 싫어졌다거나 하는 것은 결코 아니었다. 오히려 나는 채 환전하지 못한 120 LEI를 주머니에 넣고는 다시 루마니아를 찾으리라 다짐하였다. 그만큼 루마니아는 묘한 매력을 지니고 있는 나라였다.

불가리아 전통음식
'스빈스카 카바르마'에 매료
불가리아 루세

　　　　　　　　　　이윽고 나는 루마니아와 불가리아 국경지대에 도착하였다. 양 국가의 접경지대인 지우르지우 역(Giurgiu nord)에서는 불가리아로 들어가기 위한 입국 심사가 있었다. 한 사람이 다가와 내 여권을 가져갔는데, 나는 루마니아에서의 기억을 떠올리며 한 동안 초조해 했다. 혹시라도 입국에 문제가 있다거나 여권을 도둑맞지는 않을지 걱정스러웠다.

　순간 불가리아에서 여권을 도난당하게 되면 어디에서 도움을 청해야 할지 플랜B에 대해 생각했다. 접경지대이니 루마니아 대사관을 찾아야 할지, 그것도 안 되면 이곳에 영영 갇히게 되는 것은 아닐지 머릿속이 어지러워졌다. 하지만 그런 내 엉뚱한 상상들이 펼쳐지는 사이, 어느 새 여권을 가지고 갔던 사람이 되돌아오고 있었다. 현지 시각으로 오후 2시 47분, 새로운 국가인 불가리아로의 여행이 막 시작되려는 순간이었다. 불가리아 루세에 도착할 때 까지도 비는 계속 속절없이 내리고 있었다. 어쩔 수 없이 환전을 해야 했던 터라 역 밖으로 나간 내게 한 남자가 집요하게 따라 붙었다. 루마니아에서처럼 돈을 달라고 하는가 싶어 이 젊은 청년을 얼핏 보았으나, 이 남자의 말은 거의 알아들을 수가 없었다. 영어를 거의 못하는 것처럼 보이는 이 남자는 호객꾼으로 추정되었다. 관광객을 타깃으로 삼아 택시를 잡아주거나 짐을 들어주는 사람인 듯 싶었다. 하지만 말이 통하지 않는 내게 실망을 했던지, 그는 이내 다

불가리아 영웅 스테판 가라자 묘

른 관광객들 사이로 사라져 버렸다. 이후 나는 친절한 현지 여성의 도움을 받아 비교적 깨끗한 호텔을 찾을 수 있었고, 호텔 프런트의 안내 덕분에 만족스러운 저녁 만찬을 즐길 수 있었다. 전통 불가리아 음식이라 했는데, 가격도 싼 데다 매우 맛있는 요리였다. 금세 한 그릇을 비운 나는 음식 사진을 아직 찍어두지 못했다는 생각이 떠올라 부랴부랴 사진기를 꺼냈다. 보통 여행지에서 음식을 먹기 전에는 갓 나온 요리의 사진을 찍어두곤 했는데, 나도 참 어지간히 시장했던가보다. 게다가 음식의 맛 또한 만족스러웠으나, 나중에 찍은 사진은 빵만 남은 채 초토화된 장면이었기에 초라해 보였다. 요새 젊은 사람들은 이것을 두고 '흡입한다'라고 표현한다던데, 정말 문자 그대로 흡입했다는 표현이 딱 들어맞겠다는 생각이 들었다. 내 기억이 정확하다면 그 음식의 이름은 '스빈스카 카바르마(Svinska Kavarma)'일 게다. 토마토 등 채소와 돼지고기 조각을 넣고 오븐에 구운 스튜인데, 씹으면 씹을수록 감칠맛이 나는 게 아주 맛있는 음식이다. 거기에다 남은 스튜 국물에 담백한 빵을 찍어먹는 것도 좋은 방법이라고 할 수 있다.

한국에 돌아 온 후에 찾아보니, 이태원에도 불가리아 음식 전문점이 하나 있다고 한다. 나는 기사를 찾아보며 'Z'라는 이니셜을 지닌 이 레스토랑에 한 번 들러서 다시 한 번 이 음식을 맛보아야겠다고 생각을 했다. 한국에서 먹는 음식이 그날만큼의 맛과 풍미를 가져다줄지는 모르겠으나, 불가리아 사람이 운영하는 식당이라는 것으로 보아서는 대략 비슷한 맛일 거라는 기대를 하고 있다.

경건함으로 가득 찬 도시
불가리아 벨리코 투르노보(Veliko Tarnovo)
→ 소피아

다음 날 버스를 타고 찾은 '벨리코 투르노보'에서는 비교적 평범한 여행 일정이 시작되었다. 날씨도 좀 스산했고 묵게 되었던 호텔 역시 그다지 좋지 않긴 했지만, 적어도 감정이 마구 상하는 일은 겪지 않아도 되었다.

호텔에 짐을 풀어놓고 차레베츠 요새(Tsarevets Fortress)로 가는 도중에 이 도시에서 가장 유명한 '성처녀강탄성당'이라는 교회를 구경하였다. 구시가지 메인 스트리트를 걷다보면 정상에 교회가 있는 언덕이 보인다. 제2차 불가리아 제국시대에는 이 차레베츠 요새 전체가 궁전이었는데 오스만 왕조의 맹공으로 모두 쓰레기더미로 변하고 말았다.

정상에 서 있는 교회는 대주교 구 교회로 실내를 장식한 벽화는 불가리아 현대 회화의 거장이 그린 것이다. 이곳에서 바라보는 구시가지의 전망이 압권이다. 밝은 에메랄드빛의 둥근 지붕이 꾸물꾸물한 날씨에도 선명하게 드러나 보이고 있었다.

이렇게 시내를 구경한 후 나는 레스토랑에서 송어

차레베츠 요새 입구에 선 필자

차례베츠 요새 주변 전경

요리를 먹고, 빵이 나오질 않아 1유로를 더 지불하고는 피자를 조금 더 먹었다. 이튿날에 먹은 호텔 아침식사는 매우 형편이 없었던 지라, 아침 식사를 포기하고 밖으로 나가 요구르트와 토마토를 사 먹었다.

아침을 먹은 후 소피아로 떠나기 위해 버스 편을 알아보았는데, 종업원에 의하면 가까운 곳에 소피아까지 가는 버스가 있다고 했다. 전날 호텔 프런트에서 10시 반이 첫차라고 들었던 기억이 얼핏 떠올랐다. 그래도 이런 식으로 잘못된 정보를 얻게 되는 것은 다행스러운 일이라고 할 수 있었다. 정보력 좋은 종업원 덕분에 9시 20분 버스를 타게 되었던 나는 세 시간 여를 달려 소피아에 도착하였다.

소피아에서도 택시 기사들의 호객행위는 여전했다. 이번만큼은 택시

소피아 도심을 가로질러 달리는 전차

소피아의 알렉산더 네프스키 대성당

를 이용하지 않으리라 굳게 마음먹었던 나는, 기사들의 사탕발림에도 꿋꿋하게 물어물어 시내 중심가까지 대중교통 편으로 찾아갔다. 어렵게 찾았던 시내 중심가에는 비싼 호텔밖에 남아 있질 않았고, 나는 160유로라는 거금을 들여 숙소를 겨우 구할 수 있었다.

그런데 이렇게 비싸게 구한 호텔은 좀 부실한 면이 없지 않았다. 방은 크고 넓었지만 난방이 잘 되지 않아 차가운 공기가 그대로 감도는 게 온몸으로 느껴졌다. 비가 계속해서 내리는 불가리아의 가을 날씨는 우리나라 초겨울 날씨였다. 한기를 견딜 수 없다 싶어 나는 난로를 하나 요청하여 불을 쬐었다. 역시 160유로만큼의 값어치를 하지 못하는 숙소였다. 160유로면 우리 돈으로 20만원이 넘는 돈인데, 물가가 싸다는 불가리아의 호텔이 왜 이 모양인가 싶었다.

다만 호텔의 입지조건만은 아주 좋은 편이었는데, 거리로 나서자 시내 중심부에 금방 다다랐다. 나는 소피아 시내 구석구석을 구경하며 알렉산터 네프스키 대성당을 둘러보았으며, 소피아 대성당도 살펴보았다.

4세기경에 로마제국이 만든 아담한 성 게오르기 성당 외관

소피아 대성당은 생각보다는 투박한 외관의 건물이었다. 먼저 방문한 알렉산더 네프스키 성당이 화려한 장식과 건축양식을 자랑하고 있다면, 이 소피아 성당은 장식 하나 없이 밋밋한 붉은 빛의 건물이었다. 6세기에 완공되어 오스만 투르크 시절에는 이슬람 사원으로 사용되기도 했던 유서 깊은 건축물이지만, 19세기 중반에 발생한 지진으로 대부분이 파괴되었다고 전해진다.

지금 우리가 보고 있는 소피아 성당의 건물은 1935년에 복원된 것이다. 소피아라는 도시 이름이 이 성당에서 유래되었던 만큼, 소피아 성당은 매우 역사적인 건축물이라고 할 수 있었다. 세월의 깊이와 건축물의 화려함과는 그다지 비례하지 않는 것 같았다. 오히려 이렇게 투박한 모습의 성당은 경건함과 겸손함을 보여주는 것이라는 생각도 들었다.

성 소피아 성당을 나온 나는, 성 니콜라이 교회를 유심히 살펴보았다. 성 니콜라이 교회는 소피아에 있는 여느 교회들과 조금 다른 형태

2014년 브라질 월드컵, 한국 VS 러시아전 TV화면 촬영 장면

다음날 비행기 시간이 한참 남았던 지라, 호텔 로비에서 월드컵 경기를 마저 시청하기로 했다. 막 칠레와 스페인의 경기가 시작되던 중이었다. 굉장히 흥미진진한 경기였다. 스페인은 1536년 칠레를 침공했던 국가였고, 칠레는 그런 스페인에 맞서 1817년 독립을 쟁취한 국가였다. 이들 두 국가가 대등한 위치에서 축구경기를 하고 있다니, 참 양국에게 의미심장한 경기가 아닐 수 없었다. 양국의 국민들은 어떤 심정으로 축구경기를 바라보고 있는 것일지 궁금해졌다. 너무 심각해질 필요까지는 없지만, 굉장한 자존심 싸움이 되리라는 것만은 확실해 보였기 때문이었다. 결과는 2:0으로 칠레의 승리였다. 어쩐지 모를 동류의식에 괜히 기분이 좋았다. 굳이 이름을 붙이자면 한·일전과 비슷한 경기라고나 할까.

그런데 축구 경기가 끝나고 자리에서 일어서려니 가슴이 좀 답답하게 느껴졌다. 어젯밤에 잠자리에 들며 혹시 심장병은 아닌지 걱정했었는데, 또 그런 증세가 나타나고 있었던 것이다. 가만 생각해 보니, 심장병은 아닌 듯 했고 아마도 고산병 증세 중 하나가 아닌가 싶었다. 보고타가 해발 2500m에 위치한 고지대이다 보니 이곳에 익숙하지 못한 나 같은 사람은 간간히 고생을 하게 되는 것 같았다. 그래도 가슴만 좀 답답할 정도로 지나가는 것이 다행이라면 다행일 수 있었다. 문제는 다음 여정지가 무려 해발 4000m에 위치한 우유니 사막이라는 것이었다. 그곳에서는 무사할 수 있을까 싶어 괜히 불안해졌다.

다채로운 빛깔의 신비로운 도시
라파즈

　　　　　　　　　비행기를 탈 시간이 되어서도 가슴의 답답함은 쉽게 가시지 않았다. 저녁 10시 15분 비행기를 타기 위해 공항에 도착한 나는 가슴을 퉁퉁 치면서 공항 카운터로 향했다. 카운터에서는 예약 서류를 보여준 다음 발권을 할 예정이었다. 그런데 다음에 이어진 공항 직원의 건조한 질문을 접하면 내 가슴은 철렁 가라앉았다.
　"우유니에 도착한 다음에는 어디로 갈 예정이죠?"
　"칠레로 갈 계획입니다만…"
　"칠레에서는 어디에서 묵을 계획인데요?"
　"예약은 현지에서 직접 할 생각입니다."
　"흠, 그렇다면 탑승이 안 되겠는데요?"
　아니, 뭐 이렇게 융통성이 없는 사람이 다 있나 싶었다. 동양에서 온 관광객이 당연히 숙박업소에서 묵지 이 나라에 눌러 살 것도 아닌데 말이었다. 자유여행을 즐기는 사람들이 매번 숙소를 정해놓고 여행하는 것도 아닌데 왜 이렇게 딱딱하게 구는 것인지 모를 일이었다. 순간 화가 났던 나는 얼굴이 벌개져서 큰 소리를 냈다.
　"그건, 그건… 그러니까 칠레에서 브라질을 거쳐 한국으로 돌아갈 겁니다. 여기 브라질에서 한국으로 돌아가겠다는 예약 서류가 있으니 검토해 보시지요!"
　때로는 말이 안 통하는 사람에게는 이렇게 강하게 대처해야할 때도 있다. 잠시 후 무전기를 든 다른 직원이 급히 뛰어오더니, 내 서류를 검토한 후 문제가 없다는 것을 확인해 주었다. 나는 카운터를 떠나며 문제의 공항 직원을 흘

필자가 잠시나마 난감한 상황에 처한 보고타공항 카운터

낏 바라보았다. 자기도 무안한지 겸연쩍은 웃음을 짓고 있었는데 한 대 때려주고 싶다는 생각이 들었다.

콜롬비아가 아직 체계적인 입국 체계를 갖추지 못한 나라여서 그런지, 직원들 간의 커뮤니케이션에 문제가 있어서 그런 것 인지는 몰라도 참 사람을 진 빠지게 만드는 구석이 있는 국가라는 것만은 확실해 보였다. 그 간단한 탑승 수속이 이렇게 불친절하고 어려울 수가 없다.

공항에서 한참 실랑이를 벌였더니 몸이 더 안 좋아진 것 같았다. 늦은 시간에 탑승한 비행기 좌석에 털썩 몸을 내던진 나는, 눈을 가만히 감고는 다음 일정에 대해 고민했다. 기내식으로 나오는 저녁식사도 거른 채였다. 입맛도 없었고 몸도 피곤했다. 라파즈에는 새벽 2시 반에나 도착할 예정인데 어디에서 밤을 보내야 할지가 걱정스럽기만 했다.

걱정 반 우려 반으로 제대로 쉬지도 못했던 나는, 라파즈 공항에 내려 비자 수속을 밟으러 갔다. 라파스공항은 우리나라 1970년대 기차역과 다를 바 없이 매우 비좁고 초라한 역전 같았다. 여권을 조사하는데 대략 40~50분 정도가 걸렸다. 짐을 찾으러 컨베이어로 왔더니 내 트렁크에 사고가 생기고 말았다. 트렁크 옆에는 날카로운 칼로 찢겨진 흔적이 크게 나 있었다. 어디에서 이랬던 것인지는 알 수 없었으나 다행히 분실된 물건은 없어 안심했다. 이렇게 후진국에 오니 이런 일도 일

어나는 모양이었다.

 (서울에 돌아와 샘소나이트 브랜드 가방이라 샘소나이트 회사에 수선을 맡겼는데 1주일 후 무료로 고쳐 가져왔는데 가방 안에 200달러가 들어 있지 않는가. 너무 놀라 곰곰이 생각해보니 어떤 일이 일어날지 모르니 비상금으로 가방의 깊은 구석에 숨겨 놓았던 바로 그 돈이었다. 난 정말 이렇게 정직한 회사 사람도 있는 것을 보고 놀랐다. 이 세상에는 착한 사람이 더 많이 있는 것 같다.)

 새벽 3시 반경이니 그 시간에 시내로 가는 버스나 택시도 없을 거라 생각하니 참 난감했다. 주위 의자에는 많은 사람들이 앉아 졸고 있었다. 나는 한참 기다리다가 어디 잠잘 데가 없나 주위를 둘러보니 1시간에 1만원 정도하는 조그만 방에 침대 두 대 놓여있는, 기숙사 같은 숙소가 있었다.

 아마도 여행객들이 잠깐씩 눈을 붙이도록 만들어 놓은 공간인 듯싶었다. 마침 이용하는 사람이 아무도 없어 혼자 자리에 누웠으나 이상하게도 잠은 오질 않았다. 해발 2,500m에서 3,500m로 더 높아져 있었고, 숨이 차서 그런지 몸은 피곤한데 잠이 안 오고 머리만 지끈거릴 뿐이었다. 잠깐 30분 정도 잤는데 누군가 시간이 다되었다고 깨웠다. 그래서 일어나 화장실에 가 세수하고 복도에서 볼리비아 빵을 하나 사먹고 쉬다가 8시경에 우리나라 돈 700원 정도로 미니버스를 타고 시내로 나갔다.

 종점에는 시내투어 버스가 있어 9시부터 라파스 시내 투어를 시작했다. 투어버스 안에서 보는 바깥세상은 굉장히 흥미롭고도 다채로웠다. 무엇보다 내 눈길을 끌었던 것은 남미문화의 독특한 개성이 묻어나는 옷차림과 과일의 색감이었다. 전통복장과 둥근 모자를 쓴 현지인들이 시장 곳곳을 누비고 다니는 모습이 이색적으로 다가왔다. 시장길 여기저기에 벌려놓은 좌판에는 과일과 간식거리들이 가득하였고, 행인들이 입은 전통 복장의 형형색색으로 수놓아진 색감이 강렬했다.

아스라이 보이는 산자락 곳곳에 가옥들이 빼곡하게 들어차 있는
라파즈의 주거지역

    전반적으로 라파즈의 시장은 복잡하고 질서가 없어 보이는 모습이었다. 차들은 도로 한복판을 이리저리 다녔으며, 사람들은 또 용케 차 사이를 가로질러 지나다녔다. 하지만 이와 같은 무질서함 속에서도 이들은 나름의 원칙과 체계를 정해 살아나가고 있을 터였다.
    어떤 면에서 보면 이들의 일상은, 형형색색으로 수놓아진 그들의 전통복장과 닮아있었다. 아무렇게나 걸쳐 입는 망토처럼 보이지만, 자세히 들여다보면 색색의 강렬한 줄무늬가 꼭 있어야 할 자리에 들어서 있는 그런 옷, 그리고 그런 인생이 이 재래시장의 모습 안에 고스란히 녹아들어가 있는 것만 같았다.

신비로운 달의 계곡
라파즈

　　　　　　　오전에는 11시쯤 시내투어를 마치고 다시 '달의 계곡'으로 가는 투어에 참가했다. 시내 중심지를 약간 벗어나자 라파즈의 주거지대가 나왔다. 저기 산등성이에 빼곡히 들어찬 이들의 가옥들은 영락없는 성냥갑마을이었다. 붉은 빛이 나는 네모반듯한 집들이 산 하나를 가득 메우고 있는 모습이 눈에 들어왔다. 아예 언덕을 타고 지은 건물들도 더러 있었는데 이곳에 사는 사람들은 어떤 모습으로 살아가고 있을지 궁금했다.

얼마나 시간이 흘렀을까. 주택이 빼곡하던 산등성이에 변화가 생기기 시작했다. 저 멀리 보이는 산의 형세는 매우 거칠고 투박해 보였다. 마치 달의 표면처럼 건조하고 울퉁불퉁해 보이는 암석들. 이곳이 그 말로만 듣던 '달의 계곡'인 모양이었다.

오랜 풍화 작용에 의해 만들어졌다는 이 계곡은 상당히 특이한 모습을 하고 있었다. 마치 바위의 뼈가 앙상하게 드러나 있는 형태다. 무생물인 암석에 뼈와 살이 있는 것은 아니지만, 그래도 산세를 둘러보다보면 이렇게 앙상하게 뼈만 남은 절벽들이나 마치 근육이 붙어있는 것처럼 투실투실한 절벽들이 간혹 눈에 들어오곤 했다. 달의 계곡의 경우에는 그 앙상함이 좀 더 드라마틱하였는데, 하기야 그 덕분에 달의 계곡이라는 멋진 이름을 얻을 수 있었을 것이라 짐작해 보았다. 달의 계곡에는 각국의 국기들도 꽂혀 있었다. 마치 달을 정복하였다는 대리만족

◆ 라파즈 시내 곳곳은 물론 달의 계곡까지 운행하는 2층 투어 버스   ◆◆ 라파즈 재래시장에서 물건을 파는 현지인들
◆◆◆ 사람과 차가 한데 뒤얽혀 더욱 북적거리는 라파즈 시내 풍경   ◆◆◆◆ 볼리비아 수도 라파즈 거리 풍경
◆◆◆◆◆ 우리나라 5일장과 비슷한 분위기의 라파즈 시내 시장 안 풍경   ◆◆◆◆◆◆ 달의 계곡 입구에서 관광객을 맞이하는 전통 복장의 한 젊은 여인의 모습
◆◆◆◆◆◆◆ 달의 계곡에는 각 나라의 국기가 꽂혀 있는데 한 가운데 태극기도 보인다.   ◆◆◆◆◆◆◆◆ 달의 계곡에서 자라나는 이름 모를 야생화

라파즈 근교 '달의 계곡'의 이채로운 풍경 1

라파즈 근교 '달의 계곡'의 이채로운 풍경

이라도 하는 양 의기양양하게 나부끼는 모습들이다. 나는 굳이 이 중에서 태극기를 찾아내고는 곧 흡족함에 젖어들었다. 역시 "고국을 벗어나면 애국자가 된다"는 명제는 참으로 옳다.

연둣빛의 전통 복장을 입은 소녀를 지나 달의 계곡 안으로 들어섰다. 가까이에서 보니 암석들의 모습은 더욱 더 재미있었다. 어떤 절벽은 수묵 담채화에 그려진 것처럼 담백하게 모여 있기도 했고, 어떤 절벽은 물이 흘러내리는 그대로 멈춰버린 것 같은 형태를 가지고 있었다. 간간히 풍화작용 탓에 도마뱀 모양을 한 바위들도 눈에 들어왔다. 멀리서 보았을 때에는 바위의 골격이 드러나 보이는 형상들이었는데, 가까이에서 살펴보니 저마다 개성 있는 모양새를 하고 있었다. 실제 달에도 가보고 싶다는 생각이 든다.

남미여행 중 나를 가장 힘들게 하는 것들
우유니로 가는 길

다시 라파즈로 돌아온 후, 나는 우유니 사막 투어를 위해 가이드 사무실에 들렀다. 2박 3일의 투어 비용으로 130달러를 바로 지불하고는 내일 아침 9시에 우유니 호텔로 픽업하러 와 주겠노라고 약속했다. 한 가지 조건으로 이틀 동안 호텔방을 혼자 쓰는 조건으로 하였으나 이틀째 산장은 혼자 사용 할 수 있는 방이 없다고 해 그렇게 예약을 했다. 여기까지는 모든 것이 순조롭게 진행되는 듯싶었다.

이제 공항으로 가는 일만 남아 여유롭게 샌프란시스코 광장을 관광한 후 버스 노선 중간지점에서 떠나려는데, 이상하게도 미니버스가 손님이 만석이라 서질 않고 지나갔다. 벌써 세 대나 놓쳐버리고 말았다. 사람이 얼마나 많은 지 3대를 보내버리고 나서도 시간 안에 탈 자신이 없을 지경이었다. 그래서 시간은 다가오고 해서 택시를 타기로 결정하고 택시기사에게 에어포트로 가자고 하니 말이 안 통했다. 지금까지 모든 택시가 에어포트를 못 알아듣고 지나간 것이다. 2대째 택시를 보내고 3대째 택시가 서 에어포트를 이야기하니 한참 생각한 이후에야 타라고 해 탔다. 기사는 젊은 사람이었다.

"에어포트, 에어포트!"

멍한 표정을 짓던 기사는 곧 나를 태웠는데, 사실 이 사람이 내 말을 제대로 알아들었는지 자신이 없었다. 지금 생각하면 스페인 말을 조금만 배웠어도 이 고생은 안하는데... 게다가 마구 달리기만 하는 이 택시가 이상하게 도심 외곽지역으로 빠져나가는 것 같은 기분도 얼핏 들었다. 입을 다물고 액셀러레이터만 밟고 있는 기사가 영 미심쩍었던 나는 불안한 표정으로 창밖을 내다보았다. 설마 이대로 납치당하는 것은 아닐지 불안해졌던 것이다. 지금까지 겪어왔던 일에 빗대어 보았을 때 충분히 가능한 일이었다.

마침내 공항에 도착해 요금을 물어보았더니, 맙소사 200달러가 나왔다고 대답했다. 어이가 없던 나는 화를 내다가 30달러만을 주고 내렸다. 버스를 타면 1달러면 갈 수 있는 곳인데 너무 억울했다.

정말 두고두고 생각해도 분이 풀리지 않을 일이었다. 나는 너무 화가 난 마음에 씩씩거리다 경찰에 신고할 생각까지 했다. 스트레스를 받으니 몸이 더 아팠다. 안 그래도 고산증세로 가슴이 답답한데다 잠까지 제대로 못 잤으니 신경이 날카로워져있었는데, 이 택시기사까지 나를 힘들게 하다니 정말 총체적인 난국이었다. 그래도 10~20명이 타는 프로펠러 비행기를 타고 우유니에 드디어 도착해 호텔까지 갔다. 그곳은 해발 3,000미터 이상으로 몇 년 전 남미 페루와 아르헨티나 그리고 브라질을 여행하면서 페루의 4,000미터에 위치한 티티카카호수에서 잠잘 때 무척 힘들었던 기억이 불현 듯 떠올랐다.

❶ 우유니 투어 1일차

잠에서 깨어나니 새벽 다섯 시였다. 부스스한 몸을 애써 일으킨 나는 9시에 투어 회사 차량을 기다려 목적지로 갔다. 그런데 막상 도착해보니 정작 투어 일정은 10시 30분에 시작된다고 했다. 나는 여행사에서 만난 한 아주머니로 인해 황당한 지경에 이르렀다.

노란 가스통을 들고 저 멀리에서 오던 그녀는, 손을 흔들어 나를 불렀다. 자세히 보니 아까 사람들이 줄을 서서 연료를 받던 그 노란 가스통이었다. 사람의 무릎보다 조금 더 높이 올라오는 크기의 이 가스통이

우유니의 작은 마을에 있는 조형물

편안하게 하룻밤 지낼 수 있는 깔끔한 우유니 호텔 외관

깔끔한 우유니 호텔 내부

우유니 시골 거리 풍경

◆ 필자에게 가스통 운반을 요청한 아주머니　◆◆ 현지 여행사 주인이 열심히 뜨개질하고 있는 광경
◆◆◆ 시장에서 아코디언을 연주하는 낭만의 한 노신사　◆◆◆◆ 우유니 여행 전, 시장에서 만난 어린 소녀들

무거웠는지, 아주머니는 갑자기 나를 불러 같이 들자고 했다. 집까지 들어달라는 거였다. 도와주는 것이야 그리 어렵지 않은 일이었는데 이렇게 대뜸 사람을 불러내어 짐을 들어달라고 요구하는 당당함이라니, 참 내가 무슨 생각으로 집까지 모셔다 드렸는지 모를 일이었다.

　게다가 실제 여행은 11시가 다 되어서야 시작될 수 있었다. 약속한 시간에 사람들이 도착하지 않았던 탓이었다. 일정이 지체되는 것도 지루한 일이었는데, 인계에 인계를 거듭하는 담당자들의 모습을 보니 내가 마치 수하물이라도 된 것 같은 기분이 들었다. 떨떠름한 기분으로 여행을 시작할 수밖에 없었다.

　사실은 시끌벅적한 우리 일행들을 대하는 일도 여간 마음이 불편한 게 아니었다. 총 12명이 두 대의 차에 나눠 타고 했던 그룹 투어인지라 사람들과 엮이는 것은 필연적이었다. 조용히 풍경을 감상하고 싶은 내 기분을 이들은 너무도 몰라줬다. 호주와 영국에서 왔다는 이 여자들은 대체 뭐가 그리도 즐거운지 계속 떠들어대고 있었다. 급기야는 휴대폰에 녹음해 온 음악을 틀며 춤을 추는데, 좁은 차 안이 이들로 인해 더 비좁아지는 것 같은 느낌이 들었다. 아, 이들을 피해 한적한 곳에서 정말 쉬고 싶은 생각이 굴뚝같았다.

우리를 태운 차는 마을에 잠시 들러 필요한 물건들을 구입했다. 마을의 작은 시장에는 먹을 거리와 생필품을 파는 현지 주민들이 살아가고 있었다. 나는 시장에서 만난 어린 소녀들의 모습이 너무나 천진하고 사랑스러워 사진을 몇 장 찍어두었다. 내가 무척 낯설었을 텐데도 헤실헤실 웃으면서 다가오는 아이들의 모습을 보니 예전에 딸을 키우던 생각이 문득 들었다.

이제부터 본격적인 우유니 사막 투어다. 한참 사륜구동차를 타고 달리니 마을 밖으로 나오자 폐 기차가 길게 늘어서 있는 모습이 눈에 들어왔다. '기차의 묘지'라고 불리는 이 광경은 우유니 사막의 시작을 알리는 이정표와도 같은 역할을 하고 있었다. 많은 관광객들은 열차 앞에서 사진을 찍었고, 이것에다 낙서를 했다. 흉하고 쓸모없어 보이는 폐 기차 무덤이 마치 하나의 관광 상품으로 변모한 셈이라고 볼 수 있었다.

이후에는 인접한 마을에 들러 잠시 구경을 하였는데, 특이하게 이 마

2박3일 우유니 사막 여정을 함께 한 여행자들

필자에게 항상 호의를 베풀어주던 말 많은 호주 아가씨

푸른 하늘과 맞닿아 있는 새하얀 우유니 사막 풍광

▼ 볼리비아 전통 빵을 파는 상인

▼ 우유니 사막에서는 씻거나 볼일을 볼 때도 돈을 내야 한다.

왠지 스산해 보이는 우유니 사막 기차무덤 명물

어린 친구들에게 인기가 많은 소금으로 만든 조각 조형물

본래 소금 호수인 우유니 사막 일대는 우기 시즌에 물이 차 보기가 더 좋

을은 모든 것에 요금이 부과되는 동네였다.

'Baño TOILET' 즉 우리말로 하면 화장실 정도 될 것 같았는데, 돈을 내야 사용이 가능하다고 했다. 화장실 요금도 이들의 수입원인 모양이었다. 지하 100미터까지가 소금물이라 물이 귀한 이 마을에서는 필연적인 일일 수밖에 없겠다는 생각이 들었다. 이 마을에는 특이한 조형물도 있었다. 건물 안에는 소금으로 만든 동물 조형물이 있었는데, 마치 귀 없는 라마처럼 생긴 이 작품은 어린 친구들에게 특히 인기가 많았다.

뭐니 뭐니 해도 우유니 투어의 묘미는 사막 구경이라고 할 수 있을 것이다. 독특한 마을모습도 인상적이었지만, 나를 가장 즐겁게 만들었던 것은 가도 가도 끝없는 소금 사막 체험이었다. 'DAKAR BOLIVIA'라는 거대 형상물 앞에서 사진을 한 방 찍은 우리는 여행사에서 준비한 재료로 밥을 먹고는 본격적으로 투어에 돌입했다.

가장 먼저 보았던 것은 자이언트 선인장 군락지였다. 길쭉하게 뻗어 있는 선인장의 첫인상은 "크다"는 거였다. 한 스푼 쿡 찍어 떠먹고 싶을 정도로 파랗고 맑은 우유니의 하늘 아래엔 뽀얀 소금사막이 있었고, 자이언트 선인장은 마치 이곳의 주인이라도 되는 것인 양 당당하게 서 있었다. 물론 간혹 선인장 중에는 가운뎃손가락을 들고 있는 불경한 모습을 한 것들도 있었으나, 대체로 이 크고 멋진 선인장을 구경한다는 건 즐거운 일이었다. 어떤 것은 크기뿐만 아니라 그 둘레도 엄청나게 커보였는데, 남자 어른의 팔 둘레보다도 훨씬 두꺼워 보였다.

이 거대한 선인장에서 영감을 받았던 것이었을까. 대뜸 일행 중 한 명이 공룡 모형을 꺼내더니 설정 사진을 찍기 시작했다. 그건 또 언제 발견해서 사왔는지 모르겠다. 쩍쩍 갈라진 소금 사막 위로 공룡을 내놓았고, 어쩌다 보니 나는 잡아먹히는 역할이었다. 나중에 사진을 보니 포커스도 엉망이고 그렇게 조잡할 수가 없었지만, 그래도 찍는 순간

젊고 유쾌한 일행들과 함께 설정 사진을 찍고 있는 필자 1

만큼은 젊은 순간으로 돌아간 것 같아 즐거웠다. 지나치게 밝고 유쾌한 이들 때문에 귀가 피곤했던 순간도 있었으나, 그래도 이렇게 함께 즐기고 하니 컨디션이 좀 좋아지는 것도 같았다.

우리는 함께 설정 사진들을 찍었고, 'Bolivia'와 각종 인간 꽃무늬(?)들을 만들었다. "어" 하고 주춤대는 사이에 나도 이들에게 끌려가 공중 부양 사진을 몇 장 찍었다. 순한 운전기사와도 한 장 찍었고, 누군가에게 밟히는 설정의 사진도 한 장 찍었다. 참 이 사람들은 노는 것도 열정적으로 할 줄 아는 사람들이라는 생각을 했다. 계속 지체되는 여행일정과 피로에 지칠 만도 한데, 끊임없이 즐거운 요소를 찾아내고 있는 것 같은 인상을 받았기 때문이다. 그도 그럴 것이 서양에서 온 일행들은 2~3개월 일정으로 해외여행중이라고 했다. 일정도 여유롭고 마음 또한 여유로우니 당연히 짜증을 낼 이유가 없었을 게다. 심지어 어떤 브라질 여행객은 축구가 싫어 월드컵 기간 동안 광란의 분위기를 피하려고 우유니 사막을 찾았다고도 했다. 삶의 여유와 자신의 주관을 뚜렷하게 가지고 있는 이 사람들의 마인드가 부러워지는 순간이었다.

물론 그것과는 별개로 여전히 시끄러웠던 이들에게는 적응이 잘 되질 않았다. 사막에서 함께 즐거운 시간을 보내기는 했지만, 역시 지칠 줄 모르는 여행객들의 체력은 내게 심히 부담스러웠다. 호텔로 돌아오는 내내 나는 다시 칠레로 하루 만에 돌아가 버려야겠다는 생각을 무수히도 많이 했다. 사실 그들의 젊은 혈기가 싫은 것은 아니었을 것이다. 다만 무리한 일정 탓에 컨디션이 급격히 저하되어있

소금으로 만든 벽돌로 지어진 한 레스토랑

우유니 사막지대의 신비롭게 보이는 자이언트 선인장 군락지 풍경 1

볼리비아 소금으로 만든 조형물

브라질 상파울루의 월드컵 축구 열기가 싫어 볼리비아로 여행을 떠나온 대학생

우유니 사막투어 이용자들의 이용할 양식을 실은 토요타 4륜 구동차

우유니 사막지대의 신비롭게 보이는 자이언트 선인장 군락지 풍경 2

우유니 사막투어 첫날밤에 묵은 소금벽돌 호텔

소금벽돌 호텔에서의 다음날 아침 식사 준비 광경

던 내 몸 상태 때문에, 조용하지 못한 환경이 조금 부담스럽게 다가왔던 것은 아닌지 추측해 본다. 어쨌거나 마땅한 비행편도 없으니 이들과는 이틀 동안 잘 지낼 수밖에 다른 도리가 없었다.

저녁 6시 무렵, 우유니 소금 호텔에 도착한 내게 사건이 또 하나 발생했다. 나는 분명 1인실을 예약했다. 그런데 가이드는 들은 바가 없다며, 모두 함께 방을 써야 한다고 했다. 자신은 내가 원래 예약했던 '우유니 투어회사'와 무관하며 해당 회사에 대한 정보도 알 수가 없다는 거였다. 한참 동안 뭔가를 알아보던 가이드가 결국 1인실로 안내해 주긴 했으나 이미 나는 짜증이 날 대로 나 있는 상태였다. 더군다나 방은 춥고 더운 물은 나오지도 않았다. 다만 20년이라도 젊은 나이였더라면 그런대로 견딜만한 환경이었겠지만 지금의 내게는 너무나 고통스러웠다. 나는 그냥 샤워는 포기한 채 손과 발만 씻고 잠자리에 들었다. 이제 고생스러운 여행은 하지 말아야겠다고 다짐하면서.

❷ 우유니 투어 2일차

다음 날, 한기 탓에 눈이 일찍 떠졌다. 일단은 몸을 덥히기 위해 따뜻한 커피 한 잔과 빵을 먹고는 출발 했다. 기분 탓인지, 당일 보이는 우유니의 모습은 조금 더 황량해 보였다. 어제까지만 해도 뽀얗게 빛나던 사막의 모습이 좀 더 싯누래졌다. 특이했던 것은 사막 한가운데 있는 까나빠 호수(Laguna Canapa)에 홍학 무리들이 살고 있던 모습이었다. 본래 우유니 사막은 4만여년 전 푸포(Poopo)호수와 우루우루 호수(Uru-uru)호수가 마르면서 만들어진 지형이었다. 12월에서 3월 사이의 우기에는 이 지형에 약 30cm가량의 물이 고여 있지만, 지금 같은 건기에는 호수 밑바닥이 거의 다 드러나 보였다. 지금처럼 간혹 남아있는 호수의 염도는 일반 바다의 10배에 달한다고 한다. 이런 곳에서 살아가고 있는 홍학은 대체 어떻게 살아가고 있을지 참으로 신비롭게 여겨졌다. 호수 저 멀리 물속에 머리를 집어넣은 홍학의 모습이 한 폭의 그림 같았다. 반짝이는 호수와 연한 분홍빛의 홍학이 참 잘 어울렸다. 동물원에서 보는 홍학 쇼가 아니라, 이러한 대 자연에서 홍학이 추는 '플라밍고'를 볼 수 있다는 것이 다행스럽게 생각되었다. 평화롭고도 유유자적해 보인다. 한 가지 걱정되었던 점은 죽어있는 홍학이 있는 것이었다. 이유는 알 수 없었으나, 본연의 빛깔을 잃은 채 누워있는 홍학의 모

◆ 전통 인디헤나 복장을 한 노부인이 걸어가고 있는 광경　　◆◆ 저 멀리 연기가 피어오르는 한 활화산 주변 전경
◆◆◆ 이튿날 아침식사 후 재개된 투어 일정 첫 여정의 소금 사막 작은 마을 풍경
◆◆◆◆ 우유니 사막투어 참가 여행자들이 함께 기차선로에 누워 하늘을 보고 있다

카나파 호수에 서식하는 홍학 떼가 여유로운 오후를 보내고 있는 풍경

습에 마음이 영 좋질 못했다.

　호수를 들른 후에는 다시 덜덜거리는 4륜 구동차 여정이 시작되었다. 모래 바람에 깎여 기이한 모양을 한 괴석들도 보았고, 붉은 빛을 띤 콜로라다 호수(Laguna Colorada)에도 들렀다. 붉은 호수라는 이름의 이곳은 아까 보았던 까나빠 호수와는 또 다른 매력이 있었다. 온통 붉은 물감을 풀어 놓은 것 같은 호수는 자연의 신비를 드러내 주는 지표와도 같았다. 호수 한 편으로는 라마 한 마리가 여유롭게 풀을 뜯어 먹고 있었는데, 귀에 색색으로 장식한 줄을 단 것을 보니 주인이 살뜰히 아끼는 녀석인 듯했다. 이따금씩 고개를 들어 관광객들을 바라보는 라마의 모습에는 여유가 배어 있었다.

　호수를 지난 다음 목적지는 숙소였다. 그리 기대할 만한 수준의 시설

오랜 세월의 풍화작용으로 만들어진 우유니 사막의 기암괴석 풍광

황량한 사막 한 가운데 들어섰는데도 인터넷이 가능한 한 호텔 외관

우유니 사막 호수 앞에 선 필자

은 갖추고 있질 못했다. 한 방에 서 너 명씩 좁게 붙어 자야 하는 것도 그러했지만 화장실이 두 개밖에 없는 것도 마음에 걸렸다. 게다가 이미 해발 4300m나 넘겨버린 위치 때문에 나는 계속 맥을 못 추고 있었다. 제대로 씻지도 못한 채 차 한잔을 마셨던 나는 스파게티를 먹고 난 후에야 겨우 정신을 차릴 수 있었다. 시장이 반찬이라 했던가. 힘없고 배고플 때 먹는 스파게티의 맛은 매우 훌륭하였다.

그런데 배를 채우고 나니 이번에는 잠자리가 문제였다. 여섯 명이 한 방에서 자야 하는 것이야 어쩔 수 없다손 쳐도, 극심한 추위는 견디기가 힘들었다. 결국 담요 몇 장을 포개어 덮은 후에야 자리에 누울 수 있었는데 머리가 띵하고 어지러운 것이 아주 죽을 맛이었다. 게다가 내 양 옆으로 누운 영국인 부자의 코고는 소리 때문에 도저히 잠을 이룰

콜로라다 호수 풍광

콜로라다 호수 한 편에서 풀을 뜯어 먹는 라마 한 마리

수가 없었다. 극심한 불면과 점차 심해지는 고산 증세는 마치 내 수명을 조금씩 갉아먹고 있는 것처럼, 나를 집요하게 괴롭혔다. 즐겁기 위해 떠나온 여행이었는데 이렇게 고생스러우니 스스로 생각해봐도 어이가 없었다. 나는 컴컴한 방에 누워 눈만 끔벅거리며 다시는 이런 고생을 하지 않겠노라고 다짐했다. 정말 사서 고생이라는 말이 절묘하게 들어맞는 순간이 아닌가 싶었다.

우유니 사막 투어 둘째 날 저녁식사 테이블

우유니 사막 투어 둘째 날 묵은 6인용 침실

❸ 우유니 투어 3일차

나는 잠을 거의 자지 못한 채 담요 밖으로 빠져나왔다. 새벽 다섯 시에 일어나 짐을 챙기고 있으려니 머리가 어질어질했다. 컨디션이 정말 엉망이었다. 밖은 여전히 추웠고 몸은 뼛속까지 으슬으슬했다.

여행사가 이런 상태를 고려하여 투어 프로그램을 구성한 것인지는 모르겠으나, 우리의 마지막 날 목적지는 온천이었다. 노천 온천에서 김이 뜨끈하게 올라오는 것을 보니 추위가 좀 가라앉는 것도 같았다. 여기에는 남자들만 들어가서 간단히 목욕을 했다. 2박 3일 만에 몸에 닿는 따뜻한 물의 촉감이 매우 감사하게 여겨졌다.

이제 마지막 일정까지 끝냈으니 다시 칠레 국경으로 나갈 시간이었다. 우리를 맡았던 가이드는 "국경이 어디냐"는 내 질문에 그만 좀 물어보라며 살짝 짜증을 냈다. 자신은 다른 9명만 맡은 가이드이니, 나와 브라질 학생은 책임질 이유가 없다는 거였다. 그다지 물어 본 것도 없었는데 조금 머쓱해졌다. 어쩐지 눈칫밥을 먹고 있는 기분이었다. 그래도 2박 3일 간 같이 다녔던 사이인데 말이라도 친절하게 해주면 어디 덧나나 싶었다. 버스 정보까지 알려주긴 했으니 이 정도면 고마운 일이라 해야 할 듯싶었다.

우유니 소금 사막의 노천온천

그들과 나 사이에 놓인 거대한 장벽
아타카마

일행과 헤어지고 나니 또 하나의 해결 과제가 내 앞에 가로놓여 있었다.

다시 시작되는 입국 수속 심사에 나는 적잖이 긴장되었다. 이번에는 어떤 문제가 생기게 될지 불안해졌다. 순탄하지 못했던 남미 일정이 파노라마처럼 내 머릿속을 스치고 지나가면서 심장이 두근두근했다.

하지만 이번에는 오렌지 두 개만을 세관에 내놓았을 뿐이었다. 생각보다는 가볍게 지나갔다는 생각에 안도감이 들었다. 그동안 너무 긴장만 하면서 살아왔던가 보다. 마음이 얼마간 놓였던 나는 다음 여정지의 티켓을 알아본 다음, 64달러짜리의 호텔을 찾아 들어갔다. 그날 밤은

볼리비아·칠레 국경 출입국 사무소

볼리비아 국경지대에서 짐 정리를 하는 4륜 자동차 운전사들

여행자들만이 보이는 고즈넉한 칠레 아타카마 마을

이곳에서 묵을 생각이었다.

　방 안에는 TV도 없이 가구 몇 개가 전부였지만, 그래도 따뜻한 물로 샤워할 수 있는 환경이니 감지덕지 한 일이었다. 우유니 소금 호텔과 비교하면 천국과 다름없었다.

　방에서 인터넷으로 표를 예약한 다음, 내일 아침 공항 가는 버스표를 사기 위해 다시 매표소로 갔다. 그런데 점심을 먹고 있던 직원이 나중에 오라면서 짜증을 냈다. 정말 직업의식이라고는 찾아 볼 수 없는 사람들이었다.

여행자들만이 보이는 고즈넉한 칠레 아타카마 마을

그래서 밖으로 나와 옆집 여행사 직원에게 물어보았더니 다른 곳을 소개시켜 주었다. 하지만 이곳에는 사람이 없었고, 그 옆 집 아가씨는 말이 통하질 않았다. 무슨 말인지 모를 "3.30"이라고 써주는데 이게 버스 시간인지, 금액인지 알 길이 없었다. 결국 우리 호텔로 다시 돌아와 친절한 카운터 아가씨에게 부탁할 수밖에 없게 되었는데, 그녀가 전화로 예약해 주니 무척 쉽게 해결이 되었다. 이렇게 간단한 일을 하기 위해 그 고생을 하였다니 한숨이 절로 나왔다.

호텔에 오는 도중에 한 레스토랑에서 한국과 알제리 월드컵 축구 경기를 TV로 중개한다고 밖에 써져있었다.

그래서 레스토랑에 들르니 한국이 알제리에게 3:0으로 패하고 있어 경기 관람 대신에 아타카마 시내를 좀 구경한 나는 식당에서 저녁을 먹은 후 일찍 잠자리에 들었다.

심한 감기에 걸려 고생하다!
칠레 산티아고

다음 날 나는 일찌감치 공항에 나가 비행기를 기다렸다. 공항의 시설은 깨끗했지만 실내 기온은 그리 높지 않았다. 그런데 누군가 나를 아는 척 하며 다가오는 것이 보였다.

"안녕하세요?"

칠레 원주민과 백인 사이의 혼혈로 보이는 그는 정확한 한국어 발음으로 "안녕하세요!"를 말하며 내게 오고 있었다. 한국 회사에 근무하고 있다고 하는데, 그래서인지 내가 한국인인 것을 용케 알아보았던 모양이다. 라면이니 뭐니 하며 알고 있는 한국어 단어를 모조리 말하는 그가 기특하게 여겨졌다. 내가 가지고 있던 초콜릿을 주었더니 아주 좋아하면서 홀짝이는 모습이 순박해보였다.

그는 산티아고 공항에 내렸을 때에도 얼마간의 도움을 주었다. 택시만은 기필코 타지 않으리라 다짐했던 터라 택시기사들의 유혹을 물리치고 대중교통만을 이용해서 호텔까지 찾아가기로 했다.

영어가 통하지 않아 답답했던 나는 그 칠레 청년에게 도움을 청해 미니 봉고를 탈 수 있게 되었다. 물론 결과적으로는 그 봉고차 운전수도 택시 기사 못지않은 사람이었지만... 호텔을 제대로 찾지 못해 시내 길을 이리저리 헤매다, 결국 내게 100달러를 요구하는 그에게 결국 나는 50달러 정도만 내고서 씁쓸해졌다. 괜히 모든 택시 운전사들에게 나쁜 감정을 갖게 되지는 않을지 걱정이다.

▲ 산티아고 투어 첫날 방문한 산타루시아 언덕

▲ 산티아고 누에바 요크 거리 풍경

    비행 편 예약을 마친 후에는 한식당을 찾아 나섰다. 오랫동안 지치고 피곤한 몸의 원기회복을 위해서는 한식만 한 게 없겠다는 생각에서였다. 다행히 칠레의 산티아고에는 한식당이 몇 개 있다고 했는데, 카운터 직원은 지하철을 타고 가야 한다고 했다.

    지하철은 또 어떻게 타야 할지 걱정하면서 지하철을 찾아가는 중 길 건너편에서 한국인으로 추정되는 동양인 하나가 걸어오는 게 보였다. 옳거니 싶어 한식당의 위치를 물어보자 역시 한국어로 길 건너편에 있다고 알려주었다. 생각보다 가까운 거리에 있었다. 괜히 지하철을 타고 헤매느라 고생할 뻔 했다.

    한식당은 다리 건너편에 바로 있었다. 두 곳을 먼저 찾아가보았으나 문이 닫혀있었고, '순이네'만은 영업을 하고 있었다. 식당에서 김치찌개와 맥주를 두 병 시켜 깨끗하게 비우고 나왔다. 오랜 만에 칼칼한 한국 음식이 속에 들어가니 좀 살겠다는 생각이 들었다. 여행지에서 맛보는 산해진미도 언제나 환영할 일이기는 하지만, 이렇게 몸이 고단할 때는 한국음식만한 치료약이 없다.

그러나 잠깐 괜찮아진 것으로 사료되었던 내 몸 상태는 다음날이 되자 더욱 안 좋아졌다. 아침에 일어나니 목이 너무 아팠다. 편도선이 좀 부은 것 같았다.

침대에 한 동안 멍하니 앉아있던 나는 계속 쉴지 아니면 여행을 나설지에 대해 잠깐 동안 고민을 했다. 컨디션이 안 좋으니 조금 쉬어야겠다는 생각이 들었지만, 한편으로는 이왕지사 여기까지 왔으니 볼 것은 보고 가야겠다는 생각도 들었다. 정말이지 내가 생각해도 내 고집은 누구라도 쉽게 막기가 어려울 것이다. 결국 나는 산타루시아 공원과 시내를 둘러보는 여정을 감행하기로 했다.

공원을 둘러보고 난 후 아픈 몸을 이끌고 수산물 센터로 갔다. 따뜻한 국물이 있는 음식을 먹고 싶었기 때문이다. 칠레에도 조개와 홍합을 끓인 국이 있었다. 하지만 보기에는 시원하고 칼칼해 보이는 모습이었음에도 불구하고 좀처럼 맛을 느낄 수가 없었다. 가득 부어오른 목이 아파 무엇을 먹고 있는 지도 잘 모를 지경이었다. 시켜 놓은 국을 먹는

필자가 점심으로 홍합 수프를 먹은 중앙 시장 풍경

필자가 칠레 산티아고 중앙시장에서 맛본 홍합탕

홍합탕 점심 식사 후 무료로 관람한 미술관 입구

둥 마는 둥 하고는 자리에서 일어선 후에는 현대 미술관에 가서 간단하게 둘러보았다.

저녁에는 해산물과 고기가 함께 나온 탕이 있다는 이야기를 듣고 찾아보았으나, 아쉽게도 음식점이 문을 닫았다고 했다. 나는 아쉬운 대로 삶은 돼지고기와 와인을 시켜 먹기로 했다. 입맛은 까칠하고 별 식욕이

돋지는 않았지만 그래도 감기가 낫기 위해서는 열량이 좀 있는 음식을 먹어야겠다는 생각에서였다. 돼지고기는 감칠맛은 있는 편이었는데 다소 짠 편이었다. 해서 함께 나온 와인을 많이 마셔야만 했다. 감기에 걸린 몸이라 되도록 이면 술은 먹지 않으려고 했으나, 앞에 나온 와인을 보니 갈증이 나서 견딜 수 없었다.

타지에 홀로 있을 때 아픈 것만큼 사람을 서럽게 하는 일이 또 있을까.

저녁을 먹고 나서 간신히 잠들었다가도 아픈 목 때문에 번번이 깨어나곤 했다. 외로운 방 안에서 혼자 골골대는 모습이라니 참 신세가 처량하게 여겨졌다. 나름대로는 감기를 이겨보겠다며 따뜻한 국도 먹고 입맛이 없던 와중에도 고기를 챙겨먹었으나, 이번 감기는 어지간하게 독한 놈인 모양이었다. 아마도 볼리비아 감기가 아닌가 싶었다.

아직 일정이 몇 개 남아있는데 제대로 마칠 수는 있을지 걱정이 앞섰고, 고국에 있는 가족들도 보고 싶었다. 아까 대한항공사에 전화했을 때 일정을 앞당겨 출국한다고 할 걸, 괜히 예정대로 진행한다고 했던 건 아닌지 조금 후회도 되었다.

약이라도 사 먹었으면 좀 나았을 텐데, 이 칠레에서는 영어를 제대로 할 줄 아는 약국이 거의 없던 것 같았다. 어제 약국을 세 군데나 돌아다녔지만 의사소통이 제대로 되질 않아 번번이 그냥 나와야만 했던 것이다. 의사가 약을 구하지 못해 끙끙 앓고 있는 모습이라니 참 아이러니한 일이었다.

하지만 나는 아직 칠레 푼타아레나스, 아르헨티나 바빌로체, 파라과이와 브라질에서의 다음 여정을 소화하기로 돼 있다. 아픈 와중에도 나는 기어이 새벽 5시 반에 일어나 공항으로 향했다. 그래도 다행스러웠던 것은 이번에 만난 택시기사는 비교적 선한 사람이었다는 점이었다. 택시기사는 30달러에 우리 돈 1,000원 가량을 더 받게 되자 고맙다면서 연신 싱글벙글 이었다. 요 며칠 새 바가지만 씌우는 **뻔뻔한** 기사들을 만

푼타아레나스 행 비행기 안에서 본 칠레 산하

나 보다가 이렇게 순박한 사람을 만나게 되니 마음이 한결 가벼워졌다.

공항에서는 비교적 간단한 수속을 마친 후, 8시 30분 행 비행기에 올랐다. 옆에 앉은 까무잡잡한 여자들이 내 짐을 친절하게 짐칸까지 올려주었다. 피부가 거뭇한 것으로 보아서는 외국에서 온 것 같았다. 이들은 동양인인 내가 신기했던 지 이것저것을 물어보았는데, 자신들은 뉴칼레도니아에서 왔다고 했다. 학교 수학선생님으로 근무를 하다가 은퇴한 후 남미 여행을 하고 있는 중이었다. 이제 곧 나도 정년을 맞게 되니, 몇 년 후의 내 모습도 그들과 엇비슷하리라는 생각이 들었다. 이들에게 뉴칼레도니아에 꼭 가 보고싶다는 이야기를 전했다. 사실 아름다운 남태평양의 이 섬 국가는 언젠가 한번 반드시 찾아가 보고 싶은 나라였다. 이들은 푸에르토몬트까지 간다고 했다. 하지만 각각 푸에르토몬트와 푼타아레나스에 갈 예정이었던 우리의 여정은 조금씩 늦춰지게 되었다. 도착지의 심한 안개 탓에 잠시 비행기가 다른 지역에 내릴 수밖에 없었고, 결국 내 목적지인 푼타아레나스에는 예정된 시각보다 2시간이나 늦게 도착했기 때문이다.

푼타아레나스 행 비행기 안에서 만난 뉴칼레도니아 여인들과 함께 한 필자

가장 남극에 가까운 도시
칠레 푼타아레나스

어쨌거나 늦게 도착한 덕분에 나는 공항에서 직접 푸에르토 나탈레스(Puerto Natales)까지 가는 버스를 찾기 위해 뛰어야 했다. 겨우 발견한 버스에 올라타니 이미 만원이었다. 하마터면 못 탈 수도 있었으리라는 생각에 안도의 한숨이 나왔다.

공항에서 이번 버스를 타지 못했으면 다시 택시를 타고 시내까지 들어가 버스를 기다렸다가 타고 갔으면 아주 늦게 도착할 건데 다행히 비행기에서 내리자마자 버스를 탔으니 이것 또한 행운인 것 같았다. 또다시 택시를 타고, 시간이 늦어질까 걱정하는 일은 되도록 경험하고 싶지 않았다. 더군다나 남반구인 칠레는 이미 겨울이었는데 저녁 5시만 되어도 깜깜한 이 낯선 도시에서 교통편을 찾고 숙소를 구하는 일이란 여간 난감한 일이 아니었다.

영어가 전혀 통하지 않아 곤욕을 치른 한 호텔

칠레 푼타 나탈레스 마을의 새벽 풍경

나를 태운 버스는 캄캄해진 황야를 두 시간 좀 못되게 달려 목적지인 푼타 나탈레스에 도착하였다. 호텔에서 피레네 여행에 대한 정보를 구하고자 했으나, 역시 생각만큼 쉽지가 않았다. 가장 큰 문제는 언어였다. 영어를 하는 사람들도 거의 없었을 뿐만 아니라, 자세한 정보를 알려주는 사람도 드물었다. 물어 보는 사람마다 각자 달랐다.

먼저 호텔에서 영어를 알아듣지 못하는 카운터 아줌마에게 바디 랭기지로 힘들게 물어 확인한 바로는 내일 피레네 가는 버스는 없다고 했다. 그렇다고 한국에서 가장 먼 곳까지 어렵게 왔는데 포기할 수 없어 닥치는 대로 만나는 사람마다 물어 보았으나 뽀쪽한 답

토레스 델 파이네 국립공원을 보지 못해
더욱 아쉬운 마음을 남긴 푼타 나탈레스 버스 정류장 승강장

은 얻을 수가 없었다.

일단 저녁을 먹고 내일 아침에 다시 여행사에 가서 물어 보기로 하고 잠자리에 들었다. 아침 일찍 밖으로 나가 여행사 간판이 있는 곳은 모조리 들러 물어봐도 비수기이기 때문에 그날은 없고 다음날은 있다고 했다.

하지만 난 다음날은 푼타아레나스로 가야하는 일정이라 내일은 소용 없다. 그래서 택시를 대절하려고 물어보니 30만원 달라고 했다. 20만원까지는 갈까 말까 망설였는데 너무 비싸다 싶어서 포기하고 그날 푼타아레나스로 가기로 하고 버스 정류장으로 갔다. 정말 아름다운 페레네 공원을 못보고 가는 게 서운하지만 어쩔 수 없었다.

푼타아레나스에 도착해 전날 인터넷으로 예약한 호텔로 향했다. 그 호텔은 약 70달러 정도의 호텔로 매우 깔끔한 편이었는데, 무엇보다도 영어가 통하는 환경이 그중 가장 마음에 들었다. 나는 시내를 천천히 거닐며 마젤란 해협과 동상을 보았고, 햄버거와 맥주를 저녁으로 먹었다. 술은 여전히 삼가 해야 할 음식이었지만, 이렇게라도 마시지 않으면 살 수 없을 것 같다는 생각이 더 앞섰다. 의사도 사람은 사람이었다.

푼타아레나스(Punta Arenas)는 칠레의 최남단이자, 남극으로 가는 길목에 있는 도시이다. 본래 푼타아레나스는 과거 칠레가 마젤란 해협을 갖기 위해 세웠던 계획 도시였다. 마젤란 해협은 포르투갈의 탐험가였던 마젤

마젤란 해협을 발견한 포르투갈 태생의 스페인 항해자 마젤란 동상

칠레 푼타아레나스 마젤란 해협

란이 1502년 발견한 신항로의 길목이었고, 이 해협은 그의 이름을 따서 '마젤란 해협'이라고 불리게 되었다. 덕분에 1902년에 파나마 운하가 건설되기 전까지 푼타아레나스는 상업과 무역의 중심지였다. 많은 상인들이 마젤란 해협을 통해 대서양과 태평양을 넘나들었으며 이곳 또한 늘 사람들로 북적거렸다고 한다.

물론 지금은 이곳을 통해 대양을 넘나들 이유가 없어졌지만, 대신에 푼타아레나스는 남극으로 가기 위한 연구용 선박들이 반드시 거쳐 가야 할 관문이 되었다. 작은 항구 마을로 보이는 이곳 바다에 큰 선박들이 보이는 이유는 바로 그 때문이었다.

나는 바다 저 멀리 보이는 배들을 보며 한가로운 정취에 젖어들었다. 늘 바삐 움

독특한 문양이 그려져 있는 푼타아레나스의 다리

직이기만 했던 이번 여행길에서 몇 안 되는 여유로운 시간이었다.

돌이켜 보면 이번 여정은 힘들고 고단한 나날의 연속이었다. 언어 문제와 체력 고갈문제로 인해 나는 무척 고통스러웠다. 대부분의 국가에서 스페인어만 사용하는지라, 영어와 몸짓언어만으로는 의사표현에 한계가 있었다. 게다가 사람들의 일 처리 역시 느긋하고 체계적이지가 못했다.

아마도 급격히 저하된 컨디션으로 인해 나는 훨씬 더 힘든 여정을 소화해야 했다. 여행 시작부터 나를 따라다녔던 감기는 끝끝내 남미 최남단 마을까지도 내 옆에 꼭 붙어왔다. 목은 좀 가라앉은 듯했는데 여전히 콧물과 기침이 났다. 몸이 좋지 않은 상태이니 낯선 환경에서 겪게 되는 예기치 못한 상황들이 더욱 스트레스로 다가왔을 수도 있었다.

머지않아 한국으로 돌아가면 곧 외래 진료를 시작해야 할 터인데 스트레스 관리에 조금 더 신경 써야겠다는 생각이 들었다. 올바른 진료를 위해서는 의사 자신의 관리 또한 중요한 일일 테니 말이다.

다음날 전날 보아두었던 '신라면' 가게로 향했다. 라면 가게는 공항 가는 근처에 있었기에 집에서는 잘 먹지 않는 라면이지만 여기에서 먹는 라면은 무엇인가 의미가 있을 것 같아 점심으로 먹고 공항으로 가기로 했다.

아레나스 도로 중간에 심겨져 있는
독특한 형태의 가로수들

버스를 기다리고 있는 칠레 사람들

우리나라에서 가장 먼 곳에 위치한 푼타아레나스의 한 신라면 가게

오랜만에 맛보는 한국 라면의 맛에 푹 빠진 필자

라면 가게에 들어가니 사장님의 웃음도 보기 좋았지만, 무엇보다 한국어를 마음껏 사용할 수 있으니 10년 묵은 체증이 쑥 내려가는 것만 같았다. 사장님은 이곳에 자리 잡은 지는 9년이 되었고, 한국을 떠난 지는 벌써 30년이 넘었다고 했다. 이곳 푼타아레나스에는 한국 사람이 총 세 명 살고 있는데, 그중 사장님은 라면 분식집을 운영하고 있었다.

매운 신 라면을 파는 가게였는데도 현지 손님이 있었다. 내 뒤에 온 칠레 손님은 라면을 먹으며 사장님과 친분이 있는 듯 몇 마디를 나누었다. 그런데 당혹스러웠던 것은 내가 그 사장님의 할아버지가 아니냐고 물어보는 거였다. 사장님은 매우 재미나다는 듯이 이 이야기를 굳이 통역하여 알려줬으나, 사실 내게는 결코 유쾌하지 않는 소리였다. 그 주인장보다는 겨우 네 살 더 많을 뿐이었는데도 나를 할아버지로 생각하다니… 외국 사람들은 확실히 사람 보는 눈이 좀 부족한 것 같았다.

자유로운 영혼의 일본인 친구
칠레 푸에르토몬트

모든 것에는 만남과 이별이 있는 법이다. 나는 지구 반대편에서 만난 라면집 사장님과 아쉬운 작별을 하고는 다음 여행지인 푸에르토몬트(Puerto Montt)로 향했다. 푸에르토몬트는 산티아고만큼이나 매연이 심한 도시였다. 여기에서 잠깐 머문 후에 내일 바릴로체(San Carlos de Bariloche)로 들어갈 예정이었다. 다음날 아침 8시 15분 버스가 있다고 해서 표를 끊어두었다. 국경을 넘는 차비 치고는 저렴한 비용이었는데, 이것은 우리 돈으로 약 16,000원 정도 되었다.

버스 정류장 뒷편 칠레 푸에르토몬트 일대 전경

칠레에서 아르헨티나 바릴로체로 향하는 버스

저녁 식사로는 책에서 한번 보았던 꾸란또(Curanto)를 먹어볼 참이었다. 꾸란또는 지역 향토 음식으로 홍합·생선 등 해산물과 감자 밀떡을 푹 쪄낸 탕 요리라고 했다. 길을 걷던 중 책에서 추천하던 독일풍의 집을 발견하였고, 그곳에 들어가 꾸란또는 없어 못 먹고 맥주와 대구를 주문했다. 오랜만에 감자튀김도 시켰는데 소스가 아주 그만이었다. 가격도 우리 돈 2만 원 정도이니, 그럭저럭 괜찮은 금액이라는 생각이 들었다.

짧은 푸에르토몬트에서의 일정을 마친 나는 다음 날 아침 걸어서 바로 터미널로 갔다. 아름다운 휴양도시인 바릴로체 여행의 시작은 빠르면 빠를수록 더 좋을 듯 했지만, 내 노력이 무색하게도 창밖은 온통 안개뿐이었다. 하지만 아르헨티나 국경에 가까워지자 점차 날씨가 맑게 개었다.

칠레·아르헨티나 국경지대

눈 덮인 칠레·아르헨티나 국경 산길

창밖으로 보이는 호수와 만년설의 모습은 대단했다. 이 아름다운 호수는 캐나다의 밴프 루이스 호수처럼 아름다웠다. 마치 어린 아이처럼 차창에 달라붙어 사진을 찍는 나를 보며, 한 아주머니는 자리까지 양보해줬다. 이윽고 버스 안에서는 빙고게임을 시작하였는데, 버스 차장은 스페인어를 잘 못하는 나를 위해 뒷좌석에 앉은 일본인 관광객을 소개시켜 주었다.

안토니오라는 이름의 그는 나보다 두 살이 많았다. 일본 오사카에서 살던 그는 30년 전에 뉴질랜드로 이민을 갔다고 하는데, 운영하던 이자카야 선술집이 지진으로 파괴된 후에는 여행을 다니고 있다고 했다. 오랜 여행 경험 덕분인지 그의 스페인어는 수준급이었다.

여행을 하는 사람들이라는 동류의식 때문이었을까. 만난 지 얼마 되지 않은 사이였지만, 우리는 금세 친해져 일상생활을 이야기할 정도가 되었다.

"제가 1년 전에 이혼을 했거든요. 와이프 하고는 성격이 안 맞더라

푸에르토몬트에서 바릴로체로 가는 버스에서 만난 일본인 친구와 함께 한 필자

고요. 덕분에 인생이 자유로워 졌죠."

"호오, 외롭진 않으시고?"

"이것저것 하느라고 외로울 새가 없어요. 10년 전부터 피아노를 배우기 시작했는데 매년 집에서 친지들하고 연주회도 열고 있고, 정기적으로 여행도 하고 있고, 또 요새는 에코 농업에 관심이 많아서 여기저기 알아보고 있거든요."

보통 일본인들은 개인적인 이야기를 잘 안하는 편이라고 알고 있었는데, 이 사람만은 예외인 듯했다. 젊었을 적에 유럽·아프리카·중동지역을 1년간 여행했을 정도로 자유로운 사람으로 타인에게도 매우 개방적인 성향을 가지고 있었기 때문일 게다.

그는 여행지에서는 주로 저렴한 호스텔에 머물며 외국인들에게 '오꼬노미야끼'를 만들어 주곤 한다고 했다. 자신이 만든 음식 사진을 보여주는 그의 모습에서 젊은 열정이 보이는 듯 했다. 사실 흰 수염이 덥수룩하게 자라있는 그의 얼굴은 나보다도 나이가 더 많아 보였으나, 하얀 안경테 너머로 보이는 두 눈만은 반짝반짝 빛나고 있었다. 나는 바릴로체에서 내려야 해 그와 헤어졌지만, 언젠가는 꼭 한 번 다시 만날 수 있었으면 한다.

사서 고생을 하시는 군요
아르헨티나 바릴로체

'바릴로체'는 아름다운 도시였다. '남미의 스위스'라고 불릴 정도로 멋진 산맥이 자리 잡고 있으며, 도시 바로 앞에는 나우엘우아피 호수가 위치해 있는 그런 곳이다.

안데스 산맥을 등지고 있는 도시답게 바릴로체는 매우 유명한 스키 관광지로 정평이 나있다. 하지만 겨울의 바릴로체는 어둠이 빨리 찾아와 오랫동안 머무는 도시이기도 했다.

바릴로체 행 버스 차창에 비친 아름다운 호수 풍경

바릴로체 광장 중심에 있는
로카(Roca)장군 동상 주변 풍경

바릴로체 광장에서 망중한을 즐기는 시민들

 가게에서 환전을 한 후 호텔에 도착하여 체크인을 하고 나서 시내구경을 하였다. 다음날 하루 더 바빌로체에 머물며 근처 투어를 할까 생각했으나 너무 일정이 빡빡할 것 같아 어쩔 수 없이 내일 떠나기로 하고 저녁을 먹기 위해 호텔 직원에게 추천받은 스테이크 하우스로 갔다. 이곳 아르헨티나 소는 이 세상에서 가장 행복한 소여서 아주 맛있다고 소개되어 있다. 주문해 나온 스테이크는 정말 한국에서 이제까지 먹어보지 못한 매우 맛있는 스테이크였다. 와인 한잔을 곁들인 스테이크는 환상적이었다.

 아침 7시 반에도 어두컴컴한데다 물안개가 가득 피어있는 지라, 도시 전체가 마치 엷은 종이 막에 쌓여있는 것 같았다.

 가벼운 산책 후, 안개 낀 날씨에 불안해진 나는 급히 버스를 타고 공항으로 출발했다. 공항에 도착하여 청사 안에 들어가자 많은 사람들이 줄서 있는데 무엇인가 예감이 이상했다.

 출발 도착을 알리는 전광판을 보니 내가 가려고 하는 부에노스아이레스 행 항공편과 관련해 '지연'도 아닌 '캔슬'이란 단어가 있지 않는가. 정말 가슴이 철렁했다.

나는 이 비행기를 타고 부에노스아이레스에 내려 몇 시간 뒤 파라과이 아순시온으로 비행기를 갈아타야 하는데, 빨리 떠나지 않으면 모든 비행 스케줄이 엉망이 되는 상황이었다. 뜻밖의 돌출상황 전개에 당황했던 나는 일단 사정을 알아보기 위해 줄을 섰지만 점점 더 불안해졌다. 내 앞에 선 사람은 30분 이상을 직원과 실랑이를 벌였지만, 별 뾰족한 대답을 찾지 못한 것 같았다. 그나마 여유로운 남미 사람들이었으니 그 정도에서 그쳤지, 우리나라 사람들 같았으면 공항 전체가 온통 혼란에 빠져 버렸을지도 모른다는 생각이 들었다.

곧 내 차례가 와서 항공편 예약 확인을 확인하니 "현재는 언제 비행기가 떠날지 모르니 일단 오후 비행기로, 파라과이 행 비행기는 내일 아침으로 예약을 해주고 오늘 저녁은 항공사에서 마련한 호텔에서 자게 해주겠다"고 했다. 스케줄대로라면 당일 파라과이에 들어가 다음날

호텔에서 바라본 바빌로체 호수 주변 풍경

이른 저녁 무렵 바빌로체 마을 정경

브라질 상파울로에 도착하고 하루 머물었다가 대한항공편으로 서울로 올 계획이었다.

그러나 여기에서 하루가 더 지체되니 파라과이에는 갈 수가 없고 다음날 직접 상파울로로 가는 방법밖에 도리가 없었다.

서울로 가는 대한한공 출발편이 고정된 상황에서 매우 난감한, 선택의 여지가 없는 처지였다. 일단 안개가 걷혀야 비행기의 운항이 재개되는데 오전 내내 걷힐 기미가 보이지 않았다. 이렇게 지루하고 불안할 수가 없었다. 그래서 파라과이를 포기하고 아예 직접 상파울루까지 가는 비행 편은 없냐고 물었더니 300달러를 더 지불해야 한다고 했다. 머릿속에 온갖 생각들은 많았지만, 당시 그 상황에서 내가 어찌해 볼 도리는 없었다. 굉장히 난감하고 당황스러웠다.

정말 이번 여행은 문자 그대로 "사서 고생이다"라는 말의 연속이었지 않았나 싶었다. 물론 항상 인생이 순탄할 수는 없을 것이며 여행지에서 만나게 되는 예상치 못한 상황이야 당연한 일이겠지만, 이번 여행은 유독 그 정도가 심하다는 생각이 들었다. 나처럼 소심한 성격의 사람들은 정말 심장 건강을 조심해야 할 여행이었다.

젊었을 때라면 이런 긴장감과 스릴을 즐기면서 여행할 수 있었을 지도 모르겠다. 힘든 과정을 이겨내고 마침내 여행지에 도달했을 때의 그 만족감과 묘한 성취감은 사실 겪어 본 사람만이 알 수 있는 감정일 게다.

하지만 이렇게 나이 들고 피로한 몸으로 강행군을 결정했던 것이 조금 무리한 일이 아니었나 싶다. 남미의 사정에 대해 잘 몰랐던 나로서는 적잖이 당황하기도 했고 지속되는 스트레스에 몸이 아프기도 했다.

하지만 내가 좀처럼 여행을 그만둘 수 없었던 것은 이 마약 같은 여행의 중독성 때문이었을지도 모르겠다. 내방에서 이불을 뒤집어쓰고 골골대며 다시는 여행을 하지 않겠노라고 다짐했던 나였지만, 아마도

한국으로 돌아 간 후 얼마 되지 않아 다시금 여행 계획을 세우고 있을 것이라는 확신이 들었다. 다만 다음 여행에는 조금 더 시간을 가지고 여유롭게 준비하는 게 필요할 것이라는 교훈을 얻을 수 있었다

그렇게 6~7시간이 지났을까. 내가 이렇게 생각에 잠겨 있을 때, 다행스럽게도 부에노스아이레스로 가는 비행편의 운항이 재개된다는 소식이 들려왔다. 그러고 보니 이번 여행에서는 항공기의 결항과 도착지 연이 유독 심한 편이었다.

일전에 세계 내분비학회에 참석했을 때에도 이와 비슷한 일을 경험했던 적이 있었다. 당시 나는 포르투갈에서 열린 학회에 참석한 후 바로 독일 뮌헨에서 열리는 유럽 당뇨병학회에 참가하기 위해 떠날 예정이었다. 그런데 예기치 않은 비행기 고장으로 포르투갈에 하루 더 머물게 되었는데, 이 때 묵었던 숙소는 메리어트 호텔이었고 훌륭한 저녁식사도 대접받았었다. 그 때의 항공사는 독일의 루프트한자였는데, 아르헨티나의 항공사는 내게 제대로 된 잠자리를 제공해 줄 수 있을지 걱정이 되었다.

부에노스아이레스에서 묵게 되었을 때 걱정이 되는 점은 또 있었다. 당초 7월 1일로 예정되어 있던 귀국일자를 4일로 연기하였을 경우, 내가 휴식을 취할 수 있는 시간이 단 하루밖에 없기 때문이었다. 즉, 한국에 도착하는 일자인 7월 6일의 바로 다음 날부터 외래 환자를 보아야 하는 일정이 잡혀 있었다.

출근이야 별 무리가 없을 것인데, 문제는 환자를 진료해야 하는 내 몸의 상태였다. 기실 의사로서 환자 한 사람 한 사람에게 집중하기 위해서는 좋은 컨디션을 유지하는 것도 중요하다. 기본적으로 의사와 환자 사이에는 '라포 형성(처음 본 사람들끼리 어색함을 없애기 위해 자연스러운 상황을 만들고 서로 이야기 하면서 친해지는 단계)'이 필요한 만큼, 의사의 좋은 컨디션이란 곧 환자에게 믿음을 주는 주요 덕목이라고도 볼 수 있기 때문이다. 진료에 최적화된 마음과 정신을 함양하는 것은 곧 의사로서의 책임감이다. 그러니 이 빠듯한 여행 일정 때문에 마음 한 구석이 왠지 부담스럽기 그지없었다.

내 맘대로 할 수 있는 건 아무 것도 없어
아르헨티나 부에노스아이레스

저녁 늦게 부에노스아이레스에 도착했으나 해당 항공사에서 지정 호텔로 데려갈 준비가 미비 돼있어서 호텔까지 가는 데도 애를 먹었다. 해당 호텔도 매우 시끄럽고 별로 좋지 않았다. 저녁도 호텔에서 주겠다고 했으나 별 볼 일 없을 것 같아 나는 거리로 나와 스테이크 가게를 찾아 맛있게 먹었다.

푸른 초원을 마구 누비고 다닌다는 아르헨티나의 소를 먹으면, 나도

부에노스아이레스 시가지 전경

안개 낀 부에노스아이레스 공항　　　　안개로 비행기 이륙이 안돼 만원이 된 공항 안 모습

　그 행복한 기분에 젖을 수 있게 되지 않을까 얼마간의 기대감도 물론 들었다. 나는 립 아이 스테이크와 와인 반 병을 시킨 다음, 천천히 그 행복한 시간을 음미하고자 했다. 고기를 한 점 씹자, 육즙과 구운 채소의 맛이 이내 내 혀끝에 맴돌았다. 낙원이 따로 없다는 생각이 들었다.
　잠깐의 행복한 시간이 지나고, 이내 분주하게 다음 여정을 체크하고 만반의 채비를 해야 할 순간이 다가왔다. 날씨 탓에 꼬여 버린 비행기 일정을 맞추는 일을 시작해야 했다. 호텔의 와이파이가 고장이 나서 나는 저녁식사를 하는 식당에서 인터넷 사용을 하고 싶다고 요청했다. 그러자 식당 측에서 흔쾌히 허락해주었다. 그날 저녁 묵기로 예약한 파라과이의 한 호텔 예약을 취소하려고 했으나 취소가 어려워 하루 호텔비만 날리고 말았다. 또한 다음날 떠나기로 되어있던 파라과이에서 브라질 상파울로 항공편 예약을 취소하고자 한국에 연락하여 취소를 부탁했으나 인터넷으로 한 예약은 현지에서 실행하는 수밖에 없다고 했다.
　그래서 어쩔 수 없이 다음날 공항에 가서 하기로 하고 잠을 청했다.

무려 6시간 만에 안개가 걷혀 탑승을 시작하는 여행자들   세상에서 가장 행복한 소 아르헨티나 비프스테이크

다음날 아침 4시에 버스가 호텔로 오기로 되어있었다. 내 방이 자동차 도로 옆에 있어 시끄러워 잠도 제대로 자지 못하고 새벽 3시에 일어나 공항 갈 준비를 하고 4시에 공항으로 출발, 5시쯤 도착했는데 또 안개가 끼어 있지 않은가.

안내 전광판을 보니 또 비행기 출발이 지연된다고 했다. 비행 출발 시간이 7시 반인데 10시30분에 출발한다고 해서 다시 공항 안 대기실에서 급히 한국으로 연락하여 상파울로에서 귀국하는 비행기 편을 7월 3일로 연기 가능한지 알아봐 달라고 했다. 며칠 전까지는 이날 비행기 좌석이 없다고 했으나 혹시 예약을 취소한 손님이 있을지도 모르기 때문에 허탕을 친다고 생각하면서도 연락했다. 만약 그 항공편 예약이 안 되면 4일 출발하는 것으로 부탁하였다. 그 당시 4일에 출발하는 항공편의 좌석이 있다고 하였으니 말이다. 그리고 그날 떠나기로 한 파라과이→상파울로 항공편을 다음날로 연기하기 위해 항공사 카운터로 향했다.

그리고 아르헨티나 현지 항공사에 물어보니 아순시온 담당 항공사에 연락해 보라고 했다. 맙소사, 또 시련의 시작이었다.

　결국 나는 해당 항공사가 위치한 곳을 물어물어 찾아가 취소를 부탁했다. 이번에는 내가 표를 구매한 인터넷 회사에 문의해 취소를 요청해야 한다는 답변을 들었다. 취소도 거의 불가능해져서 이곳에서 브라질 상파울루까지 직접 가는 항공편을 알아보았으나 모든 표가 매진이라고 했다. 극도로 절망스러운 순간이 흘러가고 있었다. 1분이 마치 한 시간처럼 여겨지는 길고 긴 순간이었다.

　얼마나 시간이 흘렀을까, 상파울로에서 서울 가는 3일 날짜 티켓이 가능하다는 연락이 와 예약을 부탁했다. 이제 2일의 여유가 생겨 좀 마음이 편해졌다. 하지만 아순시온에서 상파울로까지 가는 당일 티켓을 다음날로 연기하기 위해서는 100달러의 추가 요금을 내야만 해서 하는 수없이 표를 구매했다.

　그런데 비행기는 10시 20분이 다 되어서도 출발하려는 기미가 보이질 않았다. 아직 짙게 덮인 안개 때문에 언제 출발할 수 있을지를 모르겠다는 거였다. 다시 출발 예정시간이 11시 30분으로 조정되었는데, 그 마저도 확실치가 않았다. 정말 내 마음대로 할 수 있은 것이란 극도로 제한적이라는 생각이 들었다. 비행시간은 물론, 구매했던 티켓 취소까지 내 마음대로 할 수 있는 일이 하나도 없었다.

선량하고 착한 사람들이 사는 곳
파라과이 아순시온

우여곡절 끝에 1시경에 출발한 비행기는 아순시온(Nuestra Señora de la Asunción)에 도착하니 2시가 약간 지났다.

파라과이의 수도 아순시온은 그리 부유해 보이지는 않았으나, 아담하고 정감이 있는 도시라는 인상을 주었다. 사람들의 인상은 그리 좋아 보이진 않았지만, 그들의 성격만큼은 매우 온화하고 친절해 보였다. 마치 우리의 60~70년대의 모습과 비슷한 도시라는 생각이 들었다.

버스로 호텔까지 와 체크인을 한 후 아순시온 시내 중심가 거리를 거닐었다. 도심지를 벗어나서 그런지 거리에는 대통령궁 이외에는 그다지 볼 만할 것들도 없었고 관광객들도 많지 않았다.

다만 이색적이었던 것은 공원 한 편에 자리 잡고 약초를 팔고 있던 어린 아이들이었다. 많아봐야 초등학생 나이 정도 되어 보이는 아이들이 바구니 한 가득 약초를 놓고서 장사를 하고 있었다. 한 녀석은 아예 자체 약초를 찧어 약품을 제조 중인 모양이었는데, 옆에 사람이 가도 별 신경을 쓰지 않은 채 열심

우리나라 70년대 모습이 연상되는 파라과이 시내버스

◆ 파라과이 전통 시장 풍경   ◆◆ 아순시온 공원에서 꼬마 약사가 약초를 찧으며 약을 만드는 광경
◆◆◆ 필자가 파라과이 색소폰 CD 한 장을 구입한 길거리 CD 가게

히 제 할 일에 열중하는 모습이 귀여워 보였다. 가까이에 가서 유심히 살펴보았으나 무슨 약초인지는 알 수가 없었다.

다음 날 체크아웃을 할 때, 주인 할머니는 내게 한국 사람인지를 물었다. 이곳에 사는 한국 사람이 많은데, 자기 옆집에도 한국 사람이 살고 있다고 했다. 그러면서 그녀는 언젠가 한 번 사진에서 봤던 서울 모습에는 크고 좋은 건물들이 많았다면서 나를 부러워했다.

그렇게 좋은 나라에서 살고 있으니 얼마나 좋으냐면서 연신 감탄사를 연발했다. 이제까지 남미 국가들을 돌아다니며 현지인들과 이렇게 사적인 대화를 나눴던 기억이 거의 없었던 것 같은데, 역시 파라과이의 사람들은 정이 많고 친절한 민족성을 가졌다는 생각이 들었다.

지금껏 굉장히 사무적이고 무사안일주의로만 나를 대해왔던 항공사 직원들이며 택시 기사들의 모습과 더욱 비교되는 모습이었다. 그래도 여행 말미에는 이렇게 따뜻한 정을 공유할 수 있는 사람들을 만나 다행이었다.

아순시온 공항에서는 환송회인 것 같은 광경도 볼 수 있었다. 어린 학생들이 노래를 부르고 있는 가운데에 오르간을 연주하고 있는 노신사가 있었다. 아마도 사제지간으로 보이는 이들 일행은 누군가를 떠나보내고 있는 중이 아닐까 싶었다. 그동안 수많은 공항을 오고 갔지만 이렇게 노래 부르며 환송회를 하는 장면은 아직 보질 못했었다. 이들의 훈훈한 기운이 어쩐지 내게도 전해지는 것 같았던 지라, 따뜻한 마음을 품고서 아순시온을 떠날 수 있었다.

다양한 문화가 혼재된 도시
브라질 상파울루

상파울루 공항에 내리니 날이 벌써 어둑어둑해져 가고 있었다. 브라질 상파울루에서는 치안에 특히 유의하라는 여행책자의 말이 떠올라, 공항버스를 타고 호텔근처에서 내린 후, 그리 멀지 않은 거리이지만 저녁이어서 택시를 탔다. 다음 날 상파울로 시내 구경에 나섰다.

처음 찾아간 동양인의 거리는 지하철을 두 번 갈아탄 후에야 찾아 갈

브라질 상파울루에서 만난 거리의 악사들

수 있었다. 중국과 일본 상점은 많았는데, 한국 상점은 거의 없는 듯했다. 일본은 아예 '일본정원'이라는 장소를 만들어 일본인 마을을 조성하고 있었다. 붉은 기둥으로 둘러싸인 정원 안에 들어가 볼까도 했지만, 여기까지 와서 일본마을에 가기는 조금 아깝다는 생각도 들었다.

대낮에 공원에서 서로 포옹하는 한 노부부

그래서 나는 성당과 미술관을 찾아가보기로 했다. 미술관이야 말로 그 나라 문화의 집결체라고 생각한다. 동양의 거리는 다시 한국에 돌아간 후에도 충분히 체험해 볼 수 있는 것이니, 여기에서는 브라질다운 것들을 눈에 담아 볼 요량이었다.

성당을 관람 한 후 미술관을 찾아가봤더니 60세 이상은 무료 관람이라는 안내가 되어 있었다. 칠레 산티아고에서는 65세 이상이 무료 관람 기준이었는데, 브라질 사람들은 칠레 사람들보다 조금 빨리 늙지 않는가 싶었다. 이번 여행에서 박물관, 미술관 모두 입장료에 시니어 대우를 받아 경제적으로 도움이 되었다.

미술관 밖에는 복잡한 인파들과 노숙자들이 있었지만 미술관 안은 샤갈과 피카소와 로댕이 살아 있는 전혀 다른 공간이었다. 나는 이들의 그림을 한참 동안 관람한 후, 밖에 나와 우스꽝스러운 행위 예술가를 좀 구경하다가 공원으로 향했다. 공원에는 한 낮인데도 낯 뜨거운 장면을 연출하는 커플들이 좀 있었다. 이들은 얼마나 자신들의 행위에 집중을 하고 있었는지 내가 카메라 셔터를 눌러대도 꿈쩍도 하지 않았다. 도리어 지켜보고 있는 내가 더 민망해졌다.

상파울루에서의 내 마지막 주전부리는 소시지와 채소 빵이었다. 길거리를 걷다가 고소한 기름 냄새가 풍겨서 보니 빵을 팔고 있는 트럭

상파울루 미술관에서 만난 행위예술가의 기묘한 표정

이 하나 보였다. 가격도 우리 돈 2,500원 정도로 저렴한 편이었고, 토마토와 채소를 함께 넣은 고로케 비슷한 모양의 것이 먹음직스럽게 보였다. 맛도 그런대로 괜찮은 수준이었다. 서울에서는 정작 군것질을 잘 하지 않는 편인데, 왜 외국에만 나오면 이런 음식들이 당기는지 모르겠다.

7월 3일이 되었다. 그날은 그동안의 대장정을 마치고 서울로 돌아가는 날이었다. 짐을 하나씩 챙기다 보니 가방에게 미안해졌다. 얼마나 혹사를 많이 당했던지 가방에는 성한 곳이 별로 없었다. 게다가 급한 일정 탓에 마구 사용했던 지라 가방은 금방이라도 망가질 것처럼 위태위태해 보였다. 이번 여행에서는 이 가방의 고생이 유독 심했다.

나는 마지막으로 면세점에서 손녀의 탄생과 같은 의미 있는 날 마시기 위해 아르헨티나 산 비싼 포도주를 하나 구입한 다음, 이번 여행의 종지부를 찍었다.

정말 길고도 힘한 여행이었다. 지금이야 이렇게 단 몇 줄로 줄여 쓸 수 있는 일들이지만, 볼리비아에서부터 브라질에 이르기까지 어찌나 순탄치 않은 여정이었던지 그 고생은 이루 말로 못할 지경이었다. 예전에 페루를 여행했을 때에는 이렇게까지 힘에 부치진 않았는데, 역시 나이가 문제인 모양이었다.

하지만 다시 한 번 이곳을 찾게 된다면, 그 때에는 스페인어를 좀 공부하여 보다 더 여행을 잘 해내야겠다는 생각이 들었다. 우유니 사막의 소금호텔에서 다시는 이곳에 안 오겠다는 결심을 했던 기억을 벌써 잊어버린 것이 아니냐며 반문하는 사람도 있을 테지만, 원래 여행이란 것이 다 그런 법이다.

한 번 그 묘미에 맛을 들이기 시작하면 좀처럼 멈추지 못하는 것이 바로 여행이다. 힘들 것으로 예상된다면 보다 여유 있는 일정으로 준비하면 될 것이고, 호텔 예약이 걱정된다면 한국에서 철저하게 체크한 후 여행을 시작하면 될 것이다.

등산가들은 왜 등산을 하는가라는 물음에, 그곳에 산이 있기 때문에 산을 탄다는 대답을 했다고 한다. 누군가 내게 왜 여행을 하냐고 묻는다면, 그곳에 여행지가 있기 때문에 여행을 하는 것이라는 대답을 해주고 싶다.

CHAPTER
08

아이슬란드 · 아일랜드 여행지에서의 사색
세상에서
가장 아름다운 곳

물가가 정말 비싼 영국
런던 공항

　　　　　　2014년 8월 29일에 비엔나에서 개최되는 유럽당뇨병학회 발표 차 런던 행 비행기에 탑승했다. 친절한 대한항공 승무원들의 서비스도 흡족했는데 무엇보다도 대한항공에서 1등석 자리도 마련해주었다. 사실 가끔 대한항공 의전 팀에서 나와 짐을 부칠 때부터 1등석 라운지 까지, 그리고 목적지에서 비행기에서 내린 후 짐을 찾을 때까지 세심하게 서비스해주는 기회를 제공하는데 이번에도 이런 대우를 해주어 아주 편안하고 안락하게 여행을 시작할 수 있었다.

　내가 여행을 즐기게 된 것도 1988년경부터 대한항공 의료 자문위원으로 활동하게 되어 외국 학회에 갈 때마다 아내와 함께 비즈니스 아니면 1등석으로 업그레이드를 해주어 편안하게 여행 할 수 있었기 때문이 아니었을까 싶다. 이번 기회에 대한항공 회장님 및 관계자 여러분께 깊이 감사드리고 싶다. 아울러 아시아나항공 의료 자문으로 활동하게 되어 외국 여행 시 업그레이드 등의 혜택을 제공해준 아시아나 관계자들 분들께도 감사드리고 싶다.

　이번 여행은 좀 천천히 진행하면서 여유롭게 여행지를 둘러볼 요량이었다. 시작부터 이렇게 순조로운 것을 보니, 이번 여행 또한 만족스러울 것이라는 좋은 기대감이 들었다.

　런던 히드로 공항에 내린 후에는 지하철을 이용해 빅토리아역에 내려 호텔까지 걸어서 이동하였고, 저녁은 호텔 식당에서 햄버거와 맥주

한 잔을 시켜 함께 먹었다. 간단한 식사에도 15파운드, 우리 돈 3만 원 가량이 나오는 것을 보니 영국의 비싼 물가가 무척 비싸다는 사실이 새삼 절감했다.

영국에서 아이슬란드로 이동하기 위해서는 개트윅(Gatwic) 공항을 이용해야 했다. 공항이 여러 개 있는 영국에서 엉뚱한 곳으로 가지 않으려면, 늘 신경을 써서 자신이 이용할 공항을 찾아가야만 한다.

투숙 호텔 근처의 기차역에서 개트윅 공항까지는 약 30분가량 걸렸다. 비교적 빠르고 수월하게 찾을 수 있었다. 공항에 도착한 후, 나는 간단하게 빵과 물을 사서 먹었다. 이것은 크게 두 가지 이유 때문이었다.

하나는 고질적인 역류 성 식도염을 달래기 위함이었고, 또 다른 하나는 기내식이 혹시라도 입에 맞지 않을 수 있다는 우려 때문이었다. 사실 호텔을 나서기 시작한 이후부터 속이 좀 불편했다. 한국을 떠나기 전날, 충주에 사는 환자분이 보내주신 송이버섯과 소고기를 먹은 후 바

런던의 상징 타워 브리지 주변 야경

영국 런던 빅토리아 역 주변 풍경

로 잤던 게 화근이었던가 보다. 가족과 함께 먹을 때에는 맛있게 잘 먹었으나, 소화를 충분히 시킨 후 잠을 자야 했다. 원체 위가 약하고 예민한 성격이다 보니 이런 상황에서는 종종 속이 안 좋아질 때가 있다. 다행스럽게도 위산 억제제인 렉시움을 챙겨 와서 메스껍고 신물 나는 속은 좀 나아졌지만, 약간의 무기력함이 느껴졌다. 이에 배는 고프지 않아도 빵은 좀 먹어둬야겠다는 생각이 들었다.

공항에서 했던 식사를 간단히 해결한 일은 참 잘한 선택이었다. 비행기에 탑승해보니 기내식은커녕 물 한모금도 주질 않았다. 모든 게 엑스트라 요금을 지불해야 가능했다. 저가 항공사라 해서 저렴하게 이동할 수 있겠다고 생각했더니, 이런 애로사항이 있었다. 그나마 공항에서 물을 미리 먹어두었으니 망정이지 안 그랬으면 애써 달래놓은 속이 더 뒤집어질 뻔 했다. 하지만 기내식을 주지 않아도 좋으니 요금이 저렴한 편이, 나 같은 여행자에게는 더 나은 것 같기도 하다.

필자의 카메라를 주워 돌려준 착한 종업원의 가게

호텔 예약은 신중하게 하세요!
아이슬란드 레이캬빅

비행기는 어느 새 아이슬란드의 수도인 레이캬빅(Reykavik)에 들어섰다. 규모가 큰 것은 아니었지만, 깨끗하고 안락한 느낌을 주는 공항이었다.

공항 여기저기에는 꼭 있어야 할 자리에 필요한 시설들이 구비되어 있었다. 공항에 내린 후에는 미리 예약한 버스를 타고 호텔까지 이동했는데, 호텔은 시내에서 약 2km 정도 떨어진 곳에 위치해 있었다. 저렴한 금액은 그런대로 합리적이라는 생각이 들었다. 다만, 호텔의 모습이 시골 여관과 흡사하다는 게 매우 놀라웠다. 인터넷으로 예약할

레이캬빅에서 처음으로 투숙한 겉 보기에만 좋은 한 호텔

맥주 안주로서는 매우 비싼 'Fish & Chips' 메뉴

때에 굉장히 호화롭고 아늑해 보였던 호텔의 모습은 실물과 달라도 너무나 달랐다.

어딜 가나 광고와 실물 사이에는 상당한 괴리가 있는 것 같다. 하다못해 햄버거 하나를 보더라도 실제 모습과 광고 사진은 판이하게 다르지 않던가.

더군다나 시내와 상당히 멀리 떨어져 있는 호텔의 위치도 문제는 문제였다. 저녁식사를 하기 위해서는 시내까지 나가야 했는데, 다시 호텔까지 걸어 들어오는 것도 큰 부담요인으로 작용했다. 아픈 다리를 이끌고 호텔로 걸어오면서 다음부터는 반드시 시내 중심가에 있는 숙소로 예약해야겠다는 다짐을 했다. 한 잔당 만 원짜리 맥주와 역시 비싼 피쉬 앤 칩스를 먹었는데도 장거리를 걸어오느라 금세 내려가는 것 같은 기분이 들었다.

모든 것은 순리에 맡기자
아이슬란드 투어 1일차

긴장이 풀려 초저녁부터 잠들었던 나는, 밤 12시에 한 번 깨었다가 새벽 4시 경에 잠들어 다시 새벽 6시 45분에 일어났다.

7시 반에 호텔로비에서 출발하기로 되어있어 황급하게 준비를 하고 호텔 로비로 내려갔더니, 운전기사가 이미 나를 기다리고 있었다. 먼저 버스 정류장까지 미니버스가 대려다주고 거기서 여러 다른 호텔에서 온 손님들을 함께 모아 큰 대형버스로 옮겨 투어가 시작되었다. 그날 투어는 아침 8시부터 시작하여 저녁 8시에 끝날 예정이라고 했다. 그런데 이렇게 세차게 바람이 부는 날씨에 여행을 진행할 수 있을 지가 걱정이었다. 전날 밤부터 불기 시작한 바람은 마치 태풍이라도 지나가고 있는 양 엄청나게 강한 힘으로 내 뺨을 때리고 있었다. 머리칼이 정신없이 휘날리고 버스마저도 휘청거리는 이런 날씨 속에서 제대로 된 관광을 할 수나

아주 깨끗하고 정리가 잘된 버스 정류장

스네펠레스로 가는 도중에 만난 아름다운 마을

독특한 모양의
교회 건물

작은 마을 항구

곧 세찬 비바람이 몰아치리라는 사실을 예고해주는 먹장구름 1

있을는지 모르겠다 싶었다.

경험상, 여행의 성공 여부는 그 날씨가 어떠한가에 따라 좌우된다.

쾌적하고 맑은 날씨라면 순조로운 여행이 기대되겠지만, 비바람이 불거나 눈이 올 경우 그 여행은 거의 망한 것이라고 봐도 무방했다. 더군다나 날씨가 좋지 않으면 교통편마저도 말썽이곤 하지 않았던가. 그러니 내 견해로는 여행의 한 80% 정도는 날씨에 의해 좌지우지 된다고 보는 것이 옳았다. 이러한 심란한 날씨 속에서 내 기분 또한 심란함에 젖어드는 것은 당연한 일이었다. 당장 차창 밖으로 제대로 볼 수 있는 것들이 거의 없었다. 아이슬란드의 아름다운 경치를 보러왔는데, 비바람만 실컷 구경하다 갈 판이었다.

하지만 나는 마음을 좀 가라앉히기로 했다. 이전의 여행을 통해 배웠던 바가 있었기 때문이다.

세상이란 늘 내가 마음먹은 것대로만 흘러가는 것은 아니다. 여행이란 특히 그 불확실성이 강조될 수밖에 없는 행위였고, 때로는 순리에 내 몸을 맡기는 것이 가장 좋은 방법이었다. 오히려 이런 위기 상황을 통해 배우게 되는 진리들이 있으니 그리 흥분하거나 실망할 필요는 없

이채로운 검정 색 외관 가옥 주변 풍경

곧 세찬 비바람이 몰아치리라는 사실을 예고해주는 먹장구름 2

다고 생각한다.

내가 무엇을 생각하든 말든, 버스는 일정한 속도로 달리며 비바람을 뚫고 지나갔다. 덜컹거리며 달리던 버스가 정차한 곳은 어느 작은 마을 안이었다. 약 15분간 쉬기 위해 버스에서 내리니 문자 그대로 바람에 '날아갈 것' 같았다. 그런데 다음에 들른 어촌 마을에 내리자 비가 거짓말처럼 싹 개어 버린 것이 아닌가. 다음날 가이드가 해주었던 말에 의하면, 아이슬란드의 날씨는 매우 변덕스러운 지라 5분이 다르게 변화를 한다고 했다. 금방이라도 날아갈 것 같은 비바람이 부는가 싶어도, 언제 그랬냐는 듯이 바로 맑은 하늘이 나타난다는 것이다. 자연의 신비로움이 아닐 수 없었다.

계속되는 여정을 소화하면서 쏟아지는 잠을 이겨내기 위해 빵과 콜라를 조금 먹었다. 식사를 하고 나니 나를 태운 버스는 아이슬란드 서쪽 지역의 스네펠스넬스(Snaefellsnes) 반도에 가까이 근접해 가고 있는 중이었다.

이곳은 마치 우리나라의 제주도와 비슷한 아름다움을 지니고 있는 지역이었다. 해안선을 따라 마을이 죽 펼쳐져 있었고, 역시 화산폭발로 생긴 땅은 대부분 현무암으로 이루어져 있었다. 해안가를 따라 있는 주상절리 위에는 갈매기들이 날아가고 있었는데, 울퉁불퉁한 해안가의 절벽들은 영락없는 지상낙원의 광경이었다. 나는 이 중 해안가의 검고 둥글둥글한 돌멩이를 사진에 담고 싶어 가이드에게로 다가갔는데, 그는 내 얼굴을 유심히 살펴보더니 뜻밖의

해안 근처에 있는 기이한 형상의 돌무더기 탑

산에서 용암이 바다가로 흘러내려 형성된 검은 빛 해변 풍경 1

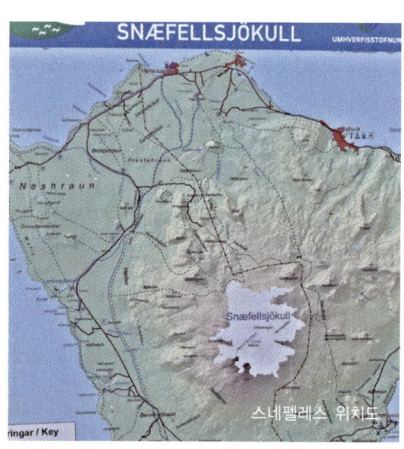

스네펠레스 위치도

관광버스로 돌아가는 길목 주변 풍광

바닷가의 아주 매끌매끌 하면서도 동글동글한 조약돌이 앙증맞다

산에서 용암이 바다가로 흘러내려 형성된 검은 빛 해변 풍경 2

평화로운 바닷가 풍경

이야기를 꺼냈다.

"혹시 용기 조를 아시나요?"

"용기 조, 용기 조?"

용기조가 누군지 몰라 눈만 끔뻑이던 나는 이내 그가 말하는 것이 누구인지를 생각해냈다. 다름 아닌 조용기 목사였다. 가이드는 독실한 기독교 신자였다. 얼마 전에 스톡홀름에서 큰 부흥회가 있었던 모양이었다. 기독교에 관심이 높은 이 가이드 양반께서는 한국의 기독교에도 매우 큰 흥미가 있는 듯했다. 그는 조용기가 신인지 목사인지를 내게 물어봤다. 60세가 좀 넘어 보이는 가이드는 참 착하고 말수가 적은 사람이었는데, 매번 조용히 사색을 하고 있는 그의 모습을 볼 때마다 영락없는 크리스천이라는 생각이 들었다.

생각에 잠겨 있는 가이드의 모습을 보니, 나도 괜히 묵상을 해야 할 것 같은 기분이었다. 깨끗한 바다를 내려다보며 오늘 있었던 일에 대해 돌이켜 보았다.

모름지기 긍정적인 마음가짐이 중요하다는 사실을 배울 수 있었던 오늘이었다. 아침에 호텔을 나설 때만 해도 걱정스러운 날씨였으나 이렇게 말끔히 갠 하늘을 볼 수 있게 되지 않았던가. 이것은 달리 해석하면 닥치지도 않은 일에 대해 미리 걱정할 필요가 없다는 것을 의미하는 바이기도 했다. 나의 걱정 여부와는 상관없이 날씨는 늘 변화하고 있다. 또 이것은 항상 최악의 결과만을 상상하고는 지레 걱정하는 나에게 굉장히 의미심장한 교훈이기도 했다. 좀 더 마음을 물 흐르듯이, 편하게 가질 필요가 있다.

간헐천의 신비로움
아이슬란드 투어 2일차

아이슬란드에서의 두 번째 날이 밝았다. 다행히 날씨가 그리 나쁘지 않았다. 그날의 가이드는 지적으로 생긴 중년 여성이었다. 생긴 것만큼이나 말도 또박 또박 예쁘게 했는데, 영어와 독일어로 설명하는 친절함까지 구비했다.

토마토 농장에서 농장 구경하고 간단한 간식을 한 후 간헐천으로 향했다. 최근까지도 화산활동이 진행 중인 아이슬란드에는 군데군데 화산지대가 많이 자리 잡고 있는데, 간헐천과 같은 특이 지대는 주요 관광 상품으로 소비되는 경우가 많다. 간헐천 근처에 내리니 먼저 도착한 관광객들이 물웅덩이 근처에 모여 웅성대는 모습이 보였다. 주기적으로 물이 뿜어져 나오는 간헐천의 모습에 서양말 특유의 감탄사를 연발했다. 물론 미국 옐로스톤 공원에서 보았던 규모에는 미치지 못하는 정도였지만, 간헐천의 모습은 볼 때마다 신비로운 것이 사실이었다. 섭씨 80도에서 100도에 이르는 뜨거운 물줄기가 땅에서 솟구쳐 오르는 모습은 굉장히 역동적이었다.

조금 더 자세히 보기 위해 근처 언덕으로 올랐다. 간헐천의 모습은 바로 앞에서 보는 것 보다 조금 떨어져서 보는 것이 훨씬 더 아름답기 때문이다. 주변에는 작은 규모의 분화구가 있고 물웅덩이들이 있었는데, 손을 살짝 담가 보니 몹시 뜨거웠다. 집 안에 이런 웅덩이 하나만 있으면 온수 비용은 절약되겠다는 생각이 들었다.

▲ 유기농 토마토 농장

투어 도중 간단한 요기를 할 수 있는 토마토 농장 휴게소 카운터   필자가 이용한 흰 색 외관의 관광버스

    간헐천을 나오니 아까부터 꾸물꾸물하던 날씨가 심상치 않았다. 다음 목적지인 굴포스(Gulfoss) 폭포로 가는 동안 또 다시 비가 내리기 시작했다. 비가 내리는 중에도 작은 이구아수 폭포만한 크기의 굴포스는 세찬 물소리를 내며 흐르고 있었다. 이미 세계 3대 폭포 1986년 미국 보스톤 조슬린 당뇨병 센터에 연수중 가족과 함께 1년 내내 속 썩이던 뷰익 스카이락 승용차를 몰고 나이아가라 폭포를, 지난 20 년 남아프리카 공화국에서 세계당뇨병 학회 참석하러 가서 빅토리아 폭포를, 그리고 브라질 학회 참서중에 이과수 폭포를 봤던 지라 그리 놀랄만한 규모는 아니었다. 다만, 아름다운 아이슬란드의 대자연과는 매우 잘 어울리는 모습의 물줄기라는 생각이 들었다.

◆ 땅 속에서 뜨거운 물줄기가 솟아오르는 것을 보고자 모여드는 관광객들
◆◆ 간헐천 일대를 거니는 여행자들   ◆◆◆ 일정한 주기로 뜨거운 물이 위로 솟구쳐 오르는 간헐천

다시 비바람이 불고 있는 지라 여정이 상당히 힘들어졌다. 기념품점에서 음악 CD를 하나 사고, 다음 여행지인 국립공원에서 유라시아판과 아메리카 판 사이를 걸어오는데도 바람이 또다시 내 옷깃을 세차게 흔들어대고 있었다. 어제는 여행을 시작할 때를 제외하고는 날씨가 좋아지더니, 오늘은 버스에서 내리기만 하면 비바람이 몰아친다. 아무래도 어제의 그 선량한 크리스천 가이드가 없어서인 듯했다. 그가 조용히 명상하던 순간이 사실은 비가 내리지 않게 해달라고 기도를 하던 순간이었을지도 모르겠다.

날씨가 정신없어지니 내 정신도 혼란스러워진 모양이었다. 나는 문득 관광이 주 수입원인 아이슬란드에서는 이 날씨마저도 돈벌이에 이용하는 것은 아닌가 하는 생각이 들었다. 잠깐 들렀던 가게에서 화장실을 이용하려면 요금을 내야 한다는 말을 들었기 때문이다. 이용료는 2크로나, 우리 돈 약 2,000원에 해당하는 금액이었다. 국민 소득이 4만 달러인 이 나라에서 돈을 내고 화장실을 이용하는 것도 각박하다는 생각이 들었는데 그나마 가격도 천양지차였다. 개인적으로, 이것은 아

굴포스 폭포로 가는 길 주변 풍경

우렁찬 우뢰소리를 내며 낙하하는 굴포스 폭포 일대 풍경

우중에 거닌 유라시아 판과 아메리카 판 사이 주변의 신비로운 풍경

이슬란드가 2008년 금융위기를 겪어 고생한 이후에 관광 사업에 목을 매고 있기 때문이 아닌가 싶었다. 어업이 주 산업인 아이슬란드에서는 사실 크게 돈을 벌 수 있는 사업이 그다지 없을 터였다. 간혹 유럽에서 돈을 내고 화장실을 이용하는 경우는 있었지만 이런 식으로 관광객에게 비싼 금액을 요구했던 적은 그리 많지 않았던 것 같다.

'블루라군 온천'에서의 여유
아이슬란드 투어 3일차

　　　　　9월 2일, 아이슬란드에서의 세 번째 날이 시작되었다. 아이슬란드에서의 관광일정은 거의 마친 상태였던지라, 상대적으로 여유가 있는 날이었다. 우선은 오전에 블루라군에 들러 온천욕을 한 다음, 시내 가까운 호텔로 옮길 계획이었다. 당시 머물고 있던 호텔이 마음에 안 들어 전날 카운터 직원에게 다음날 하루 먼저 체크아웃해도 되는지 물어, 된다고 확인을 받고 어제 저녁에 시내호텔을 예약한 상태였다. 그런데 아침을 먹고 나서 방으로 올라가려던 나를 카운터 직원이 불러 세웠다.

　"손님, 예약 취소가 어렵겠는데요?"

　"그게 무슨 소립니까? 어제 제가 하루 일찍 체크아웃하기로 했을 때는 문제없다고 하셨잖아요."

　한국에서 미리 오늘 저녁까지 예약했던 호텔이었던지라, 오늘 예약 취소가 안된다면 20여 만 원을 고스란히 날릴 수밖에 없었다. 돈이야 아깝지 않았지만 일단은 잘잘못은 따져야겠다는 생각이 들었다. 아직 떠나려면 시간이 좀 남아 있으니 시

강행군 여로에 쌓인 심신의 피로를 풀기에 제격인 블루라곤 이모저모 1

강행군 여로에 쌓인 심신의 피로를 풀기에 제격인 블루라곤 이모저모 2

도는 해보기로 했다.

 그는 내게 예약한 사이트에 직접 문의하라고 이야기했다. 하지만 영어가 그리 유창하지 못했던 나는 예약 확인 메일을 직원에게 보여주며 직접 해결해보라고 했다. 이렇게 예약한 증빙이 있고, 당신들이 어젯밤에는 해결해주겠다고 했으니 책임을 져야 한다는 말도 해 두었다. 그도 아마 느끼는 바가 있었던 것 같았다. 짐을 정리하고 나오니, 자기 컴퓨터로 해결 했다면서 체크아웃 서류에 사인만 하면 된다고 했다.

 몇 년 전, 독일 베를린에서 열리는 학회에 참석하기 위해 아내와 함께 갔던 적이 있다. 학회가 끝난 후에는 폴란드로 가기 위해 인터넷으로 예약하였는데, 일정이 변경되는 바람에 하루 일찍 체크아웃을 해야만 했다. 그런데 당시에는 인터넷 취소가 어려워 하루치 숙박비를 날려 버렸던 기억이 있다.

 인터넷으로 예약을 하기는 간편한데 취소를 하는 과정이 매우 복잡하고 어렵다. 아이슬란드의 경우는 아마 운이 좋은 편에 속했다. 외국에서 인터넷 예약을 최소할 때 겪는 불상사를 피하기 위해서는, 일단 하루치만 예약해 놓을 필요가 있다. 신중히 묵을 호텔과 일정을 계획한 후, 일단 하루 정도만 머물러 본 다음 추가 예약을 하는 거다. 이렇게 한다면 일정이 보다 탄력적일 수 있게 될 뿐만 아니라 어이없이 숙박비를 날리는 일도 예방하는 효과가 있다. 특히 우리처럼 인터넷에 익숙하지 않은 사람들에게는 더더욱 상기해야 할 교훈이라 할 수 있겠다.

하여간에 호텔비가 해결되어 200달러를 번 기분으로 나는 블루라군에 들러 느긋하게 온천욕을 즐길 수 있게 되었다. 따뜻한 물에 몸을 뉘이니 온갖 시름이 다 없어지는 것 같은 기분이었다.

그런데 블루라군은 또 다른 매력을 가지고 있는 장소라는 생각을 들게 하는 곳이었다. 온통 푸른 물살을 보고 있으니 눈에도 그 푸른빛이 물들어 오는 것만 같았다. 기회가 있다면 온 가족과 함께 들러보고 싶은 장소다. 목욕 후 수건을 빌리는 것에만 7000원이 든다는 것은 조금 그러하였지만, 그래도 피곤은 풀 수 있었다.

가만 보면 아이슬란드는 전혀 때 묻지 않고 천혜의 자연을 가지고 있는, 여행자에게 최적의 조건을 갖춘 관광지였다. 몇 년 전 세계자연유

만족도가 높은 한 호텔 외관

시내 거리의 괴물 조형물

특이한 외관의 교회

레이캬빅 시가지 전경

산으로 지정된 호주 테즈메니아 섬에 간 적이 있는데 그곳 자연과 비슷했다. 비싼 물가와 변덕스러운 날씨만 제외한다면, 편리한 이동 시스템과 친절한 사람들 그리고 천혜의 아름다운 환경을 갖췄다. 더군다나 온천욕·골프·승마·스키 등 매우 여유롭게 즐길 수 있는 것들 일색이었다. 아이슬란드는 깨끗한 환경만큼이나 여행일정 또한 깔끔하게 진행되는 나라라는 생각이다. 나는 기분 좋게 시내로 나가 교회를 구경하였고 이른 저녁식사를 한 후 잠자리에 들었다.

명마는 주인을 알아본다!
아이슬란드 마지막 일정

아이슬란드에서의 마지막 여정의 프로그램은 전날 예약했던 승마였다.

승마는 오래전부터 한 번 배워보고 싶은 운동이었으나 시간이 나지 않아 못하고 있다가 안식년이란 시간적 여유가 생겼을 때부터, 정신적으로 힘든 일이 있어 2013년 봄부터 시작할 수 있었다. 왼쪽 무릎이 아파 등산과 골프에 어려움을 겪고 있던 내게는 가장 적절한 운동이 아닌가 싶었다. 그나마도 송추에 있는 승마장까지 가느라 애를 먹었었는데, 이렇게 아이슬란드에서 승마를 하게 되다니 참 반가운 일이었다.

승마는 말 등에 앉아 말의 움직임을 수동적으로 따라가는 편안한 스포츠가 아니다. 기수가 말을 컨트롤하지 못하면 한 발짝도 나갈 수 없다. 그렇기에 승마는 그 어떤 스포츠보다도 인간의 몸과 마음에 많은 영향을 미친다. 올바른 신체발달을 키우고 동물 애호정신을 통해 인간애를 고양시키는 정신운동이기도 하다. 생명이 있는 말과 일체가 되어야하는 특수 성격을 지닌 승마는 기사도 정신을 함양하여 호연지기를 기를 수 있다. 매 순간 말의 움직임에 민감하게 반응하면서 집중력이 높아지고 동물이 아닌 한 명의 개인으로 대화하면서 정서적으로도 안정감을 얻기 때문이다.

9시 10분, 본격적인 승마가 시작되었다. 승마장 직원이 맨 선두와 후미에 섰고, 우리는 그 사이에 서서 천천히 말을 몰았다. 말은 매우 순하

◆ 일렬종대로 말을 타고 아이슬란드 자연을 달리는 여행자들
◆◆ 역시 명마는 주인을 알아보기 마련이라는 사실을 확인하는 필자   ◆◆◆ 말들의 재충전 휴식시간

고 착했다.

　내가 서울에서 승마를 하던 때, 나를 태웠던 말은 그리 호락호락하지 않던 놈이었다. 등에 태운 사람이 초보자라고 생각되면 가차 없이 무례하게 굴던 녀석이었는데, 그 녀석을 길들이기 위해 아주 애를 먹었던 기억이 난다.

　이렇게 야외에서 승마를 달리는 것을 외승이라 하는데 이곳 머나먼 아이슬란드에서 외승을 하게 되니 이보다 더 즐거울 수가 없었다. 아직 초보자라 좀 불안하지만...

　아이슬란드의 말은 참 괜찮은 성품을 지니고 있다는 생각이 들었다. 함께 조그만 개울을 건너고 산길을 달리자 굉장히 상쾌하고 환상적이었다. 서울에서는 속보도 힘들었던 내가, 여기서는 말과 함께 이렇게 달리고 있다니 이것만큼 기분 좋은 일은 또 없을 것 같았다.

　우리는 약 1시간 반 동안 아이슬란드의 초원을 누빈 후 아쉬운 작별을 했다. 고국에 돌아간 후에도 이 흰말이 계속 생각날 것만 같았다. 이 녀석과 함께 달렸던 시간은 내게 잊지 못할 순간을 선사해 줬다.

　승마를 마친 후, 하룻밤을 아이슬란드에서 더 머물었던 나는 9월 4일에 아일랜드로 떠났다. 그동안의 여행들과 비교해 보았을 때 참 잘 쉬고 잘 놀다 가는 여정이었다. 완벽한 관광인프라가 갖춰진 곳이니 우리나라의 관광업 종사자들도 한번쯤은 들러보았으면 한다. 그린란드를 미처 가보지 못했던 것이 조금 아쉽긴 했지만 그래도 이렇게 잘 쉬고 가는 것에 대해 만족했다.

공항에서는 좀 더 여유롭게
개트윅 공항

다시 영국 개트윅 공항으로 돌아오는 비행기는 이미 도착시간이 30분이나 지나버렸기에 나는 매우 긴장해야 했다. 영국에서 아일랜드 더블린으로 가는 비행기 출발 시간이 1시 20분인데, 이대로라면 빠듯할 것 같았다. 게다가 이미 멈춘 비행기는 좀처럼 승객을 내려주지 않는 게 아닌가. 결국 나는 다리가 아픈 것도 잊은 채 게이트까지 마구 달려야만 했다. 짐을 찾으니 이미 12시 40분이었는데, 탑승수속 게이트는 여기에서 한 참 떨어진 다른 터미널에 있다고 했다. 그날 환승해야 할 비행기는 아무리 생각해도 놓칠 것만 같았다.

런던 개트윅 공항 활주로

반쯤 포기한 채로 셔틀버스를 탔다. 국제선을 타려면 적어도 두 시간 전에는 대기했어야 했는데, 셔틀버스를 타고 터미널까지 가면 비행기가 떠나 버렸으리라는 예감이 들었다.

그런데 카운터에 가서 비행시간을 확인해 보니 출발 시간이 1시 20분이 아니라, 1시 50분이었다.

가끔 이렇게 나는 착각을 할 때가 있다. 어쨌거나 비행기를 놓치지 않은 것은 다행이었는데, 그 다음 문제는 따로 있었다. 비행기 티켓을 받기 위해 예약 메일을 보여주니, 담당 직원은 보딩 패스가 꼭 있어야만 한다고 했다. 그는 계속 "I'm sorry"를 연발하며 티켓을 줄 수 없다고 했지만, 표정은 하나도 유감스러워 보이지가 않았다. 여기에서 더블린으로 못가는 것이 아닌지 잠시 긴장했다.

어떻게 하면 되느냐고 따지니 그때서야 저편에 있는 발권기로 가서 돈을 내고 보딩 패스를 끊어 오라고 했다. 그래서 그 옆에 있는 기계에서 카드로 돈을 낸 후, 영수증을 보여주니 그제야 티켓을 끊어주었다.

처음부터 그렇게 하라고 하지, 못해줄 것 같이 애를 먹이다가 알려주는지 알 수 없었다. 보통 카약사이트에서 예약하면 항공료가 지불되고 여권만 보여주면 보딩 티켓이 나오는데 그 항공사는 시스템이 다른지 잠시 애를 먹었다. 어쨌든 더블린으로 출발하였다.

문학과 예술과 맥주의 도시
아일랜드 더블린

마음을 편안하게 먹으니 매사가 좋게 흘러가는 듯 했다. 아일랜드 공항에 도착하여 버스를 타고 미리 예약한 테플바 근처 호텔에 도착하였다.

아일랜드 더블린은 어쩐지 분위기가 좋아 보이는 도시였다. 문학과 예술이 살아있는 도시인만큼, 도시 곳곳에 미학의 정취가 살아있는 것만 같았다. 바로 이 더블린에서 예이츠가 시를 썼으며 오스카 와일드가 소설을 썼다. 특히 오스카 와일드는 매우 독특한 이야기를 구사해 내던 극작가이자 미학자였다. 비록 젊은 나이에 비운의 생을 마감하기는 했지만, 그의 희곡만큼은 후대 사람들에게서도 그 특별함을 인정받고 있다. 예이츠는 주로 아름다운 더블린의 자연을 노래하는 시를 지었던 문인이었다. 하지만 예이츠의 시에는 아일랜드의 정치적 상황과 역사를 그대로 담고 있는 장면들도 여러 번 등장한다. 그의 시에는 예술가로서의 예이츠와 아일랜드 사람으로서의 예이츠가 느끼는 고뇌와 번민이 그대로 곡진하게 녹아 들어가 있다. 사람들은 '이니스프리의 섬'으로 예이츠를 기억할 지도 모르겠지만, 사실 예이츠는 그보다는 훨씬 더 복잡한 시적 세계관을 가지고 있던 문학가였다.

물론 나에게 아일랜드는 '문학자들의 나라'라기보다는 '맥주의 나라'에 조금 더 친근하게 와 닿았다. 남미 여행의 강행군으로 신체 컨디션이 최악의 그 와중에도 도저히 술을 끊지 못했던 나로서는 아일랜드의 맥주에 당연히 구미가 당길 수밖에 없었다. 그러니 온통 바에 기네스 맥주로 도배된 아일랜드의 간판은 내게 천국과 진배없었다.

나는 어떤 바로 들어갈 지에 대한 행복한 고민을 하며 얼마간 거리를 걸어보았다. 아직 이른 시간이었는데도 바에는 사람들이 그득 들어차 있었고, 어떤 사람들은 라이브 음악에 맞춰 춤을 추고 있었다. 나도 그 흥겨운 분위기에 동화되어 젊은 시절로 들어가 맘껏 즐겨보기로 하였다. 기네스 맥주 한 잔을 시키고는 아이리쉬가 되어 시원하게 마실 작정이었다.

그런데 기네스의 맛이 좀 생각했던 것과 달랐다. 서울에서 먹던 맥주보다도 더 이상한 맛이었다. 보기에는 시원하고 맛있을 것 같은 비주얼이었는데 아주 실망스러운 맛이었다. 특유의 쓴 맛만 내 미각을 괴롭힐 뿐이었다.

나는 이 한 잔을 억지로 다 마시고는, 옆집 레스토랑으로 옮겨 이번에는 갈비 스테이크와 함께 버드와이저를 시켰다. 하지만 이번 맥주의 맛은 밋밋한 것이 마치 김빠진 맥주 맛이었다. 함께 나온 갈비도 질기고 별로 맛이 없었다. 두 번이나 실패를 한 나는 굉장히 실망스러웠다. 맥주의 본고장 아일랜드에 와서 두 번이나 맛이 없는 맥주를 선택하다니, 운이 없는 것인지 아니면 원래 내 입맛이 독특한 것인지 알 수 없는 노릇이었다.

호프 온 호프 오프(Hop on-Hop Off) 아일랜드 투어 1일차

18유로만 내면 '호프 온 호프 오프(Hop on-Hop Off)' 버스를 타고 자유롭게 도시를 구경할 수 있는 시티 투어의 일환이었다. 그 일정에는 기네스 공장 견학이 들어있었다. 하지만 전날 기네스에 대한 안 좋은 기억이 있었던 터라, 공장에는 들어가지 않았다. 대신 노벨 문학상 수상자의 집은 잠깐 둘러보기로 했다.

아일랜드는 세 명의 노벨 문학상 수상자를 배출한 국가였다. 윌리엄 버틀러 예이츠, 조지 버나드쇼 그리고 사무엘 베케트는 모두 아일랜드 태생이었다. 하지만 이들의 생가를 방문하기 위해서는 별도로 입장료를 지불해야만 했고, 영어가 아닌 아일랜드 말로 쓰인 안내판도 읽기에 힘이 들었다. 이에 나는 문학가들의 집 안으로 들어가는 것을 포기하고는, 옆에 있는 시티 갤러리에서 그림 몇 점을 구경한 후 호텔로 돌아왔다.

호텔로 오는 길목에는 음악 CD를 파는 곳이 있었다. 아름다운 아일랜드 가수의 음색이 마음에 들었던 나는 CD를 하나 구입하였고, 하루만 예약을

더블린 시티투어에 제격인 'Hop on-Hop off' 버스

▲ 더블린의 기네스 공장 입구

▲ 더블린의 아이리쉬 위스키 제임슨 공장 입구

제임슨 위스키 공장 견학을 위해 기다리고 있는 여행자들

했는데 하루 더 예약을 하고 싶었으나 방이 없어 '호텔스닷컴' 예약사이트에서 다른 호텔을 예약하고 호텔을 옮겼다.

방이 더 넓고 깨끗한 것이 꽤나 만족스러웠다. 이윽고 저녁을 먹으러 밖으로 나와 돌아다니던 중, 반가운 장소 하나를 발견했다. 아일랜드에도 한국식당이 있었다. 역시 외국에서 먹어보는 김치찌개는 눈물이 날 정도로 반가운 음식임에 틀림이 없었다. 평소 스테이크와 와인 등 맛좋은 각국의 음식을 즐기는 편이지만, 이 김치찌개의 맛 또한 좋다.

그런데 문제는 저녁 식사를 하기 전에 또 다시 맥주를 한 잔 마시고 싶어졌다. 근처의 바가 눈에 들어왔던 나는 어떤 생맥주를 마실 것인

더블린 시내의 시티 갤러리 전시작품

가에 대해 한참을 고민하다, 결국 다른 손님들이 많이 먹고 있는 '벌머(Bulmers)'라는 브랜드의 생소한 맥주를 주문했다. 본래 내가 좋아하는 것은 '아토스(Athos)'라는 벨기에산 맥주였다. 바다에 접한 아토스 산의 이름에서 따온 맥주인 만큼, 그 목 넘김과 풍미에는 아주 깊은 구석이 있었기 때문에 좋아한다.

"사이다!"

발머스를 한 모금 들이킨 나는, 나도 모르게 감탄사 비슷한 소리를 냈다. 이것은 정말 맥주가 아니라 사이다에 가까운 맛이었다. 원래 발머스가 알코올에 과일의 단맛을 가미한 탄산음료라는 사실을 잘 모른 채 주문했던 거다. 콜라는 좀 마셔도 사이다는 잘 마시지 않던 나로서는 도저히 끝까지 마실 수 없는 강렬한 단맛이었다. 결국 돈이 아까워 절반가량 마시고는, 한국식당으로 들어가 김치찌개에 칭다오 맥주를 마셨다. 왜 맥주의 본고장 아일랜드에서 맛 좋은 맥주를 찾는 데 번번이 실패를 하는지 안타까웠다.

물론 모든 것이 좋을 수는 없는 법이다. 그래도 이번 아일랜드 방문은 남미 여행에 비하면 정말로 호화로운 귀족 여행에 가까운 것이라고 할 수 있었다. 사실 맥주 맛을 논하며 실망하는 것은 지난 남미 여행에서 고생했던 것에 비하면 사치라고 봐도 무방할 것이다. 이곳에서는 마

트리니티 대학 전경

기독교 예술의 가장 주목할 만한 작품 'Book of Kells'을 소장하고 있는 도서관

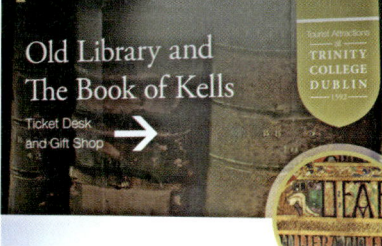

크라이스트처치 대성당의
위엄 있는 외관

1204년에 영국 존 왕에 의해 만들어진
더블린 성 외관

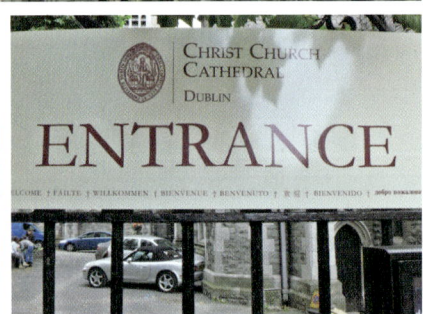

크라이스트처치 대성당 입구

음도 편하고 몸도 편했다. 나는 런던과 프랑스를 둘러볼 원래의 계획을 변경하여 아일랜드의 시골마을을 조금 더 둘러보기로 했다. 간혹 도심지의 시끄러운 음악 소리가 내 잠을 방해할 때가 있었지만, 이 정도의 귀찮음 정도는 감수할 만할 일이었다.

모헤어 절벽(Cliff of Moher)
아일랜드 투어 2일차

다음날 새벽 골웨어로 가기 위해 택시를 타고 버스터미널에 5시 반쯤 도착했다. 그런데 버스터미널 문이 닫혀있고 몇 사람만이 기다리고 있었다. 몇 시에 문을 여는지 물어보니 6시 반이라고 했다. 내 버스 출발시간도 6시 반인데, 화장실도 가고 싶고 아침도 먹어야하는데…

다른 나라 버스터미널은 이른 새벽부터 오픈하고 식당들도 영업을 하는데 왠지 난감했다. 한참 기다려 6시 10분경에야 비로소 문이 열렸.

그날은 골웨어로 가서 시간이 되면 아일랜드의 모헤어 절벽(Cliff of Moher)을 가보고 아니면 다음날 그곳을 둘러볼 계획이었다.

아일랜드 모헤어 절벽 가는 도중에 들른 동굴 입구

모헤어 절벽 반대편으로 보이는 또 다른 모헤어 절벽 풍광

모헤어 절벽 앞에 선 필자

아일랜드 폴나엠브론(Poll na mBron) 지역의 고인돌

모헤어 절벽 위에 있는 오브라이언 타워

위풍당당해 보이는 모헤어 절벽 주변 절경

모헤어 절벽은 깎아지른 것 같은 해안 절벽이 그림같이 아름다운 곳으로 영화 해리포터 시리즈의 배경이 되기도 한 장소다. 아마 젊은 사람들 중에서 그룹 'West Life'를 아는 사람들에게는 이 장소가 더더욱 익숙하게 다가올 것이다. 이들의 노래 'My Love'의 뮤직비디오를 바로 여기에서 찍었다고 한다.

3시간정도 시골길을 달려 골웨어에 도착하여 투어 사무소에 들러 혹시 모헤어 절벽 행 버스가 있는지 물어보니 10시에 있다고 하여 급히 예약하고 버스 정류장으로 갔다.

그 명성 덕분인지 모헤어 절벽으로 가는 버스는 만원이었다. 아침도 굶고서 간신히 표를 샀던 보람이 있었다. 버스 드라이버는 운전을 하는 중간 중간 관광지를 안내하는 가이드의 역할도 했다. 가이드의 설명을 들으며 차창 밖으로 보이는 경치를 보는 것이 매우 즐거웠다. 더군다나 이러한 풍경들은 신비로운 아일랜드의 음악과 함께 하니 더욱 돋보이는 것 같은 기분이었다. 마치 켈트족의 문화를 고스란히 담아 놓은 것 같은 아일랜드의 음악은 독특하면서도 특별했다.

다리만 아프지 않았더라면 해안선을 따라 더 멀리 걸어가 보았을 것이다. 이내 쑤셔오는 무릎 탓에 50분정도만 걸을 수 있었지만, 잠깐 동안 걸어보았던 모헤어 절벽은 매우 아름다운 기억으로 남아 있다. 대개 바닷가의 절벽은 위험하거나 위태로워 보이게 마련인데, 이상하게도 이 지역의 절벽은 거의 위화감이 없었다. 아름다운 자연이 인간의 공포심마저도 따뜻하게 감싸 안았기에 가능한 일일지도 모른다. 투어를 마치고 전날 예약한 할머니가 운영하는 '베드 앤 블랙 퍼스트' 숙소로 가서 하루 밤을 묵었다.

20유로를 다시 되찾기까지 곤욕 치러
아일랜드 투어 3일차

이른 아침 택시를 타고 버스터미널로 가 아일랜드 킬라니 행 버스를 탔는데, 이 버스는 요금 체계가 조금 특이해 보였다. 버스를 타는 동시에 요금을 운전사에게 내며, 요금 또한 거리에 비례해서 달라지는 모양이었다. 내가 전날 더블린에서 골웨어까지 지불한 교통비가 15유로정도여서 출발지에서 킬라니까지가 더 가깝기 때문에 요금이 더 쌀 것으로 생각하고 20유로를 건넸다. 그런데 이 나이가 지긋해 보이는 운전기사는 내가 낸 20유로를 보며 이렇게 말했다.

"Thirty(30 유로)!"

혹시 내가 착각을 했나 싶어 다시 50유로를 줬다. 그런데 그 택시 기사는 조금 전에 내가 건네준 20유로 돌려주고 다른 손님을 받고 있는 데 집중했다. 나는 손님들이 뜸해지기를 기다려 기사에게 아직 주지 않은 20유로를 돌려달라고 말했다. 당신이 내게 돌려 준 20유로는 50달러를 내기 전에 줬던 금액이니, 그것 말고 거스름돈 20유로를 더 주어야 한다는 설명도 곁들였다.

하지만 이 기사는 무슨 소

잠깐 실랑이를 벌렸던 현지 운전 버스기사 할아버지

다시 한번 묵고 싶은 스코트 호텔 입구

리냐며 20유로 주었으니 계산이 끝났다고 했다. 운전기사가 내 앞에 있던 중국인에게 물어봤으나, 당연히 그들이 구체적인 내용을 알 리가 없었고 CCTV를 확인할 수도 없으니 참으로 답답한 노릇이었다. 결국 운전기사는 거듭되는 내 설명에 매우 못마땅한 표정을 지으며 20유로를 자기 주머니에서 내캐지 않는 표정으로 나에게 주었다. 나 역시 그리 기분이 좋지 않았다. 20유로면 썩 큰돈도 아니었는데, 그 금액 때문에 이렇게 얼굴을 붉히다니 그냥 줘 버릴 걸 그랬나 하는 후회도 들었다. 그렇게 나는 어색한 표정을 지으며 2시간을 잠자코 앉아있었다. 뭔가 기분이 찜찜하긴 했지만 딱히 꼬집어 설명할 수 없는 그런 감정들이 밀려왔

호텔 뒤편에 위치한 추천 맛 집 '크로닌스 레스토랑'

다. 앞을 슬쩍 보니 운전기사의 얼굴도 그리 밝지만은 않았다. 그도 나와 비슷한 생각을 하고 있는지는 알 길이 없었지만, 좀 전의 일을 생각하고 있다는 것만은 확실해 보였다.

 한참을 앉아있던 내가 목이 불편해서 잔기침을 하고 있을 때였다. 기사가 백미러로 나를 보더니 차 앞을 가리키며 물을 마시라고 했다. 보아하니, 기분이 그리 나쁜 것은 아닌 듯했다.

 3시간 후 킬라니에 도착하였다. 매우 아름다운 시골이었다.

 난 기사에게 투어 회사가 어디에 있는지 물어 보니 친절하게 대답을 해주고 "아까는 자신이 착각해서 잘못 계산했다"며 미안하다는 말도 함께하며 악수까지 청해왔다.

 단돈 20유로 때문에 기분이 언짢을 뻔했던 여행이 겨우 제자리로 돌아온 것 같은 생각이 들었다. 비록 잠깐의 언쟁이 있기는 했지만, 그는 서구인 특유의 합리적인 사고방식을 지닌 사람이었다.

 기분이 매우 좋은 상태에서 투어회사를 찾아 가 '링 오브 케리 투어' 프로그램이 오늘 진행되느냐고 물었더니, 이미 10시에 떠난 상태라고 해 다음날 프로그램으로 예약했다. 호텔을 소개해달라고 하니 바로 앞 호텔을 소개해 곧장 달려가서 물어보니 빈 방이 있다고 했다. 겉보기에도 좋은 호텔이고 가격도 매우 합리적이어 곧바로 예약하고는, 'Hop on Hop Off' 시티투어 프로그램을 즐기기 시작했다.

 10유로를 내면 2시간에 한 번씩 정해진 장소를 도는 이 버스는 관광객에게는 매우 편리한 교통수단이라고 할 수 있다. 이런 시골에 이런 버스가 있는걸 보면 이곳이 관광지임은 틀림없었다.

 나는 이 버스를 타고서 '무크로스 가든(Muckross House & Garden)'에 내렸다. 1800년대에 빅토리아여왕이 방문했다는 이곳은 아담하게 잘 가꾸어진 작은 저택 같았다. 다음에는 15세기에 지었다는 '로스 성(Ross Castle)'에도 들렀다. 주변 경치는 아름다웠는데, 성은

1800년에 빅토리아 여왕이 방문했다는 '무크로스 가든' 이모저모

15세기에 지어진 아름다운 로스 성 주변 풍경 1

자전거를 타고 여유롭게 호수 주변을 돌고 있는 한 현지인

15세기에 지어진 아름다운 로스 성 주변 풍경 2

한가로운 오후의 마차와 마부

15세기에 지어진 아름다운 로스 성 주변 풍경 3

온전한 형태를 갖추지 못하고 있었다.

관광을 마치고 좀 전에 예약한 호텔로 들어가서 확인해 보니 다음날엔 빈 방이 없다고 해서 저녁에 호텔 방을 구하러 근처 호텔을 둘러보았으나 조용한 시골인데도 관광지여서 그런지 빈방을 찾는데 매우 힘들었다.

어떤 호텔 주인은 굉장히 퉁명스러운 얼굴로 남은 방이 없다고 말했다. 내가 동양 사람이라서 불친절 한 것은 아니었던가 싶어, 나도 괜히 심통이 났다. 하지만 아무리 돌아다녀 보아도 언덕 위에 있는 호텔들에는 남아 있는 방이 거의 없었다. 하는 수 없이 그날 밤만 이곳에서 보내고, 다음날은 코르크로 떠나는 방안에 대해 생각해 보기로 했다.

그리고 그날 묵을 호텔로 들어와 다시 호텔 직원에게 다음날 하루 더 머물 터이니 빈방이 나오면 연락해달고 하고 '내일 일은 내일 생각하자'고 마음먹었다. 그렇게 맘을 비우고 아쉬운 대로 레스토랑에 들어가 가장 비싼 스테이크를 시켰다. 아까 기사와 실랑이를 하다 잃어버릴 뻔한 20유로를 되찾게 되었으니, 이 정도 투자는 괜찮지 않을까 싶었다.

'링 오브 케리 투어' 프로그램
아일랜드 투어 4일차

　　　　　　　　　내가 묵었던 호텔의 아침식사는 매우 만족스러운 수준이었다. 오랜만에 소시지와 계란 프라이가 나오는 정갈한 식사에 나는 아주 흡족한 마음으로 식사를 즐길 수가 있었다. 떠나기가 아쉬울 정도로 좋은 호텔이었다.
　만일 나중에 가족과 다시 아일랜드를 찾게 된다면, 반드시 이용하고 싶을 정도의 깔끔함과 친절함을 갖춘 곳이기도 했다. 또한 지인 중에 아일랜드의 킬라니 마을을 찾는 여행객이 있다면 이곳을 반드시 강력 추천해 줄 작정이다.
　아침을 느긋하게 먹은 후에는 '링 오브 케리 투어' 를 하기 위해 미

링 오브 켈리 투어 코스를 즐기며 차창 너머로 보이는 푸른 바다가 눈부시게 아름답다

세계 각국의 양을 모아 놓은 아일랜드의 농장 풍경

니버스를 탔다. 사람들이 많은 곳을 피해 버스의 뒤편에 자리를 잡았는데, 투어 요금을 내기 위해서 가방만 자리에 놓고는 다시 돌아올 요량으로 잠시 차 밖으로 나왔다.

그런데 요금을 내고 내 자리로 오니, 중년의 부부가 내 자리를 차지하고 있는 게 아닌가. 남편은 뻔히 보이는 내 가방을 맨 뒷좌석으로 밀어 놓더니 자신의 부인을 불러 그 자리에 앉히기까지 했다. 너무나 순식간에 일어난 일이라서, 나는 잠시 동안 멍하니 그 광경을 지켜보아야만 했다.

다른 관광객들도 그 부부의 기이한 행각에 어이없다는 듯 웃음을 짓고 있었다. 살다 살다 이렇게 엉뚱한 사람들을 만나 본 것은 처음이었다. 나보다 나이가 좀 들어 보이는 사람들에게 뭐라고 할 수도 없어 그냥 잠자코 있던 나는, 한 친절한 관광객의 배려

옷 가게 교포아줌마가
공짜로 사준 아이리쉬 커피

필자의 손녀 옷값을 깎아준 마음씨 좋은 한국교포 아줌마

로 원래 자리 근처에 앉을 수 있게 되었다. 그렇게 많은 여행을 했어도 그런 경우는 처음이었다. 대부분 여행객들은 남을 배려하는 사람들인데…

물론 이제는 이런 소소한 사건 따위야 내게는 아무것도 아닌 일이었다. '링 오브 케리'의 아름다운 풍경이 눈앞에 펼쳐지기 시작하자, 이 '뒷좌석 남자'에 대한 일은 내 기억 속에서 까맣게 잊혀갔다. 나는 아름다운 호수에 심취하며 여행을 즐겼다. 우리를 싣고 가던 버스는 작은 마을 앞에서 멈춰 섰다. 기념품을 파는 가게에 들르니 여기저기 살 것이 눈에 보였다. 이전 같으면 그냥 지나쳐 버렸을 어린 아이 옷가게에서 나는 한참을 서 있었다.

얼마 전에 첫 손녀딸이 태어난 후로, 손녀딸에게 줄 선물에 관심을 갖게 되었다. 손녀딸에게 맞을지 모르는 옷을 고른 후, 나는 계산대로 가서 점원에게 카드를 내밀었다. 그런데 동양계로 보이는 이 점원은 내게 "한국 사람이냐?"고 물으며 무려 5유로나 할인해주었다. 그녀는 다름 아닌 한국인이었다.

킹 오브 켈리 투어 프로그램 도중 레스토랑에서 식사 후 휴식 취하는 여행자들

현지인들의 온건한 성품 형성과 연관 있어 보이는 아일랜드의 자연 풍광 1

수프에 단출한 빵 메뉴

잠시 후 밖에 나온 이 여성은 나를 찾아 "아이리쉬 커피를 꼭 먹고 가야한다"며 한 잔 대접하며 반가워 어쩔 줄을 몰라 했다. 그녀가 건네 준 아이리쉬(위스키×커피) 커피도 아주 향긋했고, 이국에서 만난 한국인의 친절함에도 마음이 따뜻해졌다.

나는 한국인 점원에게 답례를 하고 싶은 마음에 명함을 주고 "다음 달에 한국에 온다"는 이 부부에게 "한국에 오면 꼭 연락하라"고 신신당부하고 헤어졌다.

한국에서 멀리 떨어진 아일랜드에서 자리를 잡느라 이들이 얼마나 고생을 했을까 하는 마음에 짠해지기도 했고, 한편으로는 이렇게 예쁜 곳에서 살고 있으니 얼마나 좋을까라는 생각도 들었다.

필자 손녀의 인형을 구입한 레스토랑 가게 외관

현지인들의 온건한 성품 형성과 연관 있어 보이는 아일랜드의 자연 풍광 2

"어디로 가야 하나?" 아일랜드 도로 이정표

　남미 여행 중 칠레에서 만났던 한국인들은 나를 그리 반가워하지 않았는데, '아무래도 이렇게 좋은 아일랜드의 자연환경이 사람의 따뜻한 성품을 만들어 주지 않았을까'라는 짐작이 갔다.

　'킹 오브 케리'는 아일랜드 만 서부의 이베리아 반도를 일주하는 약 170km에 이르는 환상도로이다. 바다와 산과 그림 같은 작은 마을이 어우러지는 이 길은 아일랜드의 순수한 자연을 있는 그대로의 모습으로 보여준다. 중간에 양떼를 모는 훈련된 개의 영리한 모습도 볼 수 있다.

　그날 여정을 마치고 호텔로 돌아오니 카운터 직원이 "오늘 저녁 빈방이 나왔는데 머무를 거냐?"고 물어와 흔쾌히 수락하였다. 참 운이 좋았다. 또 다시 호텔을 찾느라 고생할 뻔했는데 말이다.

이 세상에서 할아버지가 된다는 기쁨이란
아일랜드 코르크

다음날 맛있는 아침식사를 거하게 하고 걸어서 버스 터미널로 향했다.

코르크(Cork)는 뭔가 상업적인 냄새가 나는 도시였다. 코르크는 어제 구경했던 킬라니 마을과는 사뭇 다른 느낌을 주었다. 도시의 규모도 훨씬 더 컸고 건물들도 큼직큼직해 보였다. 먼저 나는 호텔로 가서 짐을 맡겨놓고 데이 투어 표를 산 후 블라니 성(Blarney Castle)을 찾아갔다.

성 안이 어찌나 관리가 잘 되어있던지 주어진 두 시간이 짧을 지경이었다. 정원 안쪽에는 돌로 지은 블라니 하우스가 있었는데, 마치 동화 속 건물처럼 예쁜 모양새였다. 물론 유럽에서 보았던 건물들에 비하면 한참 못 미치긴 했지만 말이다.

아일랜드의 성은 동유럽의 성보다는 보다 무채색에 가까운 색감을 가지고 있는 것 같았다. 모양은 매우 정교하게 만들어졌으나, 건물의 외벽은 온통 회색이었다. 다만 이곳의 정원만큼은 어디에 내놓아도 뒤지지 않을 정도로 관리가 잘 되어 있었다. 사람의 손길이 배어 있는 잔디밭과 아름다운 정원에 자꾸 눈길이 갔다.

거기서도 나는 또 어린 아이의 옷을 구매하고 말았다. 성 근처의 기념품점에서 또 마음에 드는 아이템을 발견하고야 말았기 때문이다. 평상시 계획에 없는 지출은 잘 하지 않는 편이었는데도 불구하고, 이상하게 손녀에 관한 일 앞에서는 이렇게 나약한 모습을 보이고 만다. 세상

드디어 도착한 코르크 타운 전경

에 있는 예쁘고 좋은 것들은 다 사다 주고 싶은 마음이 들었다. 정작 내 아들 딸들을 키울 때에는 이렇게 유난스럽지는 않았던 것 같은데, 역시 자식과 손자 사이에는 큰 차이가 있는 가 보다. 처음 본 손녀라 그런지 정말로 소중하고 어여뻤다.

다음은 타이타닉호의 마지막 기항지인 코브 항으로 갔다. 1912년 4월 영국의 사우스 샘프턴에서 출발한 영국의 초대형 선박 타이타닉호가 바로 이곳에 들러 감자 대기근을 피해 아일랜드를 떠나는 수많은 아이리쉬들를 태우고 미국 뉴욕으로 향하던 중 안타깝게도 깊디깊은 바다 한 가운데로 침몰하고 말았다.

그 때문에 코브에는 여전히 타이타닉호와 관련된 장소가 많다. 하지만 코브는 그 자체로도 예쁜 도시다. 특히 마을 언덕에 우뚝 서있는 세인트 대 성당에 오르면 모양도 색깔도 모두 다른 지붕들로 가득한 아름다운 코브 시가지가 한눈에 들어온다. 이곳에서 2~3시간 지낸 뒤 코르크 시내에 있는 호텔로 돌아왔다.

호텔에서 조금 멀리 떨어진 레스토랑을 추천 받아 저녁을 먹으러 갔다. 그곳으로 찾아가 보니 역시나 사람들이 가득 차 있었다. 본래 맛 집

웅장한 자태의 블라니 성 외관

멀리서 바라본 블라니 성

키스하면 언변이 좋아진다는 속설이 전해지는 '블라니 스톤'을 찾은 여행자들

블라니 성 안내판

블라니 성 안에서 자라는 나무의 자태가 기괴하고도 희한하다

코브 항 마을 전경

블라니 성 안에 나있는 산책로

블라니 성 아래 마을 풍경

코브항에서 여러 마리의 정어리를 낚시로 낚으며 즐거워하는 한 할아버지

타이타닉 호가 기항했던 코브 항 저 멀리 보이는 돛단배

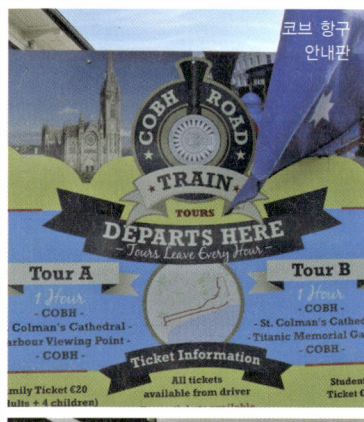

코브 항구 안내판

코브 항 전경

코브 항에 들어서 있는 타이타닉 박물관 입구

빅토리아 여왕이 다녀간 코르크 잉글리쉬 마켓

코르크 시내 풍경

을 알아볼 수 있는 기준에는 해당 음식점을 찾는 손님이 얼마나 많은 가에 달려 있는 법이다.

시끌벅적한 식당 분위기에, 혹시나 내 자리가 없을까 걱정도 되었지만 다행히도 마음 좋은 주인아주머니가 적당한 자리로 안내해 주었다. 간혹 혼자 오는 손님에게 눈치를 주는 음식점들이 있는데, 이곳은 그런 것이 없이 마냥 친절하다는 게 마음에 들었다. 원래 식당에서 추천해 주었던 음식은 참치 스테이크였다. 하지만 옆 손님이 스테이크를 맛있게 먹는 것을 본 나는 견딜 수가 없었다. 이에 종업원에게 주문 변경을 한 후, 천천히 스테이크를 음미하는 시간을 가져보기로 한다.

예상했던 대로 스테이크는 입에서 살살 녹으며 감칠맛 나는 풍미를 선사해 주었다. 함께 나온 쇼비뇽 와인과 먹으니 더욱 더 맛이 있었다. 아일랜드를 찾은 이후, 벌써 몇 끼 째 먹은 스테이크지만 매번 이렇게 새로운 맛을 느낄 수 있으니 질릴 틈이 없었다. 시간만 되면 다음날 점심때도 꼭 한 번 다시 와서 맛보고 싶은 그런 맛이었다.

고향처럼 포근하고 아련한 그 곳이여!
아일랜드 킬케니

때로는 여행 중이라도 아침을 가볍게 먹는 것도 괜찮은 것 같다. 호텔 객실료에 아침이 포함되지 않은 저렴한 방이었기에 그날 아침으로 나는 카푸치노에 크로와상을 먹었다.

일부러 사람이 많은 카페를 물색해 주문을 하였더니, 역시 가대에 부응한 맛이 꽤 훌륭하였다. 전날 저녁에도 새삼 느낀 거지만 음식점은 찾는 이들로 붐비는 곳을 찾는 게 좋다.

오전에 여유 시간이 있어 영국 여왕이 다녀갔다는 시내 마켓을 구경하고 호텔로 돌아오는 길에 백화점에 들러 스웨터와 셔츠 하나를 17유로에 샀다. 전날 왕궁을 구경하다가 구입한 모자까지 쓰니, 아이리쉬맨이 된 것 마냥 당당한 기분이 들었다.

정말 아일랜드에 도착한 이후로는 줄곧 편안하고 즐거운 여정들의 연속이었다. 아일랜드의 아름다운 풍광과 맛있는 음식을 즐기다보니 나도 이곳의 정취에 물들어 가고 있는 것만 같았다. 아일랜드에서 제임스조이스와 예이츠 등의 유수의 문학가들이 탄생할 수 있었던 배경에는, 이러한 고풍스러운 문화와 자연적인 환경이 크게

아름다운 킬케니 성의 입구를 알리는 표지판

킬케니 성 전경

작용하지 않았을까 싶다.
 이제 킬케니(Kilkenny)로 갈 생각이었다. 킬케니는 코르크와 더블린 사이의 중간 지점에 있는 지역이지만, 더블린 가는 시간만큼 시간이 소요된다. 국도를 달리고 여기저기에서 정차를 하다 보니 오래 걸렸다. 차창 밖으로는 그림같이 정겨운 아일랜드의 시골길이 펼쳐지고 있었다.
 전날까지 묵었던 코르크는 도시 냄새가 강한 곳이었다. 이러한 분위기 전환도 꽤 괜찮은 것이라는 생각이 머릿속을 스치고 지나갔다. 본래

고속도로를 달리기보다는 시골길을 유유자적 여행하는 것을 더 좋아하는 나로서는 이 킬케니로 가는 길이 그렇게나 행복할 수가 없었다.
"You Raise Me Up!"
아이슬란드 민요 '아 목동아'을 들으며 창밖을 보는 나는 어느 새 킬케니의 매력에 빠져들고 있었다.
킬케니는 생각보다 아담한 규모에 오밀조밀한 모습의 도시였다. 소호 거리처럼 꾸며진 쇼핑 거리를 구경하는 것도 재미있지만, 도시 어디에서나 볼 수 있는 성 케니스 성당도 흥미로웠다. 화려하다기보다는 웅

킬케니 성 입구

  장하고 견고하게 지어진 이 성당은, 킬케니 지역의 랜드 마크로 생각이 되었다.

  특히 마음에 들었던 것은 킬케니 성의 정원이었다. 시내에서 작은 하천을 따라가는 길에 있던 킬케니 성은, 성이라기보다는 대 저택에 가까운 규모를 가지고 있었다. 본래 1200년대에는 목조탑으로 지어졌던 곳이었으나, 곧 오늘날 우리가 보는 것과 같은 석조 건물로 재건축 되었다고 한다.

  성 뒤편에 있는 정원은 여성미가 강한 곳이었는데, 작은 분수대에서 뿜어져 나오는 물줄기와 그 주변에 피어있는 붉은 꽃들이 퍽 잘 어울리는 모습이었다. 정원사가 얼마나 정성을 들여 잘 가꾸어 놓았는가를 알 수 있는 곳이다. 1200년경에 지어졌으니, 900년 이상을 한 자리에 있던

◆ 킬케니 성 뒤편 정원 풍경   ◆◆ 킬케니 성 안에서 바라본 정원   ◆◆◆ 킬케니 성안에서 바라본 마을 전경

성이었다. 성과 정원의 모습 하나하나에는 긴 세월을 오롯이 견뎌 온 기품과 고급스러움이 배어 있는 것만 같았다.

사실 생각 같아서는 킬케니에 조금 더 머물러 있고 싶었다. 작은 시골마을인 이곳이 내 마음에 꼭 들었던 터라 좀 더 여유롭게 쉬고 싶은 마음이 들었기 때문이다. 고향이 전라도 순창이라서 그런지는 몰라도, 나는 유독 시골 마을에 애정을 느낄 때가 많다. 아마도 본능적으로 조용하고 소탈한 것들에게 끌리는 것은 아닌지 모르겠다.

대학에 들어 온 이후에는 계속 서울에서 살며 도시의 복잡한 것들에 익숙해져갔지만, 그래도 내 마음 속 깊은 곳에는 정감어린 것들에 대한 아련한 향수와 애틋함이 남아있는 모양이다. 연희동에 서울 본가를 두고서도 경기도 양평에 작은 전원주택을 굳이 마련했던 이유도 사실 그 때문이다. 작은 앞마당과 야트막한 뒷산이 있는 시골 마을에 대한 기억을 두고두고 내 곁에 놓고 싶었던 마음 때문이다.

내게 킬케니는 바로 그런 향수를 자극하는 구석이 있는 동네였다. 그래서 나는 이곳에 좀 더 머무르고 싶은 생각도 있었다. 하지만 학회에 참석하기 위해서는 제한된 일정 내에서 부지런히 움직일 수밖에 없는 일이었다. 아직까지는 여유로운 편에 속하는 여행일정이었지만, 지금부터는 조금 더 속도를 내지 않으면 안 되었다. 그날 관광은 그쯤으로 하고, 다음날 더블린으로 간 다음 이틀 후에는 벨파스트투어를 마쳐야 이번 여행 일정이 마무리 될 수 있었다. 아쉽지만, 꿈과 현실의 경계 지점에서는 늘 이와 같은 선택을 해야 하는 경우가 종종 생기고 만다.

아일랜드에 평화가 깃들길
아일랜드 더블린, 벨파스트

　　　　　다시 전날에 '호텔스닷컴'을 통해 예약한 '더블린 호텔'으로 돌아 온 나는 부지런하게 그날의 그랜 달록 투어와 다음날의 벨파스트 행 투어 예약을 했다. 그리고 호텔이 마음에 들어 내일 하루 더 머물려고 직원에게 물어보니 다음날 숙박료는 225유로라고 했다. 당일 숙박가 125유로였는데 하루 만에 배 가까이 올라서 너무 황당해 다른 곳을 예약하기로 하고 먼저 그날 가기로 한 투어버스 정류장으로 갔다. 다음날 묵을 호텔 문제는 투어 다녀온 뒤로 해결하기로 했다.

　'글렌 달록'은 역사적으로나 종교적으로나 매우 중요한 유적이다. 게다가 '두개의 호수가 있는 계곡'이란 의미답게 주변 경치도 무척 아

두 개의 호수 사이로 나 있는 참 멋진 트레킹 코스

세인트 캐빈이 6세기경에 세운 수도원의
켈틱 십자가로 장식된 무덤과 33미터 그랜드 타워

름다웠다. 글렌 달록은 '동물들의 수호성인'으로 유명한 세인트 케빈이 6세기경에 세운 수도원이다. 그 뒤로 아일랜드의 주요 성지가 되면서 수도원을 중심으로 8~12세기경엔 제법 큰 마을이 형성되었다가 14세기 영국의 침략으로 폐허가 되었다. 그곳에는 아직도 수도원과 수도사들의 집, 커다란 켈틱 십자가로 장식된 무덤들과 33m 높이의 거대한 그린타워가 남아있다.

이곳에 있는 두 개의 호수사이를 걷는 트레킹 코스는 매우 아름다웠다. 오후 투어를 마치고 더블린으로 돌아와 먼저 다음날 머무를 호텔을 찾기로 했다. 그런데 호텔에 돌아와 보니 아침에 있던 카운터 직원이 다른 직원으로 바뀌져 있어, 혹시나 하고 내일 하루 더 머물 수 있는지 물었더니 방이 있다고 했다. 그리고 객실료는 전과 동일하다고 했다. 나는 뜻밖의 반전에 너무 기뻐 즉시 객실료를 지불하였다.

결과적으로 잘 된 일이지만 같은 호텔의 직원들인데도 직원에 따라 객실료가 크게 차이가 나는지 알 수 없는 노릇이었다. 하루 더 머물 호텔문제까지 해결 되었으니 가벼운 마음으로 한식집으로 향했다. 이번에는 꽁치가 들어간 김치찌개를 주문했다.

중·고등학교 시절 하숙집에서는 주인아주머니가 이 꽁치 김치찌개를 자주 만들어 줬다. 오래 묵힌 김치에서는 곰삭은 냄새가 났다. 광주 특유의 진한 양념과 칼칼한 맛이 시원하게 여겨졌던 그 김치찌개는 아무리 먹어도 질리지가 않는 맛이었다. 하숙집 아주머니야 편하고 쉬운 김치찌개에 꽁치 몇 조각을 넣어 주었던 것이었겠지만, 먹는 입장에서는 나름 맛있는 음식이었다. 그것이 벌써 50년도 더 된 일인데, 이렇게 꽁치 김치찌개를 먹을 때마다 나는 늘 어제 일처럼 먼 과거의 하숙집 밥상의 그 맛이 생생하게 떠오르곤 한다.

나는 다음날 벨파스트(Belfast: Beal Feirste)로 향했다. 벨파스트는 타이타닉과 관련이 깊은 도시였다. 벨파스트에 내려 두 종류의 투어 프로그램 즉 '타이타닉호 박물관 투어'와 과거 영국 신구 기독교의 분쟁의 역사를 살펴보는 '블랙택시 투어(Black Taxi Tour)' 중에서 나는 블랙택시 투어 프로그램을 선택했다.

벨파스트는 타이타닉의 비극이 시작된 곳이기도 하지만 아일랜드 독립의 역사가 고스란히 살아 숨 쉬는 곳이기도 하다.

예나 지금이나 아일랜드에서는 독립을 주장하는 로마 가톨릭 계열과 친 영국 계열인 프로테스탄트 계열 사이의 첨예한 대립과 갈등이 계속되고 있다. 1921년에 아일랜드공화국이 영국으로부터 독립한 이후로도, 이들은 계속 대립각을 세우며 그리 좋지 못한 관계를 지속하고 있다. 독립 당시에 상대적으로 프로테스탄트 계열 인구 구성비가 많았던 북 아일랜드 지역은 그대로 영연방에 남았지만, 그곳의 아일랜드의 분리주의자들은 'IRA'라는 과격단체를 조성해 영국 정부와의 전쟁을 선포하기에 이른다. 결국 무수히 많은 유혈 사태와 무고한 죽음이 이어지는 비극이 일어나고 말았다. 1998년에 평화 협정을 체결한 이후에는 사태가 안정되긴 하였지만, 오늘날도 벨파스트에는 그 때의 급박했던 상황들은 보여주는 흔적들이 적지 않게 남아 있다.

택시 기사는 그 때 세워졌던 벽을 보여주며, "저것이 가톨릭과 프로테스탄트 지역을 나눠놓았던 경계선"이라고 알려주었다. 양 진영 사이의 충돌을 막기 위해 지어졌던 높은 벽이라는 거였다. 그러나 그 벽은 이제 '평화의 벽(Peace Wall)'이라는 이름으로 불리며 많은 사람들이 평화와 안녕을 기원하는 장소로 변화되어 있었다.

이곳에는 달라이 라마와 클린턴 미 전 대통령이 평화의 메시지를 적어 놓은 낙서도 남아 있었다. "Open your arms to change, but don't let go of your values." 즉, "변화는 적극적으로 받아들이되 너 자신의 가치관은 고수하라"는 이 메시지는, 달라이 라마가 써 놓은 것이라고 했다.

거리 곳곳에는 다소 정치 선전 문구 같은 낙서들이 있어, 이를 통해

▲ 젊은 관광객이 벽화 앞에서 같은
포즈를 취하고 있는 모습이 인상적이다

▲ 넬슨 만델라의 모습도 벽화에 그려져 있다

마치 앤디워홀의 작품을 보는 것 같은 벽화의 색감

▼ 영국 국기가 휘날리는 신교 지역 풍경

▼ 가자 지구의 참상을 고발하는 벨파스트에 있는 선전문구들

자이언트 코즈웨이로 가는 도중에 조우한 이름 모를 성 주변 풍경

위와 아래의 산책코스가 무척 환상적이다 1

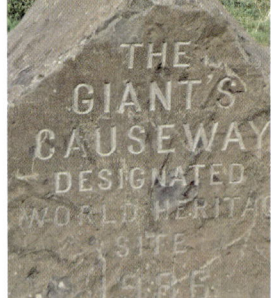

이곳의 과거를 짐작할 수 있었다. 굳이 비교를 하자면, 이곳은 우리나라의 DMZ와 비슷한 성격의 관광지인 듯 싶었다.

이날 여정의 마지막으로 아름다운 자이언트 코즈웨이(Giant's Causeway)로 향했다. 코즈웨이 입장료는 유로를 사용하지 않고 영국 파운드화를 사용하여 또다시 영국에 왔다는 착각에 빠졌다. 방금 전까지는 정치색 짙은 도시의 거리를 보았다면, 이제부터는 기이한 모습의 해안 지형을 둘러볼 참이었다. 자이언트 코즈웨이는 지구상에 존재하는 여러 자연의 작품 중 둘째가라면 서러울 정도로 신기한 지역이다. 1986년에 유네스코에 의해 세계 자연 유산으로 지정된 곳이기도 하다.

아일랜드 북단 해안에 10km가 넘게 이어지는 하얀색의 절벽과 그 뒤로 이어지는 푸른 초원은 상상을 초월할 정도로 아름답다. 이 거대한 절벽들이 형성된 것은 약 6천 년 전의 화산 활동으로 흘러내린 용암이 식어서 만들어진 것이다. 이곳에는 마치 일부러 깎아 놓은 것 같은 짧은 의자모양의 돌기둥들이 37,000여 개나 늘어져 있어 경이로움을 더한다. 직접 보지 않으면 도저히 상상하기 힘든 절경 중 절경이다.

급격한 화산 활동 덕분에 만들어졌다는 육각형 모양의 주상절리들은 생전 처음 구경해 보는 광경이었다. 마치 거인들이 쿵쿵 걸어간 자리에 생긴 것인 양, 보는 이를 황홀하게 만든다. 해안의 돌은 얼핏 보면 검은 침목을 깎아서 만들었다고 보아도 무방할 정도로 정교하게 끼워 맞춰 있었다.

나는 이 돌 하나하나를 밟아 가며 마치 거인이 된 것 같은 착각에 빠져들었다. 많은 민족들의 태초 설화를 보면, 늘 거인이 등장하여 지형을 만드는 이야기들이 나오곤 한다. 거인이 지나간 자리나, 손으로 흙을 주물러 놓은 자리들이 모여 물웅덩이가 되고 산이 되었던 것이다. 그런데 이 자이언트 코즈웨이를 둘러보니 그 설화가 사실일 수도 있다는 엉뚱한 생각이 들었다. 이곳이 급격한 화산 활동 때문에 생겼다기보

자이언트 코즈웨이의 육각 발판들이 특이하게 보인다.

다는, 거인 때문에 만들어진 것이라고 상상하는 편이 훨씬 더 낭만적이었다. 정말 이곳에서는 평생을 보내도 지겨울 것 같지가 않았다.

　다리가 아파도 너무 경치가 좋아 산등성이까지 거의 1시간가량 산책을 즐겼다. 산책을 하던 중 길을 몰라 외국인에게 내가 가고자하는 길이 맞는지 물어보니 "I hope so"라고 답했다. 외국인들은 항상 "맞다"라고 하지 않고 "그러길 바란다!"는 여지를 남기는 답을 즐겨 한다. 영국 런던에서도 아침 일찍 커피숍에 가서 빵과 카프치노커피를 사가지고 자리에 와 빵을 먹고 있는데 종업원이 와 내 사진기를 들고 와서는 "I do not need this camera(나는 이 카메라가 필요 없다)"라고 유머러스하게 말했다. 얼마나 여유롭고 유머러스한가.

세상에는 감사해야 할 일이 참 많다
아일랜드 마지막 날

　이제 아일랜드를 떠나야 할 시간이 다가오고 있었다. 비교적 간편한 아일랜드의 출국수속을 마친 후 자리에 앉아 있는데, 갑자기 아랫배가 싸하게 아팠다. 전날 먹었던 초밥 때문이었는지, 아니면 급하게 먹었던 빵 때문이었는지 알 수가 없었다. 선천적으로 장이 약한 나는 음식을 잘못 먹었을 때 배탈이 나는 경우가 왕왕 있었다. 여행지에서 아픈 것은 사람을 정말 진이 빠지게 하는 일임에 틀림이 없다.
　지난 번 남미대륙 여정을 소화하면서 볼리비아에서 감기에 걸려 아주 애를 먹었던 적이 있었다. 한국에 돌아 온 후로도 나는 이 감기 때문

이곳에서 살면 온갖 근심 걱정이 사라질 것 같은 가슴 탁 트이는 아일랜드 대자연 풍광

에 근 한 달간을 고생해야만 했다. 배탈의 경우는 더욱 상황이 안 좋을 터인데, 시도 때도 없이 나오는 'Diarrhea(설사)'는 여행자에게 정말 곤란한 일이기 때문이다. 항상 화장실이 옆에 있지 않기 때문에 더 문제였다. 다만, 불행 중 다행인 것은 여행이 끝나갈 무렵에야 배탈이 났다는 거다.

아이슬란드와 아일랜드를 여행하는 14일 동안 나는 아무 일 없이 건강하게 일정을 마칠 수 있었다. 만일 신이 있다면, 그 신은 간혹 내게 행운을 가져다주는 존재는 아닐까 싶다. 아직 특별한 종교를 가지고 있는 것은 아니지만, 때때로 누군가 나를 도와주고 있는 것 같은 느낌을 받을 때가 있다. 세상에는 감사할 일이 참으로 많다는 것을, 나는 여행을 하면서 늘 배운다.

역사와 음악의 도시
오스트리아 비엔나

오스트리아의 비엔나는 그동안 네 번째나 방문하는 곳이었다. 하지만 매번 학회 일정 때문에 관광지는 별로 돌아보지 못했기에, 이번에는 천천히 혼자 둘러보기로 했다.

비엔나에는 합스부르크 왕가가 지냈다는 쉰부룬 궁전(Scholoss Schönbrunn)이 있다. 예전에 사라예보를 찾았을 때 오스트리아 황태자의 저격사건이 일어났다던 라틴다리를 보았던 적이 있었다. 그 때 암살당한 합스부르크 황태자의 흔적이 바로 이곳에 고스란히 남아 있다.

오스트리아에 오면 사라예보의 라틴 다리가 떠오른다

오스트리아에 온 것을 실감할 수 있는 알록달록한 건물

여행을 하다 보면 이렇게 역사가 맞물리는 지점에 서 있게 될 때가 있다. 마치 시계의 톱니바퀴가 들어맞는 것처럼, 역사가 서로 이어지는 지점을 발견할 때마다 감회가 새로워진다.

청말 띠인 손녀딸이 생각나 말 그림을 하나 구입하고 악기점에서 30년 전에 만든 고물 쉘마 색소폰 하나를 150만원에 구입했다. 한국에 돌아와서 다른 분이 원해서 이걸 310만원에 팔았다.

비엔나 도착 다음날 저녁에 아들 용호가 비엔나에 늦게 도착하여 함께 그리스 식당에서 저녁을 먹었다. 그 자리에서 다음날에는 '짤스감마군'에 가기로 하고 호텔로 돌아왔다.

사실 이 세상 대부분의 아버지들은 아들과 함께 여행을 즐기는 것을 평생의 로망 중 하나로 여기지 않을까 싶다. 좋은 경치도 구경하다가

오스트리아 짤츠캄굿 할슈타트 일대 풍광 1

자연스럽게 대화도 나누며 오순도순 함께 지내는 그 순간순간이 매우 소중한 게 사실이다.

늘 어리게만 보였던 아들이, 어느 새인가 든든한 가장이 되어 나와 어깨를 나란히 하는 모습은 아무리 생각해 봐도 흡족하고 뿌듯한 일이다.

아들 녀석은 항상 나를 기쁘게 해 주었다. 서울 과학고를 1등으로 졸업한 아들은 연대 의대에 진학하여 수석으로 졸업했다. 나와 같은 내분비학을 전공하여 함께 연구를 하고 학회도 같이 다니곤 하였는데, 이 일은 내게 굉장히 행복했던 기억들로 남아있다.

그런가 하면 딸은 이화여대에서 보건학을 전공한 후, 현재는 연대의 예방의학교실에서 연구교수로 일하고 있다. 아들딸이 모두 한 병원에 있으니 가끔 만나서 점심을 먹고 서로 도움을 줄 기회도 많은 편이었

오스트리아 짤츠캄마굿 할슈타트 일대 풍광 2

오스트리아 짤츠캄머굿 할슈타트에서 아들 용호와 함께 한 필자

다. 덕분에 내 연구실은 자식들의 쉼터 비슷한 곳이 되었는데, 이 녀석들은 아무 때나 들어와 내 방을 사용하곤 했다.

  하지만 자식들을 키우면서 한 번도 속을 썩이질 않았고, 자라서는 늘 나를 자랑스럽게 만들어 주었던 자식들이다. 거기에다 내가 가는 길을 함께 해오고 있는 이 아이들에게 나는 항상 고마운 마음을 가지고 있다.

  조금 더 보태어 말하자면, 나만큼 행복한 아버지는 아마 이 세상에 거의 없을 것이라고 감히 말할 수 있다. 예전에는 공부만 하느라 몰랐었지만, 결혼을 하고 자식을 낳은 후로는 가족이야말로 인생에서 가장 보배로운 존재가 아닌가 하는 생각이 들곤 한다.

  내가 가장 영예로운 순간보다는, 내 아이들이 열심히 살아가는 모습이 훨씬 더 자랑스럽고 마음이 벅찰 때가 많다. 본래 그리 살가운 성격은 아닌지라 많은 표현은 하지 못해왔지만, 나는 내 아들과 딸이 늘 자랑스럽고도 사랑스러웠다.

그동안 수많은 여행을 하면서도 내가 늘 떠올렸던 것은 아내와 아이들이었다. 어찌 보면 여행이란 미지의 세상을 탐구하는 행위인 동시에, 자기 자신의 내면을 들여다보기 위한 여정인지도 모른다.

인생의 새로운 활력소가 되어 주었던 여행을 즐기면서도, 나는 지난 인생을 반추하는 한편 고국의 가족들을 생각하곤 했다.

이렇게 좋은 여행을 할 수 있었던 것, 그리고 세상에서 가장 훌륭한 내 가족들을 만날 수 있었던 것, 그리고 그간 연세대학교에서 마음껏 연구를 해올 수 있었던 것에 대해 감사한다.

여행후기
지난 나의 인생 여로

내가 그 동안 다녀본 나라는 총 76개국이다. 때로는 나 홀로 때로는 아내와 함께 다녔는데 좀 생소한 곳은 나 혼자서, 비교적 안전한 곳은 아내와 함께 여행을 즐겼다. 그 동안 다닌 곳 중 일부의 여행 코스를 열거하겠다.

◆네팔–남인도·북인도–스리랑카 ◆캐나다 ◆멕시코–쿠바 ◆스페인–모로코 ◆몽골–러시아 ◆타이완 ◆오스트리아(테즈메니아) ◆아프리카 남아공–짐바브웨 ◆이집트–이스라엘 ◆뉴질랜드 ◆발틱해 3국 ◆우즈베키스탄 ◆미얀마 ◆터키 ◆그리스 산토리니·크레타 섬 ◆베트남 하롱베이 ◆독일 ◆영국 ◆프랑스 ◆폴란드 ◆핀란드–소련 ◆스웨덴–노르웨이 ◆필리핀–싱가포르–말레이시아–인도네시아–중국–캄보디아–태국 ◆네덜란드 ◆벨기에–룩셈부르크 ◆체코 ◆포르투갈 ◆오스트리아–헝가리 ◆대만 ◆페루 ◆모로코 ◆모나코 등등.

그 중에서도 비교적 인상 깊었던 지역은 젊은이라면 꼭 한번 가봐야 할 곳이라 할 수 있는 인도 바라나시 갠지스 강 일대와 스리랑카·네팔을 들 수 있다.

대자연의 풍광을 즐기려면 캐나다 로키마운틴·샌죤·뉴질랜드 남섬·아이슬란드·아일랜드를 꼽을 수 있다. 멋진 호수로는 러시아 바이칼 호수, 미얀마의 일레 호수, 카나다 밴프의 루이스호수를 즐 수 있고 폭포로는 이과수·빅토리아·나이아가라 폭포를 꼽을 수 있다. 그리고 명산으로는 중국 황산과 타이완의 아리산등을 꼽을 수 있다.

아일랜드 투어 중 행복에 겨워 해안가 잔디밭에 누운 필자

　나는 1949년 음력 9월 15일에 태어났다. 고추장으로 유명하고 초대 대법원장인 김병노 대법관이 태어난 전라북도 순창이란 조그만 마을에서 태어났다. 내 위로는 누나가 한 분 계시는데 누나 위로 형들이 몇 계셨으나 질병으로 어린 나이에 모두 돌아가시고 말았다. 누나가 태어난 후 9년 동안 애가 없다가 내가 태어났다. 내가 태어나기 전 9년 동안 어머님 말씀으로는 애를 낳기 위해 안 가본 곳이 없을 정도로 많은 곳을 돌아다니며 기도를 했다고 하셨다. 특히 절에 매일 가서 살다시피 했다고 한다. 내가 태어난 후 할머니는 나를 땅에도 놓고 보기에 아깝다할 정도로 매우 좋아하셨다고 한다.
　초등학교를 마치고 아버님 덕분에 고향집에서 20여km 떨어져 있는 광주로 유학을 가게 되었는데 난 이 게 내 인생에 있어서 큰 기회로 작용했다고 생각한다.
　아버지는 술을 좋아하시는 호탕한 성격이었으나 자식을 공부시키겠다는 매우 진취적인 사람이기도 했다. 그리고 불쌍한 사람들에게는 무언가 도움을 주려는 마음씨 좋은 분이셨다.
　예컨대 우리 집은 시장에서 장사를 하셨는데(과거에는 어려워 끼니를 못 먹는 분들이 많았지만) 5일마다 서는 장날이면 수많은 사람들을 우리 집으로 불러드려 식사를 대접하곤 하셨다. 아무 일가친척이 없는 한 할아버지께서 시장 한쪽에서 생선을 파셨는데 당시 아버지는 나보고 거의 매일 아침 그 할아버지를 모시고 오라고 해서 아침식사를 우리 집에서 드시게 배려하였다. 어머님 또한 이런 아버지를 원망하거나 싫은 기색하나 하지 않고 흔쾌히 응원하고 협조해주셨다. 비록 장날뿐만 아니라 평일에도 주변의 어려운 사람들에게 식사대접이나 크고 작은 도움을 주셨던 걸로 기억하고 있다. 나에게도 이런 부모님의 유전자가 면면히 흐르고 있지 않나 하는 생각을 곧잘 하게 된다.

나는 어린 나이에 부모님과 떨어져 객지에서 하숙생활을 시작했는데 외로움을 달래기 위해 매주 고향을 찾아 갔다. 그 때 누나는 결혼하여 딸을 낳았는데 나는 주말에 고향에 가서 조카를 보는 재미로 지냈다. 그 당시 매형은 육사를 나온 군인이었고 매형 형님은 일본 교토대 의과대학을 나와 시골에서 산부인과 개업의로 활동하셨다. 지나고 보니 내가 이렇게 의사가 된 것도 그 분의 영향이 적지 않게 작용했던 것으로 생각된다.

중학교 때는 공부하는 방법도 모르고 워낙 공부를 안했던 터라 성적은 거의 최하위 수준이었다. 내성적인 성격이라 광주 도시 학생들과 사귈 기회도 없었다. 그 당시 전남의대를 다니는 고향 선배와 함께 하숙할 때가 있었는데 그 때 의사가 되고 싶다는 꿈을 더욱 확실히 했던 것 같다. 다행히 명문 광주고등학교에 입학할 수 있었다.

고등학교 때는 함께 하숙하는 고 3 선배 한 분이 의과대학을 가려고 준비 중이었는데 그 분 이야기로는 "세브란스 병원이 가장 오래되고 유명한 병원"이라고 수없이 말해 전혀 의과대학에 대해 모르는 나에게는 오직 연세의대 세브란스 병원이 뇌리에 각인되었다. 이때부터 "나도 연대 의대에 진학해야 하겠다!"는 다짐을 하게되었다.

의과대학에 들어오니 내로라하는 경기 · 서울 · 경복 · 용산고 졸업생들 일색이었고 나처럼 시골 고등학교 출신은 그리 많지 않았다. 난 선배도 없어서 시험 볼 때는 거의 족보를 구할 수 없어 교과서만 보고 시험을 치렀다. 선배가 즐비한 유명 고교 출신들은 시험 때마다 족보만 보고 시험을 치를 수 있어서 좋은 점수를 받는 것을 그냥 옆에서 부러움으로 지켜봐야 했다. 나는 하숙도 하고 자취도 하면서 의과대학 6년 과정을 마치고 인턴을 거쳐서 레지던트과정을 밟으면서 소아과를 지망하고 싶었지만 오직 성적으로 선발하는 내과에 자망하였다.

1년차는 나에게 매우 고생스러웠고 의미 있는 시기였다. 1년차 말 주임교수 밑에서 일하고 있을 때 고 박정희대통령 장모인 현 박근혜 대통령의 외할머니를 돌 볼 수 있는 기회가 주어지기도 했다. 1998년부터는 고 김대중 대통령의 재임기간 동안 가까이에서 건강을 보살펴 드리기도 했다.

레지던트시절에는 친한 고교동창 친구들이 병원으로 놀러와 테니스도 함께 치고 여름휴가 때는 경포대 · 연포해수욕장으로 놀러다니다 보니 모두 노총각이 되었다. 한 친구가 결혼을 하여 모두 정신 차리고 보니 나이들이 모두 30이 넘어 결혼을 해야겠다는 생각을 그 때서야 하게 되었다.

지금의 아내는 레지던트 4년차 때 대학 여자 동료가 소개해 만나게 되었는데 그 당시 아내는 제주대학에서 교수로 재직하고 있어 나는 비행기를 이용해 가끔 데이트도 즐길 겸 제주여행을 하게 되었다.

레지던트를 마치고 군대에 가게 되었는데 다행히 공군으로 배정되어 수원 10비행단에서 근무하였고 1979년 10월 9일에 결혼해 수원 셋방에서 신혼생활을 시작하였다. 그 다음해에는 수원에서 서울 공군본부 항공의학 연구원 내과과장으로 옮기게 되어 회기동 전셋집으로 옮겼고 그 해 용호가 태어났다.

서울로 올라온 뒤 난 낮에는 병원에서 근무하고 저녁에는 개인병원

아르바이트를 뛰며 생활했다. 군대 생활은 정말 나에게는 일생 중 가장 행복한 시기였고 여유로운 삶을 즐기던 시절이기도 했다.

매주 수요일 체육시간에는 테니스를 치고 점심시간에는 동료 의사들과 당구·바둑을 두며 지냈고 아르바이트를 하지 않는 날 저녁에는 약주를 하며 즐거운 시간을 보냈다. 그 당시 함께 지냈던 7명은 몇 년 전까지 1년에 2~3번 정도 만나다가 지난해부터는 만날 날도 많지 않다며 매월 만나며 즐거운 시간을 보내고 있다.

어쨌든 나는 행운아다. 군대 있을 때도 참모총장 이하 차장 부장 등 장군들의 건강을 보살폈다. 군대를 마치고 나서 대학 주임교수가 원주의대 교수로 가라고 했다. 난 개원을 해 돈을 벌어 자선사업을 하고 싶었고 아버지도 개업을 원했다. 그런데 아내가 학교에 남기를 원해 고민하고 있었는데 모교 내분비 내과 전임강사로 가라고 했다.

나는 소화기내과에서 위내시경이나 심장내과에서 카디악 켓 등 좀 역동적인 것을 좋아해 소화기내과나 심장내과에 가고 싶었다. 내분비내과는 앉아서 머리로 해결해야하는 분야라서 왠지 망설였다. 그러나 모교와 아내의 설득에 내분비내과에서 전임강사로 사회생활을 시작하였다. 내분비내과에 들어와 몇 년 동안은 매우 힘든 시간을 보냈다. 모든 일을 가만히 앉아서 머리로 해결해야 하는 정적인 학문인 내분비학의 특성이 나에게는 잘 맞지 않았다. 따라서 몇몇 동료 교수와 만날 때는 나가서 개원하고 싶다는 이야기를 즐겨 하곤 했다.

결국 그 동료들은 그 당시 모두 나가 개업하여 많은 부를 창출했지만 나는 소심해서 나가지 못하고 얼마 전 정년퇴임하기까지 학교에 남아 교수로서 재직하며 연구·교육·진료에 전념해왔다. 그러나 이러한 나의 인생을 지금 단언해 말하건대 결코 후회하지 않는다.

1985년에는 조교수로 승진하고 미국 보스턴의 '하버드 조슬린 당뇨병센터'로 연수를 가게 되어 Weir 교수 밑에서 제2 형 당뇨병 병인에 대해 공부하였다. 미국 연수기간에는 용호와 명하의 영어 공부에 많은 관심을 가졌지만 '뷰익 스카이락'이라는 중고 자동차를 잘못 구입하여 많은 마음고생도 하였다. 나는 미국에서 2년 정도 연수를 할 계획이었으나 아내의 직장문제 때문에 1년 2개월 후에 귀국하였다.

귀국 후 중앙 연구실이란 조그마한 실험실에서 연수 중 배운 췌도 분리기술을 이용하여 학생들과 실험하여 'Transplatation'이라는 저널에 논문을 발표하였다.

제자들도 남 못지않게 키웠다. 석사 36명·박사 18명을 지도하였고 모두 인하대·아주대·서울대·성균관대 카톨릭의대 등에서 교수로 재직하고 있다.

학회활동으로는 1994년부터 당뇨병 총무를 4년 동안 봉사하였고 우리나라 최초로 아세안 오세안 내분비 학회를 우리나라에 유치하여 모든 실무를 담당하는 사무총장을 맡기도 하였다. 당뇨병학회 이사장·내분비학회 회장·한국지질동맥경화학회 이사장 및 회장·대한임상노인의학회 회장직 등을 역임하였다.

그동안 우수업적 교수 상을 2회 수상하였고 보원 학술상·인촌상·화이자의학상 등을 수상하기도 하였다.

대학에서 맡은 보직으로는 의과대학 교학부장, 내분비연구소 소장 당뇨병 센터 소장 임상의학 연구센터 소장 등을 역임하였다. 수상경력으로는 연세대학교에서 나름대로 열심히 연구하여 국내 논문 400편 국제 학술 논문 200여 편 등을 발표하였다. 저술 활동으로는 동료 제자 및 선배님들과 20여 편의 책을 저술하였다.

이 모든 업적은 제자들의 노고에 의해 이루어졌기에 본 책자를 통해 이 분들게 진심으로 감사드린다.

난 어머니에 대한 그리움이 많다. 어머니는 지금까지 한 번도 나를 꾸짖은 적이 없고 남을 한 번도 비난한 적도 없으셨고 항상 남을 배려하는 분이셨다. 그리고 나는 아내를 잘 만난 것 같다. 나는 무엇인가 허점이 많다. 무엇이든 완벽하게 하는 성격이 아니고 대충하는 성격이다. 그런데 아내는 모든 일을 거의 완벽하게 수행한다. 그래서 난 모든 살림을 집사람에게 맡겼고 난 오직 학교일에만 신경을 썼기에 능력이 부족한 내가 여기까지 오게 되지 않았나 생각된다. 자녀교육에도 나는 거의 신경을 쓰지 않았지만 아내 덕분에 용호와 명하가 일류대학에 입학하였으니 아내에게 고마울 따름이다.

나는 새벽 형 인간이다. 어려서부터 일찍 자고 새벽에 일어나 가장 중요한 일을 공부를 한다. 교수가 되어 주말에도 집안에 특별한 일이 없으면 거의 학교에 나왔다. 1999년 강남 역삼동에서 대학 근처로 이사하게 된 것도 용호와 명하의 교육문제 뿐만 아니라 내가 학교에 가기 편한 곳이라는 이유에서였다.

나는 운동을 아주 좋아한다. 대학 시절부터 잘 치지는 못하지만 테니스를 즐겨 쳤고 언젠가는 파트너를 잘 만나 복식 우승까지 하였다. 골프는 싱글까지 쳐본 적도 있다. 등산은 3년 전 한라산 · 지리산 정상을 하루 만에 다녀왔다. 다리가 아프기 전까지는 자주 산에 다녔다.

1년 전부터는 나이 많은 분에게는 가르쳐주지 않는다는 승마를 시작하였다. 내가 대사질환환자를 주로 보기 때문에 환자들에게 항상 운동을 강조하는데 먼저 내가 솔선수범해야 하기 때문이다.

필자의 양평 전원주택

2013년 3개월 동안의 안식 월 휴가기간 중에는 승마 · 중국어 · 색소폰을 배우기 시작했다. 요즈음에는 환자 돌보는 데만 열중하고 있다. 퇴임 직전에는 학생강의도 많지 않고 연구 프로젝

필자의 양평 전원주택에서 바라 본 남한강 사계절 풍경

트도 많이 줄이다보니 시간에 여유가 생겨 취미생활을 시작했으나 이 세 가지를 하다 보니 세월이 어찌 빠르게 지나가는 지 어떻게 하루가 가는지를 모를 정도다.

나를 둘러싸고 있는 것들에 대해 가만히 생각해 보니 생각하면 할수록 참 잘 꾸려온 인생이지 싶다. 사실 어렸을 때만 해도 나는 내가 의사가 될 것이라는 생각은 별반 하지 않았었다. 전북 순창이라는 시골에서 태어나고 자란 나는 공부에는 그다지 관심이 없던 아이였다. 틈만 나면 친구들과 산으로 들로 강으로 놀러 다니느라 정신이 없었고, 부모님이 시켜주신 과외도 빼먹기 일쑤였다. 시쳇말로 하면, '땡땡이' 는 내 주특기였다. 당연히 학교 성적도 형편없었는데, 아버지의 교육열 덕분에 어렵게 들어간 중학교에서도 나의 성적은 최하위였다.

다행히 중2때부터 공부를 해야겠다고 마음을 먹어서 광주고에도 진학할 수 있었고, 연세대학교 의과대학에도 진학할 수 있게 되었다. 아마 아버지의 노력이 아니었다면 내가 어떤 길 위에 있었을지 모르겠다.

나는 현재까지 열심히 살아왔고 앞으로도 열심히 살 것이다. 그동안 나는 여행을 참 많이 즐겼다. 그러다 보니 이번에 이렇게 나의 지난 여행 여정을 모은 졸저를 펴내게 되었다.

주변의 모든 분들께 거듭 감사드린다.

요르단·레바논·몰타·튀니지
동유럽·남미·아이슬란드·아일랜드

나 홀로 지구촌 오지여행

| 인 쇄 | 2015년 07월 05일 |
| 발 행 | 2015년 07월 07일 |

지 은 이	이현철
발행·편집인	신수근
편집·자료정리	정다운
디 자 인	권현정

등록번호	제300-1997-103호
주 소	서울 관악구 관악로 105 동산빌딩 403호
전 화	02-877-5688(대)
팩 스	02-6008-3744
이 메 일	samuelkshin@naver.com

ISBN 978-89-88125-36-6 부가기호 03980
정가 21,800원